U0829692

权威·前沿·原创

皮书系列为
“十二五”“十三五”国家重点图书出版规划项目

BLUE BOOK

智库成果出版与传播平台

双创蓝皮书

BLUE BOOK OF INNOVATION AND ENTREPRENEURSHIP

中国双创发展报告（2019~2020）

ANNUAL REPORT ON THE DEVELOPMENT OF CHINA'S INNOVATION AND ENTREPRENEURSHIP (2019-2020)

主　　编／王京生
执行主编／陶一桃
副 主 编／李　凡　魏建漳

社会科学文献出版社
SOCIAL SCIENCES ACADEMIC PRESS (CHINA)

图书在版编目（CIP）数据

中国双创发展报告.2019－2020／王京生主编.－－
北京：社会科学文献出版社，2020.11
（双创蓝皮书）
ISBN 978－7－5201－7290－5

Ⅰ.①中…　Ⅱ.①王…　Ⅲ.①创业－研究报告－中国
－2019－2020　Ⅳ.①F249.214

中国版本图书馆CIP数据核字（2020）第174654号

双创蓝皮书
中国双创发展报告（2019~2020）

主　　编／王京生
执行主编／陶一桃

出 版 人／王利民
组稿编辑／周　丽
责任编辑／王玉山　张丽丽
文稿编辑／程彩彩

出　　版／社会科学文献出版社·城市和绿色发展分社（010）59367143
　　　　　地址：北京市北三环中路甲29号院华龙大厦　邮编：100029
　　　　　网址：www.ssap.com.cn
发　　行／市场营销中心（010）59367081　59367083
印　　装／天津千鹤文化传播有限公司

规　　格／开　本：787mm×1092mm　1/16
　　　　　印　张：16　字　数：236千字
版　　次／2020年11月第1版　2020年11月第1次印刷
书　　号／ISBN 978－7－5201－7290－5
定　　价／128.00元

中国双创发展报告编委会

主要编撰者简介

王京生　国务院参事，国务院放管服改革专家组成员，国家文化艺术智库特聘专家，北京大学、深圳大学等客座教授，深圳大学理论经济学博士后合作导师。

陶一桃　享受国务院政府特殊津贴专家，国家社科基金重大项目首席专家，广东省优秀社会科学家，教育部人文社科重点研究基地、深圳大学中国经济特区研究中心主任，理论经济学一级学科带头人，教授，博士生导师。

李　凡　深圳市“孔雀计划”海外高层次人才，教育部人文社科重点研究基地、深圳大学中国经济特区研究中心副教授，美国佛罗里达大学经济学博士。

摘　要

深化改革创新、培育内生增长动能是促进我国经济未来高质量发展的重要途径。因此，测评我国各地区的双创能力、挖掘各城市的双创热点、评估各区位的双创潜力，具有深刻的现实意义。基于国内外双创的研究发展形势，《中国双创发展报告（2019～2020）》基于城市层面数据，开展定量分析，较为全面地评估了我国主要城市的创新环境与创新能力，为政策制定者提供了有价值的参考依据。

为体现城市创新创业的特点和趋势，本书借鉴了国内外关于指数构建和评价的理论与方法，采用反映中国城市创新创业发展支撑、能力、价值三位一体的量化系统，构建能够科学反映城市双创发展现状的指标体系。该指标体系包括 3 项一级指标（环境支持、资源能力和绩效价值）、9 项二级指标和 30 项三级指标。总体来看，我国双创发展特点鲜明：全国一线城市名列前茅，深圳综合能力位居榜首；全国双创发展存在层级差异，西部城市有待提高。目前我国双创核心城市和枢纽城市发展日趋成熟，对周边城市的带动作用明显，显示出城市之间协同发展创新创业的新趋势。

除了对各个城市综合评价分析外，本书从多个层级揭示了我国双创发展的特征，既包括区域层面的整体对比分析，也包括深圳国家创新示范区建设、高科技公司最集中的深圳南山区的聚焦研究。总体而言，区域双创呈现东部强于中部、中部强于西部、西部强于东北的特征；在粤港澳大湾区和先行示范区的“双区驱动”下，深圳不仅肩负着建设国际科技创新中心的责任，也承载着探索可供其他地区借鉴的创新创业经验的使命；双创面临的制度与文化约束逐渐涌现。

在经济全球化的浪潮下，研究国际双创发展对于提升我国双创的纵深发展水平十分重要。本书在国际篇中探索了国际创新创业指数体系、国际双创城市（地区）排行、国际双创指数结构的对比分析以及国际创新城市发展新趋势等几个大问题，同时聚焦国际典型城市，提供案例分析。

关键词： 双创城市　双创指数　双创模式

序言：创新根本有赖于培育强大的创新市场

王京生*

创新，不但是一个民族发展进步的驱动者，更是引领者，如同天空中的北极星，给任何追求现代化和未来的民族以定位和指引。贯彻新发展理念，推动高质量发展，创新不可或缺。习近平总书记在党的十九大报告中指出，要加快建设创新型国家，并强调创新是引领发展的第一动力，是建设现代化经济体系的战略支撑。

创新离不开市场。现代创新理论提出者约瑟夫·熊彼特认为，所谓创新，就是要“建立一种新的生产函数”，就是要把一种从来没有的关于生产要素和生产条件的“新组合”引入生产体系中去，以实现对生产要素或生产条件的“新组合”。熊彼特对创新的定义，恰恰隐含着创新对市场的依赖，侧面证明了市场对创新的重要意义。党的十九大报告强调，要使市场在资源配置中起决定性作用，更好发挥政府作用。进一步重视熊彼特关于创新定义的市场内涵，对于实施创新驱动发展战略尤为重要。缺乏市场配置创新资源，生产要素和生产条件的“新组合”就无从谈起，更遑论通过转变生产方式实现经济的高质量发展。

我们研究发现，近年来创新在我国呈现四大趋势：正在从政府推动转入市场主导，正在从政策驱动转为价值引领，正在从本土创新走向全球创新，正在从数量为主转向质量优先。

加快建设创新型国家，关键是要培育壮大创新市场。在创新发展过程

---

* 王京生，国务院参事。

中，政府这只手挥动得非常有力，取得了重大成就，但光有政府这只手还不够，要更大程度地调动市场这只手的力量。美国学者布雷特·弗里希曼于2000年在《创新与制度：关于美国科学与技术政策的反思》中提出创新市场的概念，目前国内对此鲜有提及。创新市场是配置创新资源的无形的场域或空间。从本质上说，创新市场是创新资源供求双方相互作用并得以决定其交易价格和数量的资源配置方式或制度安排，是被政府及经济、社会力量所推动和建构的结果。创新市场交易的产品因其无形而有别于商品市场，因其原创性信息和知识而有别于一般的服务，也因其无形而存在市场交易风险，往往要求嵌入契约中以获得权益。创新市场可分为三类：一是试验发展创新市场，参与主体是企业，其生产和交易的产品以专利、专有技术、商标等为主；二是应用研究创新市场，以科研院所和企业为主体，交易的产品以发明专利、标准等为主；三是基础研究创新市场，供给主体是高校、科研院所和企业，其产品以论文、著作等新知识为主。就这三类创新市场而言，政府既是需求者，又是制度供给者和秩序守护者。

创新要持之以恒，必须培育壮大创新市场，实现创新的市场化、便捷化、法治化、全球化。被国际媒体誉为“硅洲”“深谷”的深圳，其创新之所以能够领跑全球，与其较高的市场化、法治化程度密不可分。繁荣发展创新市场，能把政府对创新的支持转变为市场机制及其重要组成部分，把市场行为、资本行为纳入其中，让创新的各种要素在这个市场上汇集、交易、培育、转化，用市场之手吸纳国内、国际乃至每个人头脑中的资源，为创新要素交易搭建公平、公正、公开的平台，让创新与财富在这里对接，让知识与产品在这里转化。其实资本市场每天都在这样做，而创新市场被要求更自觉、更规范、更大规模地去做，从而为创新造“海”。总之，培育壮大创新市场，一是有利于实现创新的市场化，使其与政府这只手相互配合，把创新资源更好地调动起来；二是有利于实现创新的便捷化，使创新成果的交易、转化更为便捷和迅速；三是有利于实现创新的法治化，使知识产权确权主体和转化主体两者之间建立明晰的法律关系；四是有利于实现创新的全球化，汇聚全球创新资源为我所用。

近年来，我国创新型国家建设成果丰硕。世界知识产权组织数据显示，2018 年中国在全球创新指数排行榜位居第 17 名，首次进入全球前 20 名，2019 年则上升至全球第 14 名。要深入实施创新驱动发展战略，实现创新的可持续，就要继续繁荣壮大创新市场。当前我国在创新市场发展道路上，面临创新主体确权意识薄弱、创新市场竞争性不足、创新市场国际化程度较低以及创新市场保障体系不强等问题。借鉴美国、德国、日本等发达国家的经验做法，须从创新主体、激励机制、创新要素、制度环境四方面着力，做好创新市场的培育和完善工作。一是培育更有活力的创新主体队伍，如加大对民企创新的支持、更好发挥高校科研机构力量、大力吸引国际高端创新力量；二是形成更有效率的市场激励机制，如强化知识产权保护与服务、切实降低企业负担、优化产业支撑体系和政策体系；三是构建更加完善的创新要素市场，如加强科技基础设施建设、集聚全球创新人才、强化资本对创新的催化剂作用；四是打造更加适宜创新的制度环境，如营造世界一流的创新文化、更好推动“放管服”改革、构建开放创新的发展环境，等等。

“活水源流随处满，东风花柳逐时新。”一个繁荣发展的创新市场，如源源不断的活水，必将更好地激发民族创新创造活力，为我国迈进创新型国家行列，实现民族伟大复兴梦想提供强大动能。

前言：写在经济特区成立40周年之际的双创史篇

《中国双创发展报告（2019～2020）》是对中国双创的第三次评估，这既是对日渐崛起的世界级城市群粤港澳大湾区创新创业发展的现实分析，又是对中华人民共和国成立70周年和深圳经济特区成立40周年的一种献礼。我们希望我们的研究能用理性的思考回答今天的“为什么”，从而总结过去；我们更期望我们的研究能以观念的力量回答明天的“怎么做”，从而在深化改革和创新型国家建设中用智慧与理性开拓未来。

《中国双创发展报告（2019～2020）》包含了研究团队在思考与探索中对自己的挑战与超越，展现出了这支年轻的学术团队自身所蕴含的学术创造力与创新精神。首先，我们对“塔型”创新体系的研究进一步深化，从单纯的经验型研究逐步走向了理论纵深探索。纵观以往的研究脉络，我们对以深圳为样板的中国双创体系的研究是沿着如下逻辑展开的：“塔型”创新体系—“工字型”双创与改革互动机制—创新市场理论—区域性创新市场构建。在今年的报告中，我们对“塔型”创新体系的研究进一步深入，丰富、深化了“塔基”“塔身”“塔尖”的内涵，并赋予其可评价的指标体系，如，对于作为“塔基”的制度环境，以社会创新创业的成本、收益及资源协同的机会成本来评价其绩效；再如，对于作为“塔身”的创新主体民营企业，以创新主力、动力、耐力来衡量其创新的市场活力与生存力；再如，对于作为“塔尖”的高科技产业，以人力资本的活力和创新价值的实现，来评价、预见其可持续生长、发展的趋势。

其次，我们在研究中正式引入了创新市场的概念与分析框架。我们借用了经合组织（OECD）《研究与开发调查手册》和其所遵循的《弗拉斯卡蒂手册》对研究与试验发展（R&D）活动的研究成果，使用了其对创新市场的三种分类法，即试验发展创新市场、应用研究创新市场、基础研究创新市场。进而，我们分析了这三种市场所构成的创新市场的供给与需求、买方与卖方及其交易商品的独特性。在这个由不同交易主体构建的多层次创新市场里，形成了政府需求、基础研究市场、应用研究市场、试验发展市场之间的需求与供给的互动，而论文、标准、发明专利、商标、软著作等都成了创新市场上具有产权意义的商品。同时，我们的研究表明，其一，基础研究是城市双创的稳定器，政府对基础研究的支持和投入的力度是一个国家双创可持续发展的制度力量。如北京首次超越深圳成为全国双创综合指数排名第一的城市。以民营企业开展产品创新和技术创新为典型特征的三座城市（深圳、杭州、苏州），排名均有所回落，高校密集的北京、武汉和西安则呈现坚挺的态势。其二，城市的制度文化的包容开放性，有助于拓展城市的双创承载力。保障每一位公民公平获得文化资本的权利，在城市基础设施上实施普惠的分享策略，不拒绝叛逆和颠覆性创新活动，让每一个个体在尊重中获得发展，在公平中实现价值，这种城市双创文化底蕴的培育与营建，会形成对双创群体的“虹吸效应”，而人才集聚又会增强城市双创的内生原动力。营建人才友好型城市，就是站在了城市双创的制高点上。其三，一座城市可持续发展的潜质，是双创赖以生存、发展的基石。因为可持续发展将会使社会摆脱急功近利的浮躁心态，形成行稳致远的秩序，从而会带来更有质量的就业、更高质量的发明专利、更低能源的消耗，并从机制上反过来促进双创自身的可持续发展。

最后，在本年度双创发展报告中，我们加入了城市群双创，尤其是对粤港澳大湾区双创状况分析的内容。2019 年 2 月，中共中央、国务院印发《粤港澳大湾区发展规划纲要》，2019 年 12 月，中共中央、国务院印发《长江三角洲区域一体化发展规划纲要》，这两大战略部署不仅意味着中国社会深化改革将在这两大市场经济最发达的区域展开，还意味着以创新驱动为原动力的产业结构的调整和体现高质量发展的现代产业体系的演进与建设也将会在这两大区域内发生。

从双创的视角对比粤港澳大湾区与长三角区域，意义重大。数据分析显示如下：其一，粤港澳大湾区是企业家发现机会并利用机会的充满生机的沃土。粤港澳大湾区进出口额接近 1.2 万亿元，是长三角区域（约 0.5 万亿元）的 2.4 倍。大湾区的公共陆路交通效率达到了 400.01 万人/天，是长三角区域的近 2.5 倍。其二，粤港澳大湾区是实现资源转化最集约、最高效的区域。从人力资源方面来看，其人才比例和质量出现明显的“双高”态势。粤港澳大湾区城市的净流入常住人口均值达到 13.04 万人，是长三角区域的 3.5 倍；科学技术支出占 GDP 比重达到 1.06%，长三角城市群占比为 0.60%。其三，粤港澳大湾区是城市群创新驱动可持续发展的示范区。粤港澳大湾区城市空气质量优良天数均值为 89.98%，长三角区域为 74.89%；在能源依赖程度方面，粤港澳大湾区单位 GDP 能耗均值为 0.29 吨标准煤/万元，长三角区域均值为 0.44 吨标准煤/万元，粤港澳大湾区具备更大的可持续发展的能力。

对粤港澳大湾区的双创状况进行比较研究，可以揭示城市群双创演化的规律。我们的研究显示，其一，粤港澳大湾区的引擎城市——深圳创新综合指数排名列大湾区首位。深圳作为中国特色社会主义先行示范区和粤港澳大湾区核心城市，在自主创新方面起着显著的引领作用。同时，粤港澳大湾区四大中心城市分别形成了在双创方面的各自优势：从创新环境上看，市场活力看香港（8.47 分）、产业创新看深圳（8.08 分）、制度文化多元化优势看澳门（5.56 分）、配套支持完善程度看广州（7.18 分）；从创新资源来看，广州胜在人力资本上，深圳研发投入更优。深圳和广州作为我国一线城市，相对于大湾区中内地其他城市，拥有更多的高校与科研机构，尤其是广州。香港作为全球第三大金融中心，对人才的吸引力大，而且金融资本投入较为充足。从创新绩效上看：深圳重创新，澳门增长快，香港可持续。双创绩效得分范围通常以 15 分为界，得分在 15 分以上的有 3 座城市，分别是澳门、香港、深圳。15 分以下的有 8 座城市，而广州得了 14.96 分，十分接近 15 分，表明广州创新绩效水平与深圳相近。惠州创新绩效价值得分最低，只有 7.69 分。

其二，粤港澳大湾区区域创新市场构建整体呈现体系完善、强化联动、产权先行、结构转型、模式创新的态势。从创新市场构建和演进的角度看，粤港澳大湾区在创新市场体系营建方面，正在逐步迈向构建多层次创新市场，形成多主体市场驱动的模式；在创新市场空间范围上，业已形成了中心—外围有机融合，机制互动的显著而强劲的趋势；在创新市场制度构建上，创新领域的所有制改革不断深化，确权制度日臻完善并发挥法律的约束力与保障功能；在创新市场的业态布局上，数字经济持续推动创新变革；在创新市场交易模式上，网上创新交易市场日渐兴起，并大大降低创新的交易成本。

具体地说，①大湾区内部基础研究创新市场的供给进一步强化，应用研究创新市场的关键作用日渐凸显。深圳、广州、香港、东莞、澳门、惠州、江门等纷纷布局大科学装置和国家实验室，粤港澳大湾区综合性国家科学中心逐步形成。②创新市场的中心集聚趋势还在强化，广深港澳的城市外延边界正在逐渐消失，粤港澳大湾区共建创新市场支撑体系的小城市群创新格局被打破，“多核、多圈、叠合、共生”的模式正在加速形成。粤港澳大湾区明显呈现出来的创新中心与创新腹地的区域分工模式，正在形成国际创新网络—区域创新网络—地方创新网络三者相互嵌套的耦合网络模式。③创新的所有制改革在全国领先，已形成所有权与使用权的分离、发明人与权利人的分离、投资人与受益人的分离，如深圳市吸纳技术17490项，输出技术9777项，是计划单列市、副省级市中吸纳项目最多的城市。在合作项目成交额上，除深圳和杭州外，其他城市输出技术的成交额均高于吸纳技术成交额。④深圳引领大湾区数字经济创新，并呈现ICT行业数字化人才集中度高，数字驱动大湾区现代化转型的发展态势。从行业人才的数字化程度看，ICT行业数字化程度超过80%，体现出大湾区较高的基础性数字经济发展水平。另外，在融合型数字经济推动制造业数字化程度方面，大湾区显示了较高的发展水平，体现出大湾区高新制造中心的优势地位。⑤引领创新市场模式革命，网上创新交易市场广泛兴起。政府主导型网上创新交易市场成为这种新型交易模式的坚实基础，企业主导型网上创新交易市场方兴未艾，中国（南方）知识产权运营中心承担了国家“知识产权金融创新+知识产权强企建设＋高价值知识产权培育”三大重点任务，通过“知识产权大数据＋金融＋创新＋产业”的发展模式，让知识产权成为企业的核心竞争力，从而推动创新成果的市场化流通转化，实现知识产权应有的价值。

我们尝试剖析粤港澳大湾区建构区域创新市场面临的核心问题，并展望其未来发展的趋势。其一，大湾区创新市场的核心问题就是区域创新市场结构现代化程度依然比较低，这一点将有可能构成制约粤港澳大湾区创新驱动赶超发达国家和城市的重要因素。创新市场结构的现代化既包括创新市场的结构转型，又内含创新市场的质量提升。而粤港澳大湾区所面临的创新市场结构现代化的主要问题，一方面表现为试验发展创新市场化空间逐步收窄，另一方面则表现为基础研究创新市场和应用研究创新市场的市场化实现程度不足。其二，大湾区面临的挑战主要是如何营造更加有利于双创的制度—文化环境，从而无制度障碍地释放双创活力。

在区域一体化与行政区划的现行体制约束下，在大湾区内部自身发展不均衡的大背景下，可以尝试从五个维度应对挑战，从而摆脱约束。①从制度环境上促进区域间要素遵循市场规律互补流动，最大限度地释放双创活力。以政策引导力量促进四大中心城市与七大节点城市之间的创新要素的充分流动，改变目前创新要素流动的“极化”状态，同时防止资源分配偏好对创新主体积极性的限制。②从地域空间上降低双创要素配置的时间成本，完善区域内交通网络等基础设施建设，逐步摆脱区域内交通网络体系供给严重失衡状况，减少双创融合发展的物流成本。③加快双创的区域一体化建设，形成要素禀赋的互补、协同、合力。由于大湾区内城市间发展极不均衡，在双创方面，产业共享、共建、共治框架机制尚未形成，构建竞争性基础研究市场的基础整体“不均衡性”薄弱，高度国际化的营商环境尚未完全形成。④在加快推进粤港澳大湾区创新市场的结构现代化的措施方面，我们认为：由试验发展创新驱动为主向多元创新驱动为主的转换是根本驱动力；由城市群创新中心驱动为主向中心—外围融合互动创新驱动为主的转换是基本驱动模式；产权制度是强化基础研究—应用研究—试验发展动态化机制的重要保障；完善市场结构与机制是提升基层研究和应用研究的市场化程度，推动试验发展内质量提升的环境供给。⑤为加快粤港澳大湾区区域创新市场的构建，我们建议实现创新治理范式的转变，科技管理体系从政府作为唯一管理者向多元主体共同参与管理转变；政府从以资源掌控管理为主向以市场机制为主转变，建立政府主导，企业家、科学家、公众良性互动的方式，实现政府主导与市场驱动的有机结合，建立一套行得通、真管用、富有效率，具有优越性和生命力的科技创新制度体系。

创新市场是引人入胜的，然而又是残酷的。因为竞争意味着优胜劣汰，适者生存。正如科学杂志 *Nature* 所表述的那样："一个辉瑞倒下去，千千万万个谷歌站起来。"（For every Pfizer cutting basic research，there has been a Google picking up the slack）所以，创新市场又是充满活力、生命力和无限生机的。竞争的创新市场将为创新型企业的繁衍生息提供肥沃的土壤，正是这种永无休止的繁衍生息推动着知识进步，促进着社会发展，提升着民生福祉。

双创的可持续开展需要成熟、完善、有序的"创新市场"，而成熟、完善、有序的"创新市场"不仅需要开明的政府，更需要健全的法律法规体系的强有力的支撑。强大的国家与发达的市场是我们所向往的，但获得它的前提是法治社会的确立及其对产权一视同仁的保护。

陶一桃

2020 年 4 月 14 日于深圳桑泰丹华府

目　录

Ⅳ 国际篇

皮书数据库阅读使用指南

总 报 告

General Report

B.1
中国双创发展报告（2019~2020）

李　凡*

摘　要： 总报告以城市为分析样本，选取环境支持、资源能力和绩效价值3项一级指标及其下的9项二级指标和30项三级指标，通过数据汇总和综合计算，构建2019年中国双创指数；基于全国100座主要城市的双创指数比较和3个一级指标下排名在全国前10位的城市的特征梳理，综合测评我国的创新与创业的发展现状，并提供关于双创环境、资源和绩效三个维度的深入分析。

关键词： 创新创业　双创指数　高质量发展

* 李凡，经济学博士，深圳大学中国经济特区研究中心副教授，主要研究方向为产业组织、电子商务、资源经济学和应用计量经济学。

一　宏观背景与研究意义

（一）研究背景

2019 年 6 月 5 日，国务院总理李克强主持召开国务院常务会议，确定了把双创引向深入的具体措施，从而更加广泛、更加深入地贯彻了创新驱动发展战略，全方位地激发了市场主动性。这是继 2018 年 9 月印发《关于推动创新创业高质量发展打造“双创”升级版的意见》数月之后，国务院常务会议再次讨论双创。

会议指出“发挥‘双创’促进科技创新的独特作用。支持‘双创’示范基地在科研立项实施、成果确权和转化等方面先行先试”，强调了推进创新创业不仅依赖于基础科技的进步，也依赖于科技的应用转化。此外，国家多次强调要培育良好的外部环境以推进创新创业。如 2019 年 1 月 8 日，李克强总理在国家科学技术奖励大会上说道：“我们要优化创新生态，着力激发全社会创新潜能。我国人力人才资源丰富，这是创新发展的最大‘富矿’。要大力营造公平包容的创新创业环境，健全政策支持体系，优化创新创业服务，打造促进资源整合共享的开放平台，提升双创水平。”讲话强调了推进创新创业需依托良好的环境支持及资源能力。

我国正处于经济发展的重要窗口期，双创的持续高质量发展需要多方面协同推进。环境支持为双创打造了良好的营商氛围，资源能力为双创构建了高效而持续的配置，绩效价值为双创积累了源源不断的动能。在这样的背景下，“一带一路”国际合作发展（深圳）研究院延续《中国双创发展报告（2017～2018）》《中国双创发展报告（2018～2019）》的思路和框架，连续三年运用权威、可获得的量化指标，构建年度中国双创指数。

国内目前权威且影响力较大的创新评价体系主要为科技部的《国家创新能力评价指标体系》《区域创新能力监测指标体系》以及中国城市发展研

究会的《中国城市创新能力评价体系》。《国家创新能力评价指标体系》通过创新资源、知识创造、企业创新、创新绩效和创新环境 5 个一级指标及其下的 33 个二级指标的体系构建，监测分析我国当前创新能力的发展水平，突出知识创造在创新能力中的重要性。然而，该指标体系以省级行政区为基础单位，不能精准刻画出城市在创新创业发展过程中的基础性作用。《区域创新能力监测指标体系》以区域为基础单位，通过创新环境、创新资源、企业创新、创新产出和创新效果 5 个一级指标及其下的 53 个二级指标的体系构建，强调科技成果产出以及自然环境保护的重要性。《中国城市创新能力评价体系》通过创新环境、创新支撑能力、创新文化力和科技转化能力 4 个一级指标及其下的 32 个二级指标的体系构建，关注软文化对创新能力的促进作用。

国际研究机构非常重视对创新创业发展的评价与测量。根据《中国双创发展报告（2017～2018）》《中国双创发展报告（2018～2019）》的归纳，权威且有影响力的国际创新创业指数包括硅谷指数（Silicon Valley Index，由世界经济论坛发布）、全球创新指数（Global Innovation Index，简称 GII，由世界知识产权组织等发布）、全球创业观察（Global Entrepreneurship Monitor，简称 GEM，由英国伦敦商学院等发布）等。其中，硅谷指数以人口、经济、社会、空间和地方行政为主体框架，在体系构建上突出考虑民生因素。全球创新指数纳入除传统创新措施之外的指标，例如研发水平等，建立适用于发达经济体和新兴经济体的创新体系衡量系统。以上所列举的国际创新创业指数通过翔实的数据进行分析、计算、排序和评价，有效地衡量了不同地区创新创业的发展水平。

（二）研究意义

2019 年是新中国成立 70 周年。70 年来，在中国共产党的领导下，我国经济发展强劲，已成为世界第二大经济体，并成为世界上最大的出口国。蔡洪滨认为，在当今经济转型时期，我国面临人口红利下降、劳动力成本提升等严峻局面。深化改革创新、培育内生增长动能是促进我国经济未来高质量发展的重要途径。李宏彬等运用省域数据肯定了创新创业对中国经济增长的驱动作用。金碚和谢晓霞认为现实的创新机制要根据具体的国情和条件来建立。因此，衡量我国各地区的双创能力、挖掘各城市的双创热点、评估各区位的双创潜力，对我国推进创新创业有重要的指导意义。

首先，有利于各地政府部门衡量双创水平，制定相关政策。近年来，“大众创业、万众创新”持续向更大范围、更高层次和更深程度推进。客观而系统地评价其发展水平不仅实时追踪了全国主要城市的创新创业新趋势，而且横向比较了地区间的发展差异，有助于及时发现双创发展中的问题，动态地调整政策方向和实施举措，为各地政府部门提供有价值的决策参考。

其次，有利于我国双创发展对标国际体系，实现横向比较。一带一路国际合作发展（深圳）研究院对中国双创指数的编制进行了详细指导，深圳大学中国经济特区研究中心开展中国双创指数的计算与分析工作，在编制和计算各城市指数的过程中，借鉴了国内外前沿的创新创业评价体系，采用国际通用的量化指标，以使中国双创指数具有国际可比性。

最后，有利于广大创新创业者解读时代背景，把握发展机遇。本报告选取中国 100 座城市作为研究样本，运用多级指标刻画城市的创新创业特征，进而构建中国双创指数。报告通过客观而系统的数据分析和现状解读，力图为政策的制定提供实证依据，为创业地点的选择提供比较分析，为投资区域的确定提供参考信息。因此，中国双创发展报告对于评估区域创新潜力、发掘创业热地等具有重大意义。

二　双创指数构建与评估机制

（一）中国双创指数指标体系的构建原则

《关于推动创新创业高质量发展打造“双创”升级版的意见》指出：“随着大众创业万众创新蓬勃发展，创新创业环境持续改善，创新创业主体日益多元，各类支撑平台不断丰富……但同时，还存在创新创业生态不够完善、科技成果转化机制尚不健全、大中小企业融通发展还不充分、创新创业国际合作不够深入以及部分政策落实不到位等问题。”目前，我国双创发展仍处于上升期，深入、细化而广泛地开展双创活动，需要形成一套具备良好的环境支持、高效的资源配置和科学的绩效价值的发展机制。因此，从环境、资源、绩效三个层面构建一套能够综合衡量双创发展状况的指标体系尤为必要。

延续《中国双创发展报告（2017～2018）》《中国双创发展报告（2018～2019）》的目标，结合倪鹏飞等构建的城市创新能力结构方程，研究团队从创新创业生态链的角度，基于环境—资源—绩效的动态循环生态系统，研究我国各大城市双创竞争力的发展与变动情况，力图发现和揭示其潜在规律，从而科学评估和合理预测未来我国城市创新创业的发展态势。

（二）中国双创指数指标体系的构建方法

深圳大学中国经济特区研究中心和一带一路国际合作发展（深圳）研究院依据联合国采用的整体评价框架和具体指标选择，参考国际上相关指标的构建机制，采用既具有国际可比性又科学反映中国城市双创发展的逻辑系统，构建一套能够综合评估中国城市双创发展现状的指标体系。该指标体系包括3项一级指标（环境支持、资源能力和绩效价值）及其下的9项二级指标和30项三级指标。为使指标更具有科学性和准确性，我们在沿用以往指标的基础上，对个别三级指标进行了调整。例如，将小微企业数量比重调整为规模以上工业小微企业数量比重，将物流业指数调整为货物运输总量，将高技术产业增加值占GDP比重调整为高新技术企业数量。

（三）中国双创指数指标体系权重的确定

中国双创指数指标体系及各指标权重如表1所示。

表1　中国双创指数指标体系及各指标权重

一级指标	二级指标	三级指标	三级指标权重(%)
环境支持(33%)	市场结构	非公有制企业数量比重(%)	2.36
		规模以上工业小微企业数量比重(%)	2.36
		外商投资占 GDP 比重(%)	2.36
	产业基础	对外进出口总额(亿元)	2.36
		规模以上工业总产值(亿元)	2.36
		民间资本固定资产投资总额占 GDP 比重(%)	2.36
	制度文化	政府效率指数	2.36
		商业信用环境指数	2.36
		每万人图书馆数量	2.36
	配套支持	公共陆路交通效率(万人/天)	2.36
		货物运输总量(万吨)	2.36
		互联网宽带普及率(%)	2.36
		综合医院占医疗机构比重(%)	2.36
		国家级科技企业孵化器数量(个)	2.36
资源能力(33%)	人力资源	净流入常住人口(万人)	4.13
		高等教育学历人口比例(%)	4.13
		知识密集型服务业占从业人员比例(%)	4.13
		普通高校在校生数量(万人)	4.13
	资本投入	科学技术支出占 GDP 比重(%)	4.13
		规模以上工业企业新产品开发经费支出(万元)	4.13
		年度 IPO 规模(亿元)	4.13
		年度新三板上市数量(个)	4.13
绩效价值(34%)	产业绩效	人均 GDP(元)	4.25
		高新技术企业数量(家)	4.25
		规模以上工业企业新产品产值(万元)	4.25
	创新绩效	专利授权量(件)	4.25
		每万人国内发明专利申请量(件/万人)	4.25
		中国"互联网+"数字经济指数	4.25
	可持续发展	单位 GDP 能耗(吨标准煤/万元)	4.25
		空气质量优良(二级及以上)天数比重(%)	4.25

（四）中国双创指数指标体系城市研究样本的选择

2018 年 9 月 26 日，国务院印发《关于推动创新创业高质量发展打造“双创”升级版的意见》，指出要发挥双创示范基地的引导示范作用……充分发挥长三角示范基地的联盟作用，推动建立京津冀、西部等区域示范基地联盟，促进各类基地融通发展。2019 年 2 月 18 日，中共中央、国务院印发《粤港澳大湾区发展规划纲要》，充分肯定了粤港澳大湾区在实现创新驱动发展，增强我国经济创新力和竞争力进程中的地位与作用。2019 年 12 月 1 日，中共中央、国务院印发《长江三角洲区域一体化发展规划纲要》，强调长江三角洲在国家现代化建设大局和全方位开放格局中具有举足轻重的战略地位。可见，“大众创业、万众创新”活动已在全国范围内深入部署开来。由此，中国双创发展报告所采用的城市研究样本将涵盖长三角、珠三角、西部“一带一路”沿线城市等区域，并细化至地级行政区。

截至 2019 年年底，中国有 31 个省级行政区（不包含港澳台地区），333 个地级行政区（293 个地级市、30 个自治州、7 个地区、3 个盟）。其中，地级市作为地级行政区的主体，成为本指标体系研究样本的基础单位。全国城市的经济发展水平、产业基础支撑、资源禀赋等条件不尽相同，双创活动的开展状况具有明显的区域差异性。因此，研究团队根据城市的经济发展状况及其区位的重要性，同时兼顾区域均衡，筛选出 100 座城市，作为中国双创指数指标体系的城市研究样本。

中国双创指数指标体系的城市研究样本包括 4 个直辖市和 96 个地级行政区。香港特别行政区、澳门特别行政区和台湾的数据所采用的统计口径与变量选择与中国其他城市差异较大，因此不在本指标体系的城市研究样本范围内。具体关于中国双创指数发展研究的城市样本的入选条件如下所示。

第一，直辖市、省级行政区省会城市及副省级城市优先考虑入选。

第二，为避免样本所属区域过度集中于经济发达地区，研究团队依据各省、自治区的人口分布及经济发展水平等因素在全国范围内综合考虑样本的选择。

第三，根据各省、自治区下辖地级行政区 2018 年生产总值排名，对地区生产总值进行数量分级，在数量分级差异不显著的情况下，排名靠前者入选。若入选数量超过该省、自治区的样本配额，则从中择优选取高于同期全国平均生产总值增速的城市。若入选数量未达到配额，则对该省、自治区下辖地级行政区的区位重要性进行评估（人口、交通、地缘等因素），再择优选取符合条件的地级行政区；否则，多余样本配额将补充给配额紧缺的省、自治区。

根据以上筛选条件，中国双创指数指标体系的城市研究样本名单如表 2 所示。

表 2　中国双创指数指标体系的城市研究样本名单

城市	城市	城市	城市	城市
深圳	常州	湖州	淄博	沧州
北京	青岛	泰州	郴州	衡阳
上海	济南	惠州	三亚	吉林
广州	中山	海口	株洲	德州
杭州	大连	南昌	桂林	常德
苏州	郑州	扬州	兰州	鄂尔多斯
武汉	嘉兴	石家庄	包头	银川
天津	芜湖	贵阳	岳阳	唐山
南京	南通	徐州	汕头	榆林
成都	福州	长春	湘潭	拉萨
长沙	沈阳	哈尔滨	安庆	荆州
西安	镇江	焦作	赣州	鞍山
宁波	昆明	呼和浩特	绵阳	遵义
厦门	绍兴	洛阳	漳州	邯郸
珠海	南宁	连云港	保定	西宁
无锡	威海	柳州	湛江	南阳
合肥	台州	马鞍山	茂名	许昌
东莞	金华	襄阳	乌鲁木齐	新乡
重庆	泉州	江门	济宁	周口
佛山	温州	淮安	九江	松原

三　测度结果与综合分析

（一）中国双创城市综合测评结果

如表3所示，中国双创城市的综合测评结果显示，深圳得分位居双创城市榜首，北京和上海紧随其后，广州、苏州、杭州分列第4、5、6名，形成第一梯队。第二梯队多为沿海城市和中西部国际性综合枢纽城市。沿海地区的厦门、天津、珠海、东莞、宁波分列第7、11、12、14、16名；在中西部国际性综合枢纽城市中，武汉、重庆、成都、西安、郑州分列第9、10、13、15、19名。总体而言，双创总指数排名前50位的城市中有34座属于东部城市，第51～100名的城市较多位于中西部，说明东部经济发达地区的创新创业发展水平普遍高于中西部地区。

表3　中国双创城市指数

排名	城市	总指数	区域	排名	城市	总指数	区域
1	深圳	92.6265	东部	19	郑州	62.7285	中部
2	北京	89.6573	东部	20	无锡	62.3980	东部
3	上海	86.6877	东部	21	青岛	61.8788	东部
4	广州	74.4214	东部	22	合肥	61.6878	东部
5	苏州	70.9288	东部	23	常州	60.6780	东部
6	杭州	69.6701	东部	24	嘉兴	59.5013	东部
7	厦门	66.3775	东部	25	中山	59.3777	东部
8	南京	66.1794	东部	26	福州	59.2837	东部
9	武汉	65.7045	中部	27	济南	59.0012	东部
10	重庆	65.6739	西部	28	南通	58.7718	东部
11	天津	65.4838	东部	29	大连	58.7137	东部
12	珠海	65.4464	东部	30	南昌	58.3368	中部
13	成都	65.1864	西部	31	长春	57.9597	中部
14	东莞	65.0950	东部	32	贵阳	57.8971	西部
15	西安	64.8278	西部	33	芜湖	57.4805	东部
16	宁波	64.6389	东部	34	温州	57.4521	东部
17	长沙	63.6811	中部	35	湖州	57.3286	东部
18	佛山	63.2635	东部	36	泰州	57.2963	东部

续表

排名	城市	总指数	区域	排名	城市	总指数	区域
37	绍兴	57.1223	东部	69	榆林	53.4091	西部
38	昆明	57.0522	西部	70	乌鲁木齐	53.3501	西部
39	威海	56.9883	东部	71	襄阳	53.2531	中部
40	台州	56.9485	东部	72	淄博	52.9839	东部
41	沈阳	56.7370	东部	73	郴州	52.9448	中部
42	哈尔滨	56.5023	中部	74	常德	52.9429	中部
43	南宁	56.4248	西部	75	徐州	52.9163	东部
44	惠州	56.3889	东部	76	汕头	52.8317	东部
45	绵阳	56.0588	西部	77	许昌	52.7290	中部
46	湘潭	55.9525	中部	78	连云港	52.6935	东部
47	石家庄	55.8926	东部	79	呼和浩特	52.5309	西部
48	洛阳	55.8816	中部	80	兰州	52.5253	西部
49	衡阳	55.8691	中部	81	马鞍山	52.4669	中部
50	泉州	55.7114	东部	82	新乡	51.9847	中部
51	淮安	55.5931	东部	83	焦作	51.8876	中部
52	金华	55.3496	东部	84	安庆	51.8242	中部
53	漳州	55.3335	东部	85	济宁	51.6850	东部
54	镇江	55.1949	东部	86	德州	51.6036	东部
55	扬州	55.1431	东部	87	南阳	51.5827	中部
56	海口	55.0357	东部	88	包头	51.5461	西部
57	三亚	54.8481	东部	89	西宁	51.4650	西部
58	鄂尔多斯	54.4591	西部	90	荆州	51.3920	中部
59	吉林	54.4102	东部	91	唐山	51.2603	东部
60	桂林	54.3121	西部	92	银川	50.7905	西部
61	岳阳	54.0796	中部	93	沧州	50.5939	东部
62	拉萨	53.8085	西部	94	茂名	50.5877	东部
63	遵义	53.7495	西部	95	湛江	50.5333	东部
64	赣州	53.7209	中部	96	鞍山	50.2002	东部
65	柳州	53.6549	西部	97	邯郸	50.0733	东部
66	江门	53.6244	东部	98	松原	49.9865	中部
67	九江	53.5989	中部	99	周口	49.7998	中部
68	株洲	53.5355	中部	100	保定	49.7678	东部

注：本表的区域划分主要依据1986年全国人大六届四次会议通过的“七五”计划。计划公布，东部地区包括北京、天津、河北、辽宁、上海、江苏、浙江、福建、山东、广东和海南11个省（市），中部地区包括山西、内蒙古、吉林、黑龙江、安徽、江西、河南、湖北、湖南、广西10个省（自治区），西部地区包括四川、贵州、云南、西藏、陕西、甘肃、青海、宁夏、新疆9个省（自治区）。1997年，全国人大八届五次会议决定将重庆设为中央直辖市，并划入西部地区的范围。2000年，国家认定的在西部大开发中享受优惠政策的行政区又增加了内蒙古和广西。至此，西部地区就增加到了12个省（自治区、直辖市）。

（二）双创环境支持维度测评结果

由表4可见，在环境支持方面，上海排名第一，深圳紧随其后，北京位居第三。与往年不同，重庆、成都这两座西部城市进入了前10名。这是成渝城市群近年来不断加快创新创业的步伐，提供日益完善的环境支持的成果。例如，2017年制定的《成都高新区进一步深化创新创业发展的若干政策》规定："对新设立的创新创业企业，经认定后，给予最高不超过50万元一次性创业启动资金补贴；给予200平方米以内、单价不超过40元/平方米·月的三年房租补贴……每新引进1家创新创业企业给予创新创业载体5千元补贴，每年累计不超过100万元。"该措施近年来极大地鼓励了社会各类主体创办创新创业企业、创新创业载体的信心，显著提高了该测评维度下规模以上工业小微企业数量占比、规模以上工业总产值（亿元）、国家级科技企业孵化器数量（个）等多项指标。

表4　双创环境支持维度前10名城市

排名	城市	双创环境得分	所属区域
1	上海	31.8124	东部
2	深圳	30.5605	东部
3	北京	28.4380	东部
4	苏州	27.4033	东部
5	杭州	27.1597	东部
6	广州	26.7689	东部
7	重庆	26.4445	西部
8	天津	25.7340	东部
9	武汉	25.2050	中部
10	成都	25.0350	西部

（三）资源能力维度测评结果

由表5可见，在资源能力方面，北京蝉联榜首，深圳和上海分别居于第2、3名。该维度表现较好的城市多数属于东部地区。这是由于东部地区在发展中积累沉淀了大量一流的高等院校、科研院所和金融机构，汇集了多元的人力资本和坚实的金融资本，形成了以长三角、珠三角、京津冀为引擎的经济一体化发展特征，并在新时代继续以其开放的地理优势和历史积累，吸纳了大量的杰出人才和金融资本，成为创新创业的领跑者。

表5　双创资源能力维度前10名城市

排名	城市	双创资源得分	所属区域
1	北京	32. 2047	东部
2	深圳	29. 2612	东部
3	上海	28. 1913	东部
4	西安	24. 5974	西部
5	厦门	24. 1587	东部
6	广州	22. 3144	东部
7	南京	22. 1844	东部
8	苏州	21. 6270	东部
9	武汉	21. 6120	中部
10	珠海	21. 4612	东部

（四）双创绩效价值维度测评结果

如表6所示，在绩效价值方面，深圳以绝对优势排在第一位。自经济特区成立以来，深圳逐渐构建了以企业研发为主体、产权转化为核心、金融改革为支撑的发展体系，形成了从产业绩效到创新绩效，再到可持续发展的良好态势。深圳人均地区生产总值（185942. 46元）、规模以上工业企业新产品产值（128420224万元）、专利授权量（140200件）等关键指标远高于其他城市，成为全国城市的标杆。

同时，相对于环境支持和资源能力这两个维度，绩效价值是唯一一个西部城市未进入全国前十的维度。这主要是由于西部地区大多采用粗放型的经济发展模式，对高新技术产业的投入和对专利及新产品的研发有待加强。

表 6　双创绩效价值维度前 10 名城市

排名	城市	双创绩效得分	所属区域
1	深圳	32.8047	东部
2	北京	29.0146	东部
3	上海	26.6839	东部
4	广州	25.3381	东部
5	杭州	22.1992	东部
6	苏州	21.8985	东部
7	宁波	21.2082	东部
8	长沙	20.0811	中部
9	珠海	19.9249	东部
10	无锡	19.8990	东部

四　基本判断与对策建议

中国双创指数从环境支持、资源能力和绩效价值三个维度评价并分析城市双创发展现状。环境支持重点考量双创的外部环境、政策制度、基础配套条件等综合环境，资源能力侧重评价人、财、物等重要资源的聚集度，绩效价值着重考察由双创产生的经济效益、知识产权转化成果及其对可持续发展的影响。

我国地域辽阔，存在区域发展不平衡的问题，双创特征呈现区域化发展。长三角、珠三角地区由于地理位置及历史原因，具备典型的产业密集型特征，环境支持和绩效价值的优势均较为显著。一线城市和区域中心城市集中了大量优质的人力资本，知识密集型特点突出，资源能力较为领先。东北和西部地区在区域位置及自然环境上不具备明显优势，相比东部城市而言，总体创新能力有待提升。

基于以上判断，本报告对我国各区域深入发展创新创业的建议如下。

东部地区依托自身经济基础，率先实现优化发展。一是利用东部地区为投资热土的优势，加快众创空间服务体系的建立；二是依托国家双创政策优势，积极建设双创示范基地。通过连通环渤海、长三角及珠三角经济圈，促进整个东部地区创新协同发展。

中部地区壮大智能制造实力，继续保持发展势头。一是积极融入新一轮科技和产业革命，推动制造业高质量发展；二是深化市场结构改革，营造稳定、公平、透明的营商环境；三是转变经济发展理念，加强资源约束和环境保护。通过加强工业优质发展、完善市场支持环境、促进生态可持续发展等举措，促进中部地区崛起。

西部地区牢牢把握发展机遇，奋力实现跨越式发展。一是强化省区市合作机制，统筹衔接"一带一路"建设，推动西部地区成为内陆开放新高地；二是升级产业结构，探索产业绿色发展模式，以生态经济形成发展新动能；三是调动高校和科研院所及军工科研资源，充分发挥人才在创新创业中的作用。通过加强地区协作、培育产业动能、发挥人力资源优势等举措扎实推进西部开发和开放，使西部地区迈向高质量发展。

综合而言，全国各地区应深入实施区域发展总体战略，建立有效的区域协调发展机制，不断优化区域经济结构，激发各区域发展潜能，最终实现全国创新创业的高质量发展。

参考文献

[1] 蔡洪滨：《创新创业与经济转型》，北京大学出版社，2013。

[2] 李宏彬、李杏、姚先国等：《企业家的创业与创新精神对中国经济增长的影响》，《经济研究》2009 年第 10 期，第 99 ~ 108 页。

[3] 金碚、谢晓霞：《美国高技术产业的创业与创新机制及启示》，《管理世界》2001 年第 4 期，第 63 ~ 70 + 80 页。

[4] 倪鹏飞、白晶、杨旭：《城市创新系统的关键因素及其影响机制——基于全球 436 个城市数据的结构化方程模型》，《中国工业经济》2011 年第 2 期，第16 ~ 25 页。

中国双创指数篇

China Double Innovation Index

中国双创指数篇首先利用影响双创发展的具体指标来对双创活动进行归纳与分析，而后以总报告所确定的双创指数评价体系作为主要依据，计算和剖析各城市的双创指数，区域篇中则对具体区域的案例和数据加以研究，并对我国双创趋势进行探讨。

B.2
双创指数城市排名分析

黄义衡　康　宇*

摘　要： 本报告对全国"大众创业、万众创新"百强城市的双创指数得分进行描述和分析，发现2019～2020年各城市双创指数得分较之前均有显著升高，尤其是原来得分排名靠后的城市，其上升幅度更大。这表明各城市在积极响应"大众创业、万众创新"倡导下，不断改善双创环境和加大资源支持力度，进而取得显著成效。从总体上看，双创城市之间的差距在不断缩小，中西部地区城市和东部地区城市之间的差距也在缩小。然而从另一方面看，双创百强城市在得分分布上仍然呈现出显著的"金字塔"结构，位于顶尖分层的城市与其他城市之间的差距还在扩大。此外，双创指数得分排名靠后的城市在绩效价值上得分占比明显偏低。这意味着改进双创态势仍然任重道远，并且要遵循城市系统发展的规律。

关键词： 双创指数　双创城市　双创环境

一　双创城市排名总体分析

（一）双创城市基本情况

基于本蓝皮书对双创指数测算的结果，我们发现2019～2020年创新创

---

* 黄义衡，经济学博士，深圳大学中国经济特区研究中心助理教授，研究领域包括技术进步与工资差距、城市规模与产业构成、中国特区体制改革思想等。康宇，工学硕士，深圳大学中国经济特区研究中心研究助理，研究领域包括智能算法与数据分析。

业具有如下特征。

1. 从态势上看，各城市创新创业态势进一步向好，此前双创排名相对靠后的城市进步显著

我们将各城市 2019 年双创指数与此前两年双创指数的均值进行对比，其结果如图 1 所示。

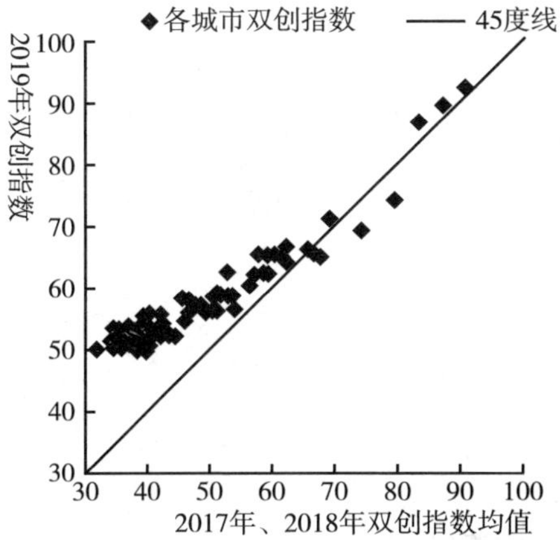

图 1　2019 年双创指数与 2017 年、2018 年双创指数均值对比

不难发现，大部分城市 2019 年的双创指数高于其 2017 年和 2018 年的均值。这说明在“大众创业、万众创新”的倡导下，我国各城市均积极响应，将双创工作落到实处，并取得显著成效。特别是图 1 中靠左的点偏离 45 度线的程度更大，这意味着原来双创排名靠后的城市进步幅度更为显著。

2. 从结构上看，各城市间差距显著缩小，但金字塔结构仍然存在

我们对各城市 2019 年双创指数排名与此前两年双创指数的均值排名进行统计对比，其结果如图 2 所示。

对比 2019 年双创指数排名（图 2 上）和 2017 年、2018 年双创指数均值排名（图 2 下），不难发现不论是得分最高的 20% 还是其他组，组内得分差距在 2019 年都有显著的缩小。与此同时，2019 年各组得分中位数之间的差距也较此前缩小。这说明随着时间推移，各城市都积极响应“大众创业、万众创新”的倡导，进而在改善创新创业环境以及鼓励创新创业活动方面展开激烈竞争。

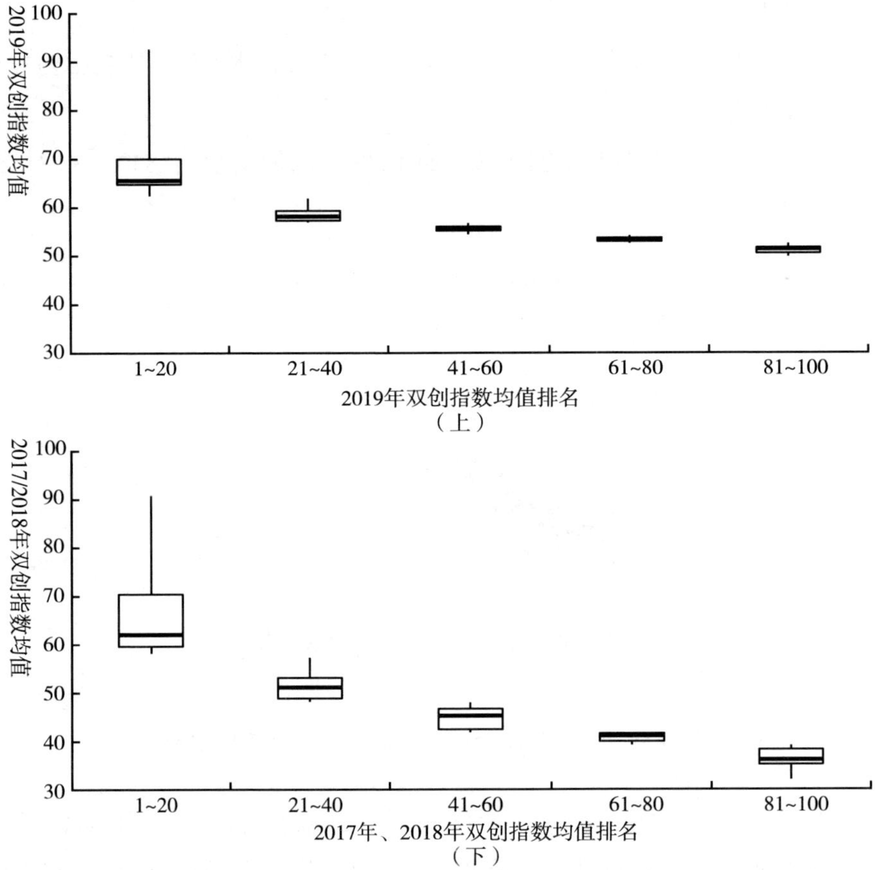

图 2　2019 年双创指数排名与 2017 年、2018 年双创指数均值排名分组统计

此外，通过图 2 可以发现，得分较高的组的组内差距显著大于得分较低的组。这意味着各城市在推动双创工作上仍然呈现鲜明的金字塔结构，见表 1；这也意味着，得分较低的城市之间的竞争更为激烈。

表 1　2017 年、2018 年和 2019 年双创指数分段频数统计

得分区间	2019 年得分	2017 年、2018 年得分
≥75	3	4
65 ~ 74	11	5
55 ~ 64	45	17
45 ~ 54	55	33
<45	0	50

3. 从空间布局上看，中西部地区城市进步显著，但总体上东部地区城市的优势依然明显

我们按照东部地区、东北地区、中部地区和西部地区的分组方式对各城市双创指数进行统计对比，结果如图 3 所示。

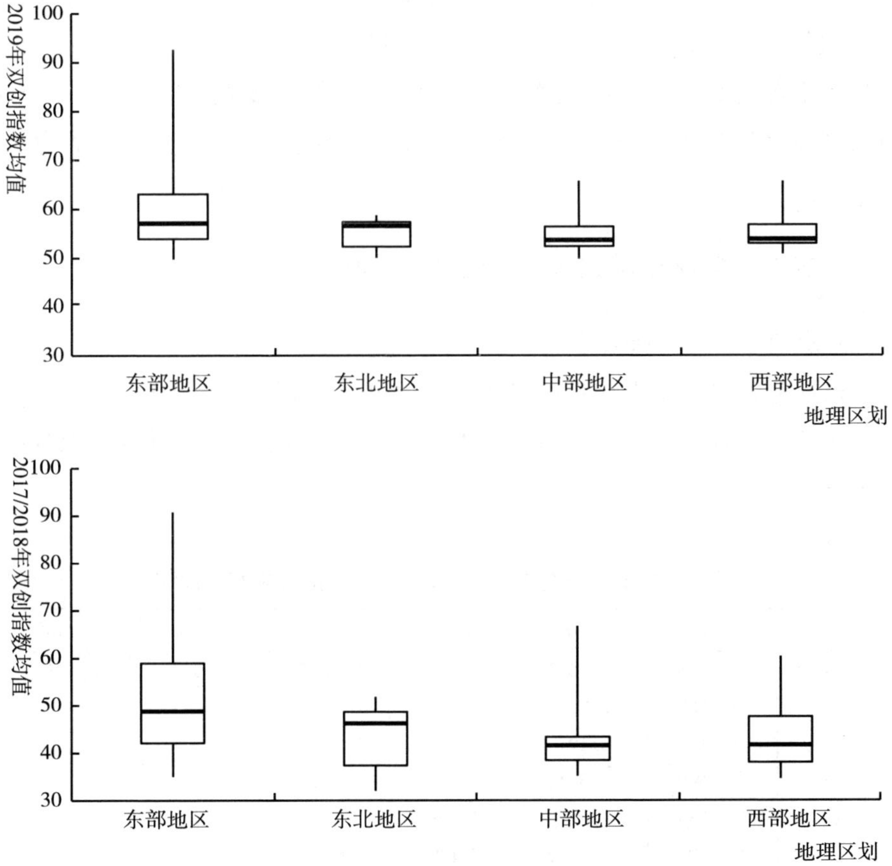

图 3　双创指数各地区统计对比

对比 2017 年、2018 年各地区双创指数的分布（图 3 下），2019 年中西部地区城市的双创指数（图 3 上）得分整体上有了显著的提高，这不仅体现在较小和较大四分位数的提升上，也体现在得分中位数的提升上。对于后者，中西部地区城市得分中位数分别由 41.55 和 41.65 提升至 53.57 和

53.80，其上升幅度高于东部地区城市（8.27）和东北地区城市（10.30）。这说明中部地区城市和西部地区城市的双创态势进步显著，正在对东部地区城市形成追赶之势。

但是需要指出的是，相对于中西部地区城市甚至是东北地区城市而言，东部地区城市的优势依然十分明显。以图3下为例，东部地区城市双创指数得分中位数高于中部地区城市和西部地区城市得分的较大四分位数。也就是说，1/2以上东部地区城市的得分要高于大部分（75%）中西部地区城市的得分。得分高的城市，如深圳、上海和北京等也都位于东部地区。

（二）双创城市前10强与前20强基本情况

1. 双创城市前10强基本情况

根据笔者对双创指数测算的结果，2019年双创城市前10强依次为：深圳、北京、上海、广州、苏州、杭州、厦门、南京、武汉和重庆。具体指数见表2。

表2　2019年与2017年、2018年双创指数前10强城市

城市	环境支持	资源能力	绩效价值	双创指数	2019年排名	2017/2018年排名
深圳	30.5605	29.2612	32.8047	92.6265	1	1
北京	28.4380	32.2047	29.0146	89.6573	2	2
上海	31.8124	28.1913	26.6839	86.6877	3	3
广州	26.7689	22.3144	25.3381	74.4214	4	4
苏州	27.4033	21.6270	21.8985	70.9288	5	6
杭州	27.1597	20.3112	22.1992	69.6701	6	5
厦门	23.6517	24.1587	18.5671	66.3775	7	10
南京	24.1544	22.1844	19.8407	66.1794	8	9
武汉	25.2050	21.6120	18.8875	65.7045	9	8
重庆	26.4445	19.3938	19.8356	65.6739	10	20

通过表2可以发现，双创指数前10强城市位次基本不变，如深圳、北京、上海和广州始终处于前4强的位置，苏州和杭州则在第5~6名徘徊，

厦门、南京和武汉则在第 7 ~ 10 名竞争。

特别令人瞩目的是厦门和重庆的进步，基于 2017 年和 2018 年的双创指数，厦门市仅在前 10 强的边缘徘徊，但 2019 年则一举超过南京和武汉这两座省会城市，跃居前 10 强的第 7 名。重庆市的进步则更大，从 2017/2018 年的第 20 名上升至 2019 年的第 10 名，成为唯一一座进入双创前 10 强的西部城市。

通过表 2 也可以发现，在前 10 强城市中，排名靠前的城市在环境支持、资源能力和绩效价值这三个一级指标上的得分基本上全面高于排名靠后的城市。这说明落实推进“大众创业、万众创新”是一项系统工程，很难通过局部的改进来实现全面的突破。另外，随着排名下降，环境支持得分在双创指数中的比重逐渐上升，而绩效价值得分的比重则渐次下降，见图 4。这说明相对于环境支持方面的改进，绩效价值方面的改善难度更大。

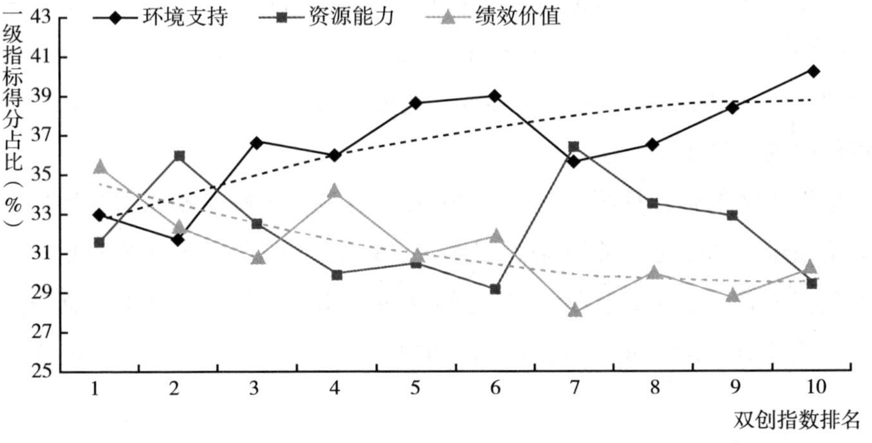

图 4　双创指数一级指标得分占比与双创指数排名

2. 双创城市前20强基本情况

根据笔者对双创指数测算的结果，2019 年双创城市前 20 强如表 3 所示。

表 3　双创指数前 20 强城市

城市	双创指数	2019 年排名	2017/2018 年排名	城市	双创指数	2019 年排名	2017/2018 年排名
深圳	92. 6265	1	1	天津	65. 4838	11	7
北京	89. 6573	2	2	珠海	65. 4464	12	13
上海	86. 6877	3	3	成都	65. 1864	13	14
广州	74. 4214	4	4	东莞	65. 0950	14	17
苏州	70. 9288	5	6	西安	64. 8278	15	16
杭州	69. 6701	6	5	宁波	64. 6389	16	11
厦门	66. 3775	7	10	长沙	63. 6811	17	12
南京	66. 1794	8	9	佛山	63. 2635	18	18
武汉	65. 7045	9	8	郑州	62. 7285	19	27
重庆	65. 6739	10	20	无锡	62. 3980	20	19

通过表 3 可以发现，双创指数前 20 强城市里面仍然以东部地区城市居多，但是中西部地区城市的数量正在增加。在中西部城市里，除重庆由第 20 名跃居第 10 名以外，郑州也从第 27 名上升至第 19 名，从而进入双创指数前 20 强。除此之外，武汉、成都、西安和长沙这四座中西部地区的省会城市的表现同样不俗。

值得注意的是，从第 7 名到第 20 名，相邻名次城市双创指数得分差距最大不超过 0. 96，这与前 6 强之间得分差距至少大于 1. 26 形成对比。从竞争的角度来看，第 7 名至第 20 名之间的城市相对于组内其他城市而言，并没有形成绝对的优势或劣势，但其与前 6 强之间的差距则仍然是显而易见的。

（三）双创城市总排名

根据笔者对双创指数测算的结果，2019 年双创指数前 100 名城市得分与排名如表 4 所示。通过表 4 可以发现，东部地区城市在双创指数前 100 名城市中整体靠前，而中部地区、西部地区以及东北地区的城市得分则靠后。

表 4　双创指数前 100 名城市得分与排名

城市	双创指数得分	排名	城市	双创指数得分	排名
深圳	92. 6265	1	湖州	57. 3286	35
北京	89. 6573	2	泰州	57. 2963	36
上海	86. 6877	3	绍兴	57. 1223	37
广州	74. 4214	4	昆明	57. 0522	38
苏州	70. 9288	5	威海	56. 9883	39
杭州	69. 6701	6	台州	56. 9485	40
厦门	66. 3775	7	沈阳	56. 7370	41
南京	66. 1794	8	哈尔滨	56. 5023	42
武汉	65. 7045	9	南宁	56. 4248	43
重庆	65. 6739	10	惠州	56. 3889	44
天津	65. 4838	11	绵阳	56. 0589	45
珠海	65. 4464	12	湘潭	55. 9525	46
成都	65. 1864	13	石家庄	55. 8926	47
东莞	65. 0950	14	洛阳	55. 8816	48
西安	64. 8278	15	衡阳	55. 8691	49
宁波	64. 6389	16	泉州	55. 7114	50
长沙	63. 6811	17	淮安	55. 5932	51
佛山	63. 2635	18	金华	55. 3496	52
郑州	62. 7285	19	漳州	55. 3335	53
无锡	62. 3980	20	镇江	55. 1949	54
青岛	61. 8788	21	扬州	55. 1431	55
合肥	61. 6878	22	海口	55. 0357	56
常州	60. 6780	23	三亚	54. 8481	57
嘉兴	59. 5013	24	鄂尔多斯	54. 4591	58
中山	59. 3777	25	吉林	54. 4102	59
福州	59. 2837	26	桂林	54. 3121	60
济南	59. 0013	27	岳阳	54. 0796	61
南通	58. 7718	28	拉萨	53. 8085	62
大连	58. 7137	29	遵义	53. 7495	63
南昌	58. 3368	30	赣州	53. 7209	64
长春	57. 9597	31	柳州	53. 6549	65
贵阳	57. 8971	32	江门	53. 6244	66
芜湖	57. 4805	33	九江	53. 5989	67
温州	57. 4521	34	株洲	53. 5355	68

续表

城市	双创指数得分	排名	城市	双创指数得分	排名
榆林	53.4091	69	济宁	51.6850	85
乌鲁木齐	53.3501	70	德州	51.6036	86
襄阳	53.2531	71	南阳	51.5827	87
淄博	52.9839	72	包头	51.5461	88
郴州	52.9448	73	西宁	51.4650	89
常德	52.9429	74	荆州	51.3920	90
徐州	52.9163	75	唐山	51.2603	91
汕头	52.8317	76	银川	50.7905	92
许昌	52.7290	77	沧州	50.5939	93
连云港	52.6935	78	茂名	50.5877	94
呼和浩特	52.5309	79	湛江	50.5333	95
兰州	52.5253	80	鞍山	50.2002	96
马鞍山	52.4670	81	邯郸	50.0733	97
新乡	51.9847	82	松原	49.9865	98
焦作	51.8876	83	周口	49.7998	99
安庆	51.8242	84	保定	49.7678	100

另外，我们计算环境支持、资源能力和绩效价值三个一级指标得分在总得分中的占比，发现环境支持得分占比随双创指数得分上升而下降，绩效价值得分占比随双创指数得分上升而上升，而资源能力得分占比与双创指数得分无显著线性关系，见图5。

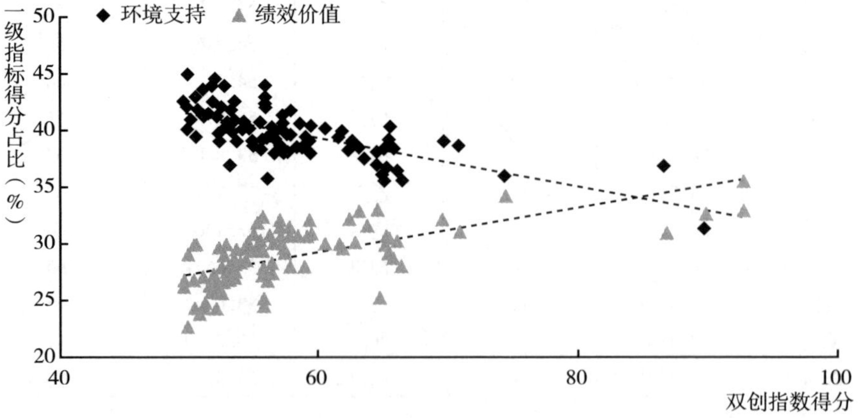

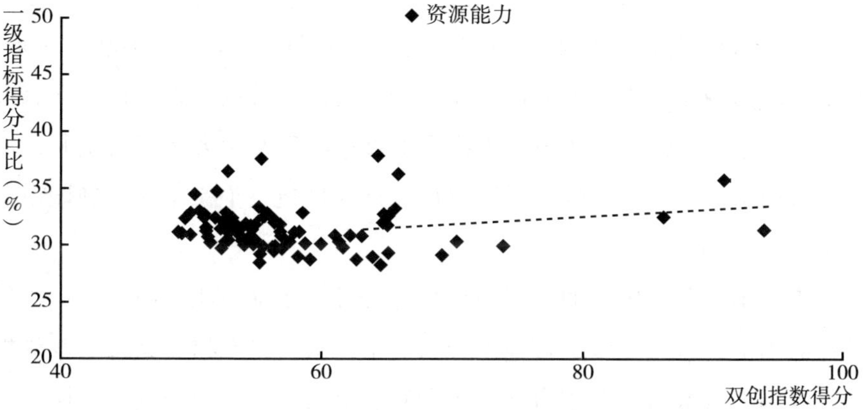

图 5　一级指标得分占比与双创指数得分

这意味着尽管得分落后的城市可以在短期内通过改进制度安排和政策措施来改善环境支持，从而在整体上推进“大众创业、万众创新”，但是作为最终产出的绩效价值则很难在短时间内实现突破，而这种负反馈现象又可能阻碍排名靠后城市进一步改革的意愿。

二　双创城市排名分层分析

（一）双创城市分层依据与结果

对城市系统进行分层有助于发现不同层级城市的特征及其变化规律。然而需要指出的是，城市系统的分层并没有绝对客观的界限，因为分层所依据的城市特征本质上是一组连续的变量，而分层则是根据研究的需要将连续变量划分为若干区间，后者必然要服从于研究者的研究需要和认知能力。因此，我们对双创城市的分层也带有一定的主观性，特别是对位于分层边界位置的城市的分层归属带有更大的主观色彩。

另外需要指出的是，对城市系统的分层必须要具有一定程度的历时稳定性，即一座城市的分层结果至少需要在一定时期内都适用，只有这样才可能对不同层级城市特征的变化规律进行把握。根据 Duranton，Gilles 的研究，在城市系统内的竞争中，各城市规模只会缓慢地上升或下降，很少会有大幅度跃升或下落。我们认为构成双创指数的城市特征在很大程度上受制于城市规模，进而也呈现出类似的历时稳定性。这为构建一个稳定的双创城市分层提供了理论支持。

在借鉴本书既往版本的分层方法的基础上，我们利用 2017 ~ 2019 年双创指数的均值，将双创城市百强划分为五个层次：双创核心城市、双创枢纽城市、双创节点城市、双创启动城市和双创潜力城市。双创城市分层与含义如图 5 所示。

表 5　双创城市分层与含义

双创城市分层	含义
双创核心城市	双创核心城市是指双创的生态链完整、具有良好的双创环境支持和资源能力,并且创造了巨大的双创绩效,对全国的双创工作产生了辐射作用,是全国双创的标杆城市
双创枢纽城市	双创枢纽城市是指链接全国各区域的双创发展,在一定的范围内产生了一定的辐射带动作用,是区域内的双创发展的引领者的城市
双创节点城市	双创节点城市是指全国双创发展网络上的各个子节点城市,其已经具备了一定的双创基础,积累了一定规模的双创资源,也具有了一定的双创绩效价值
双创启动城市	双创启动城市是指双创发展已经有了一定基础,但在规模、影响力和绩效价值上仍然较弱的城市
双创潜力城市	双创潜力城市是指双创发展还处于起步阶段,双创所需的环境支持、资源能力具有较大开发潜力的城市

其中，双创核心城市的 3 年平均得分均在 70 分以上，双创枢纽城市的 3 年平均得分则位于 63 ~ 70 分，双创节点城市的得分位于 60 ~ 63 分。3 年平均得分低于 60 分但高于 49 分的城市被划入双创启动城市，而 3 年平均得分低于 49 分的为双创潜力城市。具体分层见表 6。

表 6　双创城市具体分层、双创指数三年平均得分均值及排名

分层	城市	双创指数得分均值	排名
双创核心城市	深圳	91. 3955	1
	北京	88. 0158	2
	上海	84. 4492	3
	广州	77. 6638	4
	杭州	72. 6134	5
双创枢纽城市	苏州	69. 7463	6
	天津	67. 0213	7
	武汉	66. 3748	8
	南京	66. 0531	9
	厦门	63. 5458	10
双创节点城市	宁波	62. 9230	11
	珠海	62. 9188	12
	长沙	62. 5570	13
	成都	61. 9888	14
	西安	61. 1026	15
	东莞	61. 0317	16
	重庆	60. 6613	17
	佛山	60. 4178	18
	合肥	60. 3826	19
	无锡	60. 0360	20
双创启动城市	青岛	58. 7863	21
	常州	57. 9860	22
	郑州	56. 2195	23
	济南	55. 3671	24
	中山	55. 3226	25
	福州	55. 1446	26
	芜湖	55. 0468	27
	大连	54. 1312	28
	嘉兴	54. 1238	29
	南通	53. 4673	30

续表

分层	城市	双创指数得分均值	排名
双创启动城市	绍兴	53. 1508	31
	沈阳	52. 4890	32
	镇江	52. 4650	33
	南宁	52. 0049	34
	温州	51. 7607	35
	泰州	51. 6554	36
	昆明	51. 3474	37
	威海	51. 1194	38
	湖州	51. 0929	39
	台州	50. 9695	40
	金华	50. 9466	41
	泉州	50. 7305	42
	惠州	50. 5896	43
	贵阳	50. 3957	44
	海口	50. 3486	45
	长春	50. 1199	46
	哈尔滨	50. 0541	47
	南昌	50. 0256	48
	石家庄	49. 4642	49
	扬州	49. 0777	50
双创潜力城市	徐州	47. 4088	51
	呼和浩特	47. 1903	52
	湘潭	46. 8775	53
	汕头	46. 7709	54
	连云港	46. 5245	55
	洛阳	46. 5072	56
	淮安	46. 4144	57
	江门	46. 3615	58
	漳州	46. 1945	59
	三亚	46. 1394	60

续表

分层	城市	双创指数得分均值	排名
双创潜力城市	柳州	45.9550	61
	桂林	45.8707	62
	马鞍山	45.7990	63
	岳阳	45.7599	64
	株洲	45.6985	65
	淄博	45.6080	66
	绵阳	45.5930	67
	郴州	45.3149	68
	赣州	45.2870	69
	襄阳	45.2177	70
	兰州	45.1884	71
	包头	45.1320	72
	安庆	45.0481	73
	衡阳	45.0164	74
	鄂尔多斯	44.3730	75
	九江	44.3597	76
	吉林	44.1968	77
	周口	44.1649	78
	焦作	44.0838	79
	乌鲁木齐	43.8500	80
	茂名	43.8259	81
	济宁	43.7517	82
	保定	43.2759	83
	德州	43.2179	84
	常德	43.1210	85
	沧州	43.0346	86
	湛江	42.9244	87
	拉萨	42.5429	88
	唐山	41.8534	89
	银川	41.4868	90

续表

分层	城市	双创指数得分均值	排名
双创潜力城市	榆林	41.3564	91
	荆州	41.1640	92
	许昌	41.0963	93
	遵义	41.0098	94
	松原	40.9982	95
	新乡	40.9582	96
	南阳	40.5976	97
	鞍山	40.4567	98
	西宁	40.1917	99
	邯郸	40.0211	100

根据表6，双创核心城市共5座：深圳、北京、上海、广州和杭州。双创枢纽城市为苏州、天津、武汉、南京和厦门。随后，宁波、珠海、长沙等10座城市为双创节点城市；青岛、常州、郑州等30座城市为双创启动城市。最后，徐州、呼和浩特、湘潭等50座城市为双创潜力城市。

（二）双创城市分层宏观比较分析

1. 各层双创城市双创指数变动

根据表6对双创百强城市的分层，我们对各层双创城市2019年双创指数得分与2017年、2018年双创指数的得分均值进行统计对比，其结果如图6所示。

通过图6可以发现，各层双创城市的双创指数得分都有所提高，尤其是排名较靠后的双创启动城市和双创潜力城市。与此同时，除了双创核心城市外，其余分层的内部差距都在缩小，而双创核心城市这一分层的内部差距则在扩大。作为双创指数得分前3强的深圳、北京和上海与双创指数得分第4名和第5名的广州与杭州之间的差距在扩大。

另一个值得关注的特征是，以双创指数中位数来看，尽管双创核心城市以外各层双创城市的得分均上升，且各层之间差距也在缩小，但是其与双创

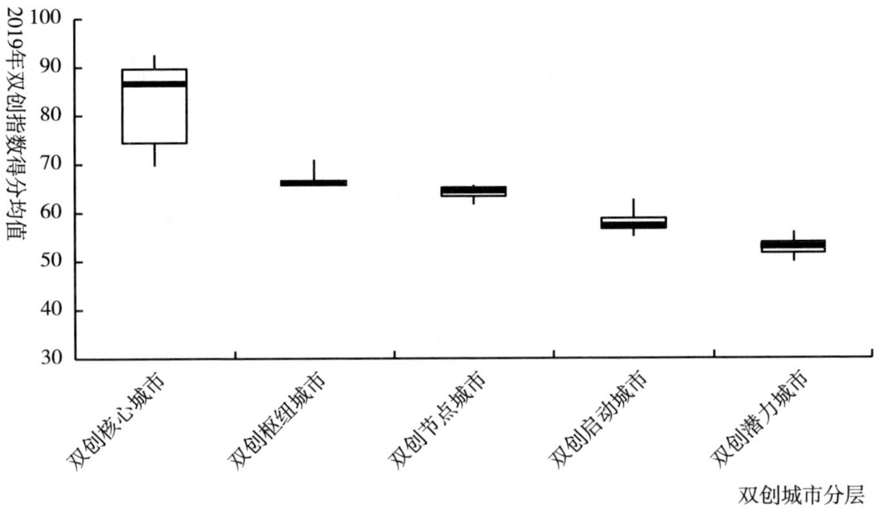

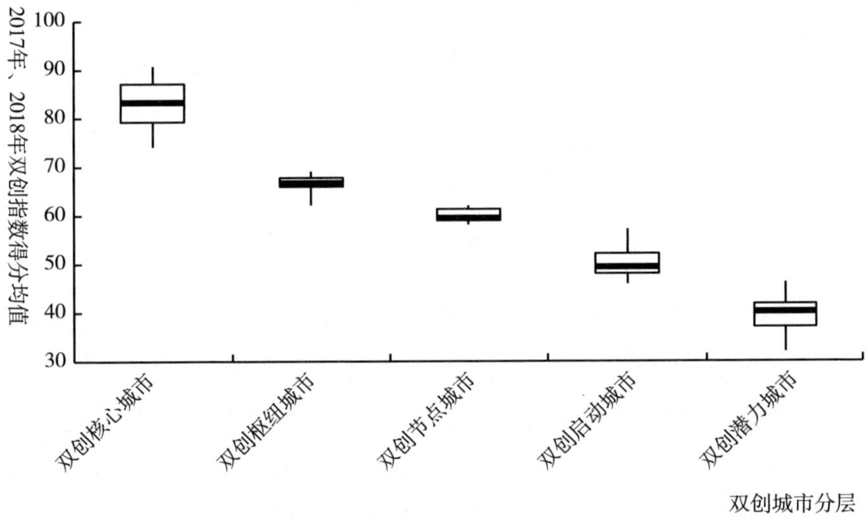

图 6　2019 年与 2017 年、2018 年双创百强城市分层双创指数得分统计对比

核心城市之间的差距却在扩大。这在一定程度上意味着双创环境与绩效的改进受到集聚效应的约束，当原来双创指数得分排名位于中间及靠后的城市的双创指数得分上升到一定程度时，其再进一步上升的难度将快速增大。

2. 各层双创城市双创指数一级指标得分

根据表6对双创百强城市的分层，我们进一步考察各层双创城市在环境支持、资源能力和绩效价值三个一级指标上得分的特征，其结果如图7所示。

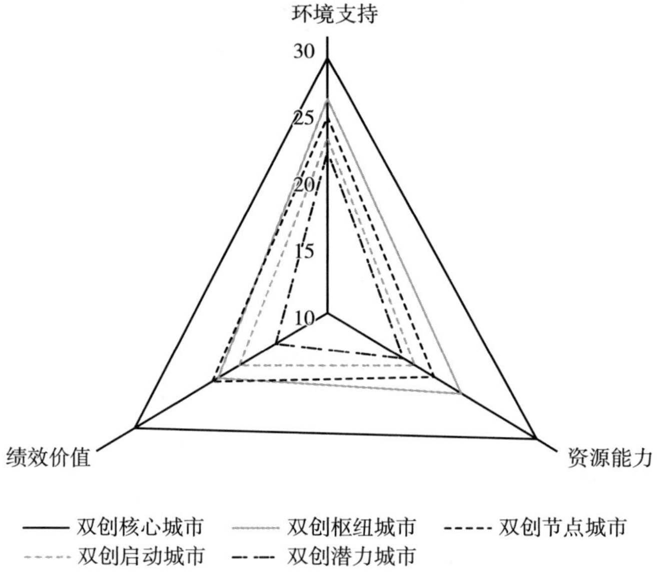

图7　双创百强城市各分层一级指标得分

从图7可以发现，分层排名靠前的城市在环境支持、资源能力和绩效价值这三个一级指标上的得分基本高于分层排名靠后的城市。从双创核心城市到双创潜力城市，各层在环境支持方面的得分中位数为28.44、25.47、24.15、22.65、21.67，资源能力得分中位数为28.19、21.61、19.23、17.57、16.59，绩效价值得分中位数为26.68、19.41、19.91、17.60、14.45。很显然，双创核心城市在三个一级指标上的得分与其他层级城市的得分具有显著差距。此外，各层在环境支持上得分的差距要小于在绩效价值和资源能力上得分的差距。

各层双创指数一级指标得分所展现出的特征表明，推动“大众创业、万众创新”过程中，通过完善政策措施、规章制度等方式改进环境支持的难度，要小于改进绩效价值和资源能力的难度。从经济学角度来看，前者在很大程度上属于政府的控制变量，后者则更多地受制于竞争者的策略和市场机制作用，尤其是集聚效应以及城市规模变动规律的作用。所以，前者可以在短期内改善，而后者在短期内大幅度改进的难度则较大。

（三）双创城市分层微观比较分析

环境支持表征创新创业的外部环境影响因素，其得分由市场结构、产业结构、制度文化和配套支持四个二级指标得分构成，其中前三个二级指标满分均为7.08分，配套支持的满分为11.8分，因此双创环境支持的满分为33.04分。我们以各分层双创城市在这些二级指标上的得分中位数为例进行分析，具体见图8。从图8中可以发现，各层级城市在市场结构上得分的差距很小，在产业结构、制度文化和配套支持这三个二级指标的得分上则存在显著差距。

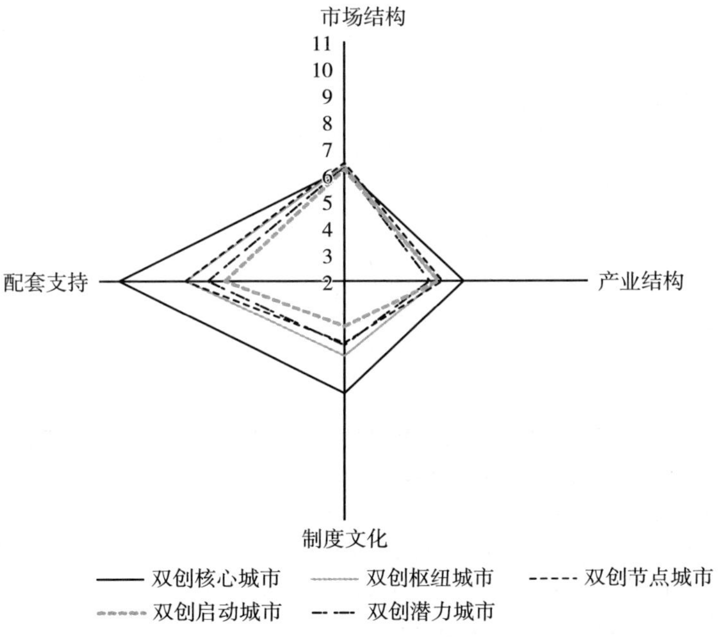

图8　双创百强城市各层级的环境支持二级指标得分

首先，在产业结构上，双创核心城市拥有更好的产业基础，并且相对于其他层级城市而言具有显著优势；双创核心城市以外各层级城市之间差距则很小。据测算，双创核心城市、双创枢纽城市、双创节点城市、双创启动城市以及双创潜力城市产业结构得分中位数分别为6.41、5.42、5.61、5.15和5.47。这反映了双创枢纽城市、双创节点城市等之间存在较为明显的竞争同质化问题。

其次，在制度文化上，双创核心城市拥有更好的制度文化环境，而其他层级城市之间的差距也较为明显。据测算，自双创核心城市往下各层级城市制度文化得分中位数分别为6.22、4.82、4.34、4.42和3.72。如果说产业结构方面的差距可以借助于上级政府的政策和投资缩小，那么制度文化方面差距的缩小则更需要依靠地方政府和本地市场参与者自身的努力。

最后，在配套支持上，双创核心城市拥有显著的优势，其他各层级城市之间的差距也较为明显。据测算，各层级城市配套支持得分中位数分别为10.27、7.82、7.84、7.01和6.38。需要说明的是，从配套支持的得分指标来看，尽管配套支持上的差距可以通过借助上级政策和投资来缩小，但是这必然涉及投资效率的问题。也就是说，配套支持得分上的差距在很大程度上是由市场竞争决定的。

参考文献

[1] 王京生、陶一桃主编，魏建漳、王学龙副主编《中国双创发展报告（2017~2018）》，社会科学文献出版社，2018。

[2] 王京生、陶一桃主编，魏建漳、王学龙副主编《中国双创发展报告（2018~2019）》，社会科学文献出版社，2019。

[3] Duranton, Gilles, "Urban Evolutions: The Fast, the Slow, and the Still," *American Economic Review* 97 (2007): 197-221.

B.3

双创指数子特征百强城市排名分析

苗璐　连晗羽*

摘　要： 本报告从双创指数子特征入手，深入研究百强城市双创发展情况。双创指数主要包括三个一级指标，即环境支持、资源能力和绩效价值子特征。具体来说，在双创环境子特征方面，百强城市整体呈现出良好的发展态势，各城市均展现出对双创环境建设的重视。从双创资源子特征来看，双创资源具有较大的地区性差异，呈两极分化趋势，传统一线城市以其区位优势及完善的配套设施，吸引大量双创资源集聚，而其他城市双创资源储备略显不足。在绩效价值方面，双创百强城市中各地差距较大，呈现非均衡的发展趋势。

关键词： 双创指数　子特征　双创环境　双创资源　双创绩效

一　双创环境子特征

双创环境主要包括支撑双创发展的经济、社会、文化、物质等环境要素。本报告分别从“市场结构”、“产业基础”、“制度文化”和

* 苗璐，经济学博士，深圳大学中国经济特区研究中心助理教授，主要研究方向为城市可持续发展、低碳转型。连晗羽，深圳大学中国经济特区研究中心博士研究生，主要研究方向为理论经济学。

“配套支持”等四个方面对双创百强城市在环境子特征方面的表现进行分析。

（一）双创环境百强城市得分及排名

在指标标准化的基础上，本报告利用指标加权方法，对市场结构、产业基础、制度文化、配套支持子指标分别进行计算，并进一步依据各自权重进行加总求和，从而得到百强城市的“双创环境”子特征得分。其中，“双创环境”子特征分值越高，代表其双创环境越好，说明其可对城市双创发展起到良性的促进作用；反之，将不利于该地的双创的发展。表1列出了双创环境百强城市得分及排名。

表1　双创环境百强城市得分及排名

城市	双创环境得分	双创环境排名	城市	双创环境得分	双创环境排名
上海	31.81	1	珠海	24.06	21
深圳	30.56	2	洛阳	23.99	22
北京	28.44	3	西安	23.90	23
苏州	27.40	4	长沙	23.89	24
杭州	27.16	5	南通	23.81	25
广州	26.77	6	无锡	23.79	26
重庆	26.44	7	湘潭	23.72	27
天津	25.73	8	厦门	23.65	28
武汉	25.21	9	湖州	23.62	29
成都	25.04	10	石家庄	23.55	30
青岛	24.66	11	东莞	23.42	31
宁波	24.63	12	泰州	23.31	32
郑州	24.51	13	福州	23.23	33
衡阳	24.47	14	济南	23.21	34
佛山	24.37	15	新乡	23.13	35
常州	24.30	16	许昌	23.11	36
合肥	24.25	17	九江	22.83	37
贵阳	24.16	18	长春	22.79	38
南京	24.15	19	焦作	22.78	39
嘉兴	24.07	20	哈尔滨	22.75	40

续表

城市	双创环境得分	双创环境排名	城市	双创环境得分	双创环境排名
芜湖	22.72	41	柳州	21.61	71
威海	22.71	42	徐州	21.61	72
大连	22.59	43	沈阳	21.60	73
德州	22.59	44	海口	21.55	74
中山	22.53	45	济宁	21.54	75
漳州	22.49	46	乌鲁木齐	21.50	76
南阳	22.49	47	扬州	21.45	77
邯郸	22.48	48	三亚	21.44	78
淮安	22.47	49	遵义	21.38	79
南昌	22.44	50	江门	21.29	80
南宁	22.34	51	连云港	21.26	81
唐山	22.33	52	包头	21.26	82
淄博	22.25	53	常德	21.25	83
台州	22.13	54	银川	21.23	84
惠州	22.12	55	荆州	21.23	85
马鞍山	22.09	56	镇江	21.22	86
岳阳	22.08	57	金华	21.20	87
拉萨	22.03	58	汕头	21.18	88
安庆	21.99	59	西宁	21.17	89
吉林	21.91	60	保定	21.15	90
绍兴	21.89	61	周口	20.99	91
襄阳	21.89	62	兰州	20.81	92
赣州	21.87	63	株洲	20.80	93
温州	21.86	64	鞍山	20.54	94
泉州	21.82	65	呼和浩特	20.49	95
桂林	21.78	66	绵阳	20.01	96
郴州	21.77	67	松原	20.01	97
鄂尔多斯	21.76	68	茂名	19.98	98
昆明	21.74	69	湛江	19.91	99
沧州	21.74	70	榆林	19.73	100

如表1所示，百强城市双创环境整体发展良好。2018年双创环境得分均值为22.82分，较2017年有了显著的提升。据表1可知，城市的双创环境的得分均在19分以上，其中上海取代了深圳在双创环境子特征方面排名

第一，为 31.81 分，接近该计算标准下的双创环境的满分 33 分；最低为榆林，为 19.73 分，与全国平均水平有一定的差距。

（二）双创环境百强城市得分频率分布

表 2 列出了双创环境百强城市得分频率分布。双创环境百强城市得分介于 19.70 分和 31.85 分，进一步将总区间分为 5 组，各组间距为 2.43。图 1 表明，百强城市的双创环境具有良好的发展态势，95% 的城市双创环境得分集中在［19.70，26.99）这一中等区间，这说明我国的双创环境总体良好，地方对双创环境建设的重视程度逐渐提高，但大部分城市与满分 33 分相比仍有较大差距，说明我国城市的双创环境发展潜力巨大，结合双创发展抓好后续环境建设依旧是重中之重。

表 2　双创环境百强城市得分频率分布

双创环境分数段	城市数量(座)	占比(%)
[19.70,22.13)	46	46
[22.13,24.56)	25	25
[24.56,26.99)	24	24
[26.99,29.42)	3	3
[29.42,31.85)	2	2

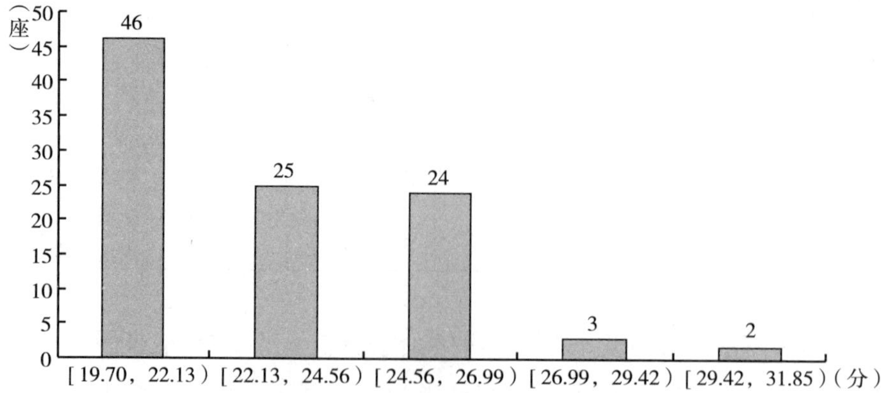

图 1　双创环境百强城市得分频率分布

（三）双创环境子指标分析

本报告通过对市场结构、产业基础、制度文化和配套支持等四个二级指标的研究，进一步分析双创环境发展。

1. 市场结构

市场结构是指支撑双创环境发展市场主要参与者的结构属性。本报告以市场结构的子指标为切入点对双创市场结构进行分析，探究百强城市双创环境发展的整体水平。双创市场结构主要包含三个维度，具体包括：公有制企业数量比重、小微企业数量比重、外商投资占 GDP 比重。笔者依据本书的计算方法，按照各子指标加总的分值来测量市场结构的发展水平。市场结构的分值越高，其对双创水平的支撑作用越大，反之则会抑制城市双创水平的发展。

经计算，百强城市的市场结构得分介于 3.83 分和 7.02 分，最高的为邯郸，最低的为兰州。将区间［3.80，7.05）分为 13 组，组间距为 0.25。表 3、图 2 描述了百强城市市场结构得分频率分布。

表 3　百强城市市场结构得分频率分布

市场结构分数段	城市数量（座）	占比（%）
[3.80,4.05)	1	1.00
[4.05,4.30)	0	0.00
[4.30,4.55)	0	0.00
[4.55,4.80)	0	0.00
[4.80,5.05)	0	0.00
[5.05,5.30)	3	3.00
[5.30,5.55)	4	4.00
[5.55,5.80)	9	9.00
[5.80,6.05)	7	7.00
[6.05,6.30)	31	31.00
[6.30,6.55)	23	23.00
[6.55,6.80)	15	15.00
[6.80,7.05)	7	7.00

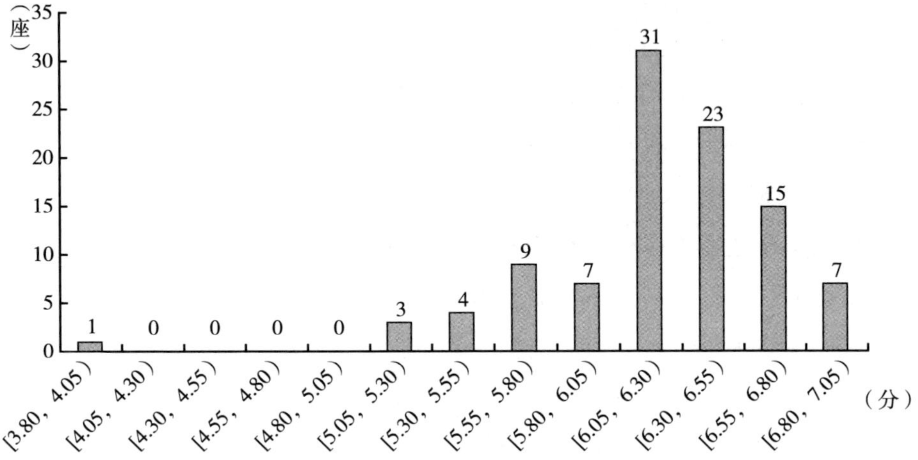

图 2　百强城市市场结构得分频率分布

我国双创市场结构较为完善，且进步明显。通过对双创百强城市市场结构得分频率分布进行研究，超过 3/4 的城市在双创市场结构的分布超过 6.05 分，且有 7 座城市位于最高得分区间［6.80，7.05）之中。相比之前近 1/2 双创城市市场结构得分聚集于中低分段的境况，其整体已经有了较大改善。邯郸以 7.02 分的高分位列百强城市市场结构第一名，十分接近本指标体系的满分 7.08 分。在百强城市中，仅有兰州一座城市市场结构分值低于 5.05 分，较往年有了极大的提升。这些数据都表明我国的双创市场结构取得了较大的进步，初步搭建起可支撑双创发展的市场结构体系框架，也证明了加强发展民营企业、小微企业，提高经济开放度，促进外商投资等措施对改善市场结构的重要作用。

我国市场结构体系发展不均衡，且各市发展存在差异。通过对图 2 的分析，99% 的城市市场结构得分高于 5.05 分，超过 1/2 的城市市场结构得分分布在［6.05，6.55）区间，与此同时，还有部分城市聚集在低分段［3.80，6.05）区间，这表明我国百强城市市场结构存在发展不均衡问题，部分城市市场结构应进一步完善。

多种市场参与主体的有机结合，有益于支撑市场结构进一步发展。从双创城市市场结构排名来看，排名前10位的城市分别为邯郸、湖州、上海、嘉兴、湘潭、郴州、九江、武汉、青岛、淮安，具体如图3所示。

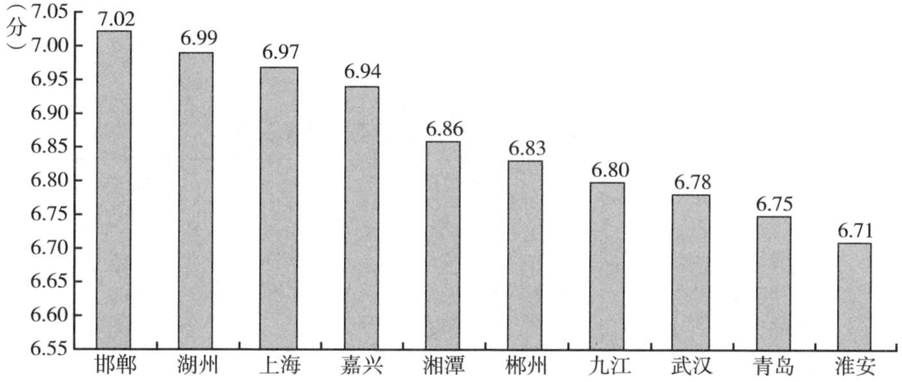

图3　市场结构得分排名前10位的城市

据图3可知，邯郸、湖州、上海等城市分别以7.02、6.99、6.97的得分占据了前三的位置，究其根本，邯郸、湖州、上海民营企业、小微企业占比较高，外商投资活跃是市场结构优化的主要原因。据调查，三市的非公有制企业数量比重分别为97.69%、99.84%、97.30%，小微企业数量比重分别为90.03%、93.38%、95.08%，外商投资占GDP比重分别为5.29%、3.07%、3.48%，均远高于此三项指标的全国平均水平。

2. 产业基础

所谓产业基础，是地区在经济发展中拥有的和可累积的各类资源，这些资源具体到双创建设，是可促进经济发展和创新创业的指标因素，如对外进出口总额、规模以上工业总产值及民间资本固定资产投资总额占GDP比重，以及该地区本来的地理资源优势等。本报告以产业基础的子指标为切入点，探究双创百强城市环境发展水平，主要通过对产业基础的三个二级指标的加权求和得分，分析各城市的产业基础状况。其指标具体包括：对外进出口总额、规模以上工业总产值及民间资本固定资产投资总额占GDP比重。

经计算，百强城市的双创产业基础得分介于4.15分至7.05分。其中深圳维持其往年的发展态势，保持排名第一，而遵义得分最低，为4.15分。我们进一步将总区间分为6组，组间距取0.5，具体结果如表4和图4所示。

表4　双创百强城市产业基础得分频率分布

产业基础分数段	城市数量(座)	占比(%)
[4.10,4.60)	17	17.00
[4.60,5.10)	22	22.00
[5.10,5.60)	25	25.00
[5.60,6.10)	22	22.00
[6.10,6.60)	11	11.00
[6.60,7.10)	3	3.00

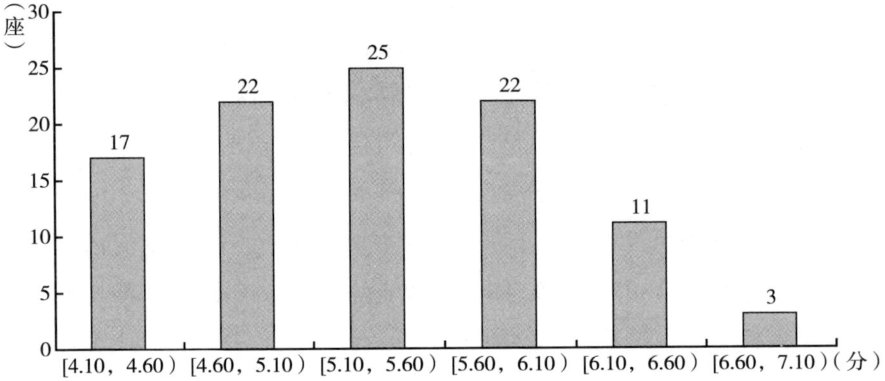

图4　双创百强城市的产业基础得分频率分布

据表4与图4可知，总体上，双创百强城市的产业基础水平发展态势良好，但未来仍有巨大的提升空间。经计算，双创百强城市的平均产业基础分数为5.34分，其中大部分的城市得分在［4.10，6.60）这个分数段，占据了百强城市的97%，而仅有3%的城市产业基础得分在［6.60，7.10）分数区间。在百强城市中，14座城市的发展态势良好，且3座城市处于［6.60，7.10）的高分段。与产业基础的满分7.08分相比，大部分城市产业基础薄弱，虽然较往年有了长足的发展，但仍存在较大的提升空间。

双创产业发展不均，一线城市产业基础扎实，二线、三线城市发展态势良好，但仍存在不小的差距。为深入分析城市发展水平与双创产业基础得分之间的联系，我们通过对比双创产业基础得分排名前10位的城市，得到了以下信息，具体结果如图5所示。

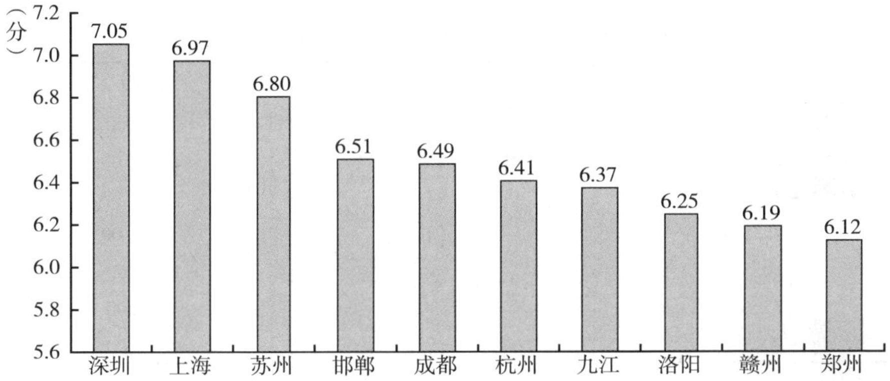

图5　产业基础得分排名前10位的城市

如图5所示，在百强城市的产业基础得分中，深圳、上海、苏州位于高分区域，分值均在6.80分及以上。深圳和上海作为典型的一线城市，其双创产业基础良好，而苏州、邯郸、成都等二线城市甚至是三线城市，其双创产业基础呈现强劲的发展态势。在一线城市具有产业基础方面的传统优势的同时，某些一线城市、准一线城市如北京、广州、天津等呈现发展后劲不足态势，掉出了前10名的行列。反观二线甚至部分三线城市表现出良好的竞争力，其对双创产业发展的重视，使其产业基础得分超过传统一线及准一线城市。但是，由于经济发展水平等各方面的原因，其与深圳、上海相比，仍存在不小的差距。

3. 制度文化

制度文化，是指保障城市双创发展的制度和文化基础。本报告分别从各城市的政府效率指数、商业信用环境指数和每万人图书馆数三个角度进行分析，我们将各指标加权求和得到制度文化的具体分值，以衡量各城市的制度文化发展对双创建设的促进作用。

经计算，百强城市的双创制度文化得分介于2.87分和7.03分。其中深圳作为改革开放试验田，在制度文化方面仍具有优势，而松原得分最低，为2.87分。我们进一步将总区间分为7组，组间距取0.65，具体结果如表5和图6所示。

表5　双创百强城市的制度文化得分频率分布

制度文化分数段	城市数量(座)	占比(%)
[2.50,3.15)	2	2.00
[3.15,3.80)	29	29.00
[3.80,4.45)	41	41.00
[4.45,5.10)	21	21.00
[5.10,5.75)	3	3.00
[5.75,6.40)	3	3.00
[6.40,7.05)	1	1.00

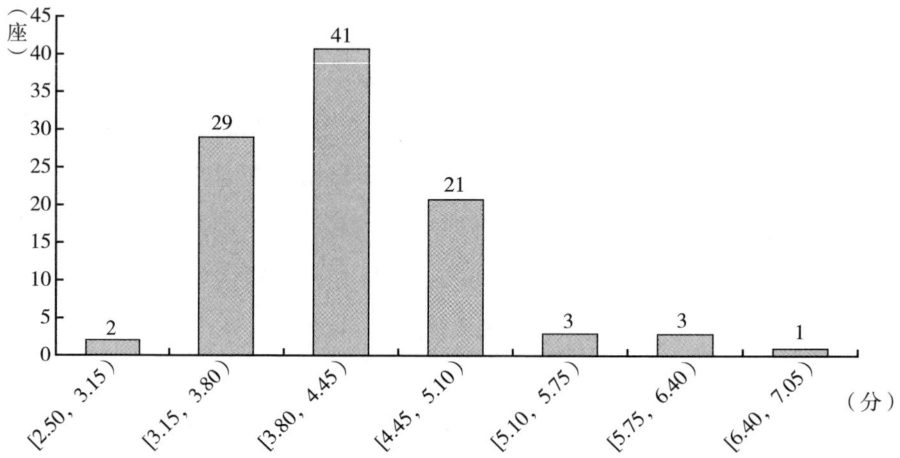

图6　双创百强城市的制度文化得分频率分布

如表5和图6所示，大部分双创百强城市的制度文化基础依然薄弱。经计算，双创百强城市的平均制度文化得分为4.16分，其中大部分城市得分低于 5.75 分，占据了百强城市的 96%，而仅有 4% 的城市产业基础得分在［5.75，7.05）分数区间。与制度文化子指标的满分 7.08 分相比，大部分城市制度文化基础虽然较 2017 年整体有了一定的发展，与第一名的深圳差距逐渐缩小，但仍需进一步加强制度文化建设。

提升政府效率有利于促进双创制度文化建设。从双创制度文化城市排名来看，深圳、北京、上海、拉萨、苏州等城市位于指标排名前 10 位，具体数据如图 7 所示。

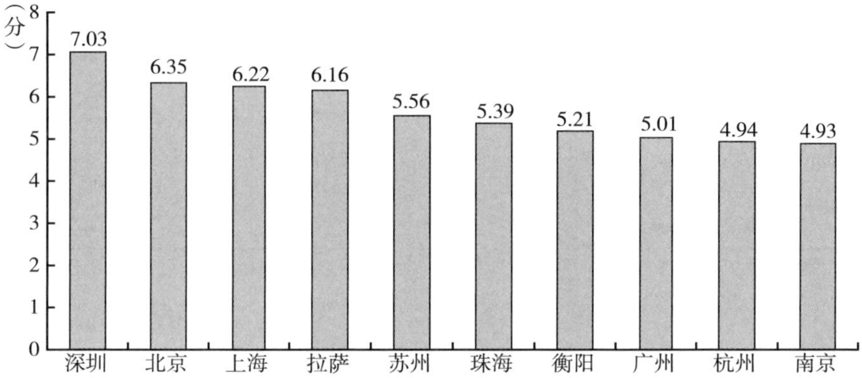

图 7　双创制度文化得分排名前 10 位的城市

据图 7 可知，深圳市以 7.03 分的得分位于制度文化得分第一名的位置，远高于得分为 6.35 分的北京及其他城市。主要原因在于深圳市注重政府工作效率的提升，数据显示，2018 年深圳市政府效率指数为 2.3575，全国排名第一。

4. 配套支持

城市的双创建设和发展离不开完备的配套支持，其具体表现为各座城市为支持双创发展所配备的相应的设备及相关的基础建设，如物流交通、互联网建设和综合医院建设等。本报告在公共陆路交通效率、物流业指数、互联网宽带普及率、综合医院占医疗机构比重和国家级科技企业孵化器数量等指标标准化的基础上，赋予各指标相应权重，进行加总。通过得分数值的高低评价各城市双创配套支持的力度大小，从而推断其对双创发展的促进能力大小。

经计算，百强城市的双创配套支持得分介于5.40分和11.65分。其中上海得分最高，而松原得分垫底。我们进一步将总区间分为7组，组间距取0.90，具体结果如表6和图8所示。

表6　双创百强城市配套支持得分频率分布

配套支持分数段	城市数量(座)	占比(%)
[5.40,6.30)	23	23.00
[6.30,7.20)	36	36.00
[7.20,8.10)	30	30.00
[8.10,9.00)	4	4.00
[9.00,9.90)	3	3.00
[9.90,10.80)	3	3.00
[10.80,11.70)	1	1.00

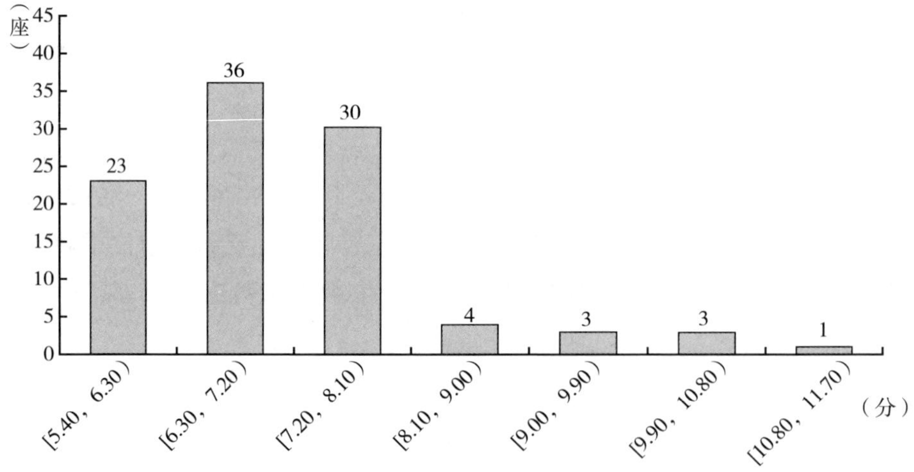

图8　双创百强城市配套支持得分频率分布

如表6和图8所示，大部分双创百强城市拥有完善的基础性配套设施，但仍有较大的发展潜力。根据本书采用的评价方法及最终计算结果，在百强城市中，89%的城市的双创配套支持得分分布在［5.40，8.10）区间；百强城市平均配套支持得分为7.12分，距离满分11.80分仍有较大差距，各城市仍需注重双创配套设施的建设。

一线与新一线城市双创配套设施基础较好，且竞争力不断增强。图9列举了配套支持得分排名前10位的城市。

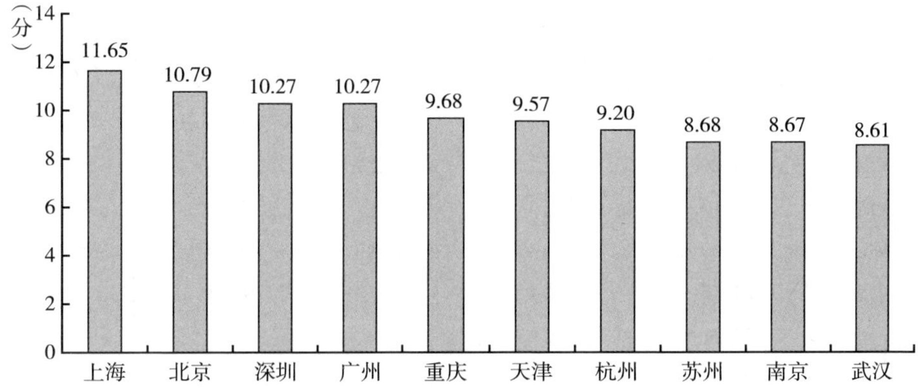

图9　配套支持得分排名前10位的城市

据统计，传统一线城市“北上广深”发展势头强劲，而天津、南京等城市较往年发展稍显乏力。除此之外，杭州、苏州、重庆等新一线城市在双创配套支持方面进步明显。国家级科技企业孵化数量高，对双创发展起重要推动作用。

二　双创资源分析

双创发展依赖于双创资源的供给能力及其对经济和技术发展的支撑能力。本报告从“人力资源”和“资本投入”两大部分对双创资源能力百强城市进行分析。

（一）双创资源得分排名

双创资源子特征主要包括人力资源和资本投入两个二级指标，我们进一步将两大子指标细分为8个具体的三级指标，经过指标标准化与加权计算求得城市双创资源得分，以衡量各城市的资源丰富程度。城市得分高表明其拥有充沛的双创资源，进而能对该地的双创发展起到推动作用；反之则表示该城市双创资源匮乏，将抑制双创发展。表7列出了百强城市双创资源得分及排名。

表7　百强城市双创资源得分及排名

城市	双创资源得分	双创资源排名	城市	双创资源得分	双创资源排名
北京	32.20	1	石家庄	18.65	24
深圳	29.26	2	哈尔滨	18.46	25
上海	28.19	3	东莞	18.40	26
西安	24.60	4	昆明	18.34	27
厦门	24.16	5	大连	18.31	28
广州	22.31	6	沈阳	18.30	29
南京	22.18	7	兰州	18.29	30
苏州	21.63	8	南宁	18.29	31
武汉	21.61	9	佛山	18.26	32
珠海	21.46	10	常州	18.24	33
绵阳	21.15	11	芜湖	18.16	34
成都	20.91	12	南昌	18.15	35
天津	20.77	13	中山	17.95	36
杭州	20.31	14	洛阳	17.95	37
长沙	19.71	15	福州	17.94	38
榆林	19.56	16	乌鲁木齐	17.63	39
郑州	19.42	17	温州	17.58	40
重庆	19.39	18	贵阳	17.56	41
济南	19.36	19	银川	17.53	42
合肥	19.07	20	长春	17.47	43
青岛	18.92	21	三亚	17.46	44
宁波	18.80	22	海口	17.46	45
无锡	18.71	23	拉萨	17.32	46

续表

城市	双创资源得分	双创资源排名	城市	双创资源得分	双创资源排名
遵义	17.31	47	漳州	16.57	74
镇江	17.29	48	济宁	16.53	75
嘉兴	17.21	49	唐山	16.51	76
桂林	17.13	50	赣州	16.51	77
南通	17.08	51	吉林	16.49	78
株洲	17.07	52	常德	16.47	79
台州	17.07	53	郴州	16.44	80
连云港	17.01	54	柳州	16.39	81
淮安	17.00	55	鄂尔多斯	16.37	82
绍兴	17.00	56	衡阳	16.31	83
惠州	16.98	57	邯郸	16.30	84
湖州	16.98	58	鞍山	16.29	85
威海	16.97	59	新乡	16.24	86
泰州	16.92	60	荆州	16.21	87
西宁	16.92	61	九江	16.20	88
包头	16.83	62	德州	16.16	89
岳阳	16.82	63	南阳	15.92	90
扬州	16.82	64	泉州	15.91	91
淄博	16.82	65	焦作	15.89	92
湘潭	16.79	66	汕头	15.87	93
呼和浩特	16.68	67	安庆	15.74	94
金华	16.65	68	湛江	15.67	95
襄阳	16.64	69	许昌	15.64	96
马鞍山	16.63	70	周口	15.55	97
徐州	16.62	71	茂名	15.54	98
沧州	16.62	72	松原	15.54	99
江门	16.61	73	保定	15.51	100

如表7所示，我国城市双创资源较为匮乏，在百强城市当中，仅有14座城市的得分在20分以上，其中绝大多数城市的得分集中在［15.5，19.7）区间，而得分在30分以上的城市仅有北京，双创资源得分较2018年整体呈现下降趋势，与“双创资源”33分的满分相比，百强城市双创资源发展略显乏力。

（二）双创资源得分的频率分布

表 8 表示我国百强城市双创资源得分频率分布。

表 8　百强城市双创资源得分频率分布

资源能力分数段	城市数量(座)	占比(%)
[15.50,17.60)	61	61.00
[17.60,19.70)	24	24.00
[19.70,21.80)	8	8.00
[21.80,23.90)	2	2.00
[23.90,26.00)	2	2.00
[26.00,28.10)	0	0.00
[28.10,30.20)	2	2.00
[30.20,32.30)	1	1.00

在百强城市双创资源得分中，北京取代上海以 32.20 分的得分位列第一，而保定以 15.51 分位列最后一名。图 10 表示百强城市双创资源得分频率分布。

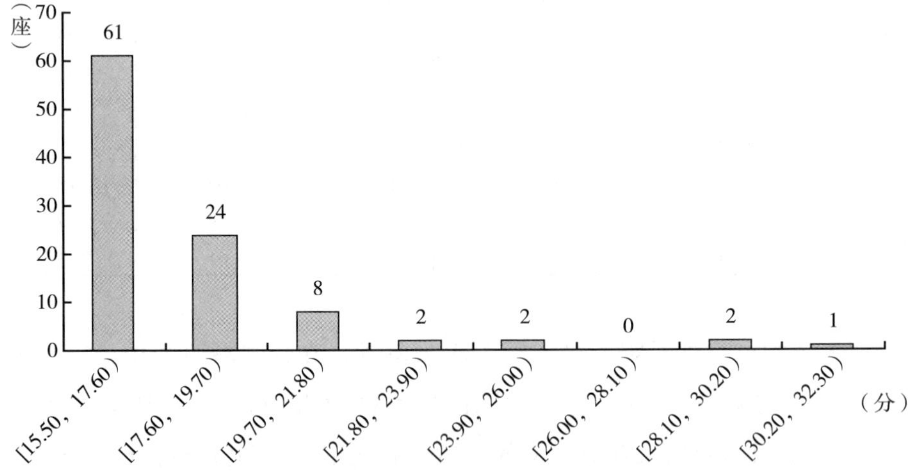

图 10　百强城市双创资源得分频率分布

据表 8 与图 10：

（1）百强城市双创资源具有较大的地区性差异，存在两极分化的现象，整体呈现资源不足

就整体而言，有 85% 的城市得分集中在 19.70 分以下的低分段，表明整体的双创资源储备不足，且资源分配严重不均。双创资源得分处于高分段的城市数量较少，整体均值仅为 17.24 分，远低于满分 33 分，说明由于资源分布不均，大部分城市双创资源储备需进一步加强。

（2）目前大部分双创资源集中在一线城市，而大部分城市发展潜力巨大

根据双创资源得分频率分布，百强城市中资源得分集中在［15.50，19.70）分数段的城市占据了 85% 的高比例，而仅有 12% 的城市双创资源得分在［19.70，26.00）分数段，这表明大部分城市的双创资源得分较低，且具有巨大的发展潜力。再看分布地区，相当一部分非一线城市的双创资源得分较 2017 年已经有了较明显的提升。整体而言，各城市尤其是非一线城市的双创资源的提升空间较大。

（三）双创资源子特征分析

基于本书的指标体系，本报告对人力资源和资本投入两个二级指标分别予以进一步分析。

1. 人力资源

作为市场参与主体，人力资源对城市双创发展起到重要推动作用，人力资源储备具体表现为城市吸引高等教育学历人才的能力、知识密集型服务业比重、大学生培养能力等方面。在人力资源子指标中，我们进一步将其细分为“净流入常住人口”、“高等教育学历人口比例”、“知识密集型服务业占从业人员比例”和“普通高校在校生数量”四个三级指标，在对各指标进行标准化处理后进一步对其进行加权求和，以所得分值高低来衡量其人力资源储备情况。

人力资源得分满分为 16.5 分，经计算，北京市以 16.43 分位列榜首，

而保定以10.65分居末位。进一步将总区间分为8组，组间距为0.75，表9与图11描述了百强城市人力资源得分的具体分布。

表9　百强城市人力资源得分频率分布

人力资源分数段	城市数量(座)	占比(%)
[10.50,11.25)	15	15.00
[11.25,12.00)	37	37.00
[12.00,12.75)	19	19.00
[12.75,13.50)	16	16.00
[13.50,14.25)	5	5.00
[14.25,15.00)	2	2.00
[15.00,15.75)	5	5.00
[15.75,16.50)	1	1.00

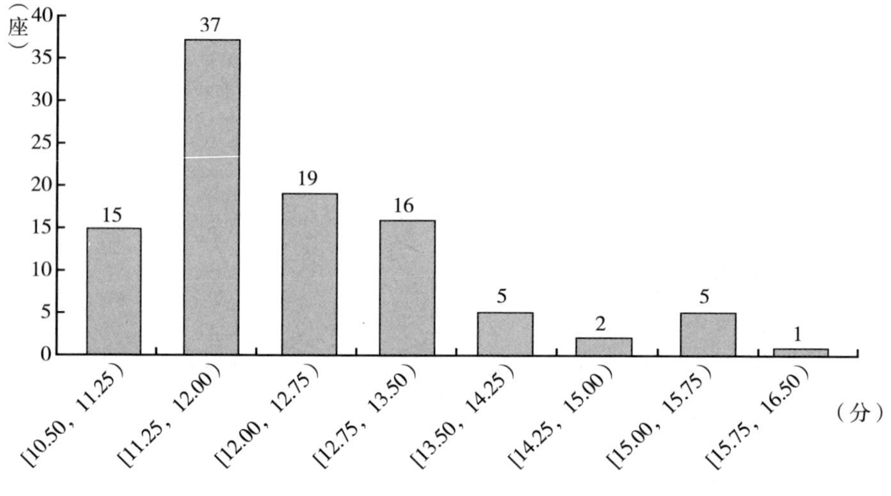

图11　百强城市人力资源得分频率分布

据表9和图11：

(1) 双创人力资源呈现高度集聚态势，主要集中在一线城市。经统计，百强城市得分主要位于［10.50，12.00）中等得分区间，而分值在13.50以上的城市仅有 13 座，其中 15 分以上的城市有 6 座。显然，一线城市对人力资源具有更强的吸引力，造成人力资源分布不均，大部分城市双创人力资源水平较低，分布呈现出极其不均衡的发展态势。

（2）大部分城市双创人力资源供求不对称，提升人才吸引力度将会是各城市突破发展瓶颈的契机。据统计，在双创百强城市中，有 71% 的城市双创人力资源在［10.5，12.75）分数段，人力资源匮乏是 1/2 以上城市存在的问题。纵观双创人力资源高分值城市的发展情况，人力资源发展与城市双创水平的提升相辅相成，双创发展水平较高的城市对人力资源更具吸引力，而人力资源的涌入可进一步促进双创水平的提升。

图 12 列出了人力资源得分排名前 10 位城市。

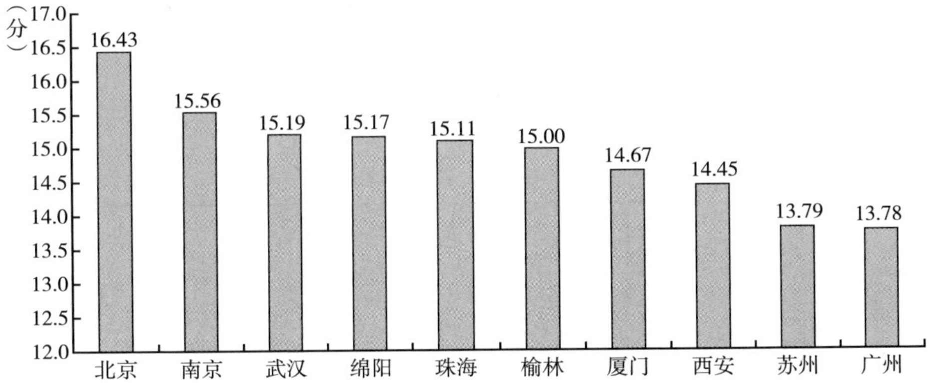

图 12　人力资源得分排名前 10 位城市

如图 12 所示，人力资源得分排名前 10 位城市主要集中在东部沿海地区。内陆地区如武汉、绵阳、榆林、西安等城市的人才吸引力度在逐渐加强。人才吸引力度高度依赖于地区的发展水平，高等学府的覆盖也对周边城市人力资源发展具有辐射作用。

2. 资本投入

资本投入力度对双创发展具有重要推动作用。我们将其进一步细分为“科学技术支出占 GDP 比重”“规模以上工业企业新产品开发经费支出”

“年度 IPO 规模”“年度新三板上市数量”四个三级指标，在对各指标进行标准化处理后进一步对其进行加权求和，以所得分值高低来衡量其资金投入力度大小。

资本投入得分满分为 16.5 分，经计算，深圳市以 16.43 分位列榜首，而保定以 4.41 分居末位。进一步将总区间分为 8 组，组间距为 1.5，表 10 与图 13 描述了百强城市资本投入得分的具体分布。

表 10　百强城市资本投入得分频率分布

资本投入分数段	城市数量(座)	占比(%)
[4.20,5.70)	71	71.00
[5.70,7.20)	20	20.00
[7.20,8.70)	4	4.00
[8.70,10.20)	2	2.00
[10.20,11.70)	0	0.00
[11.70,13.20)	0	0.00
[13.20,14.70)	1	1.00
[14.70,16.20)	2	2.00

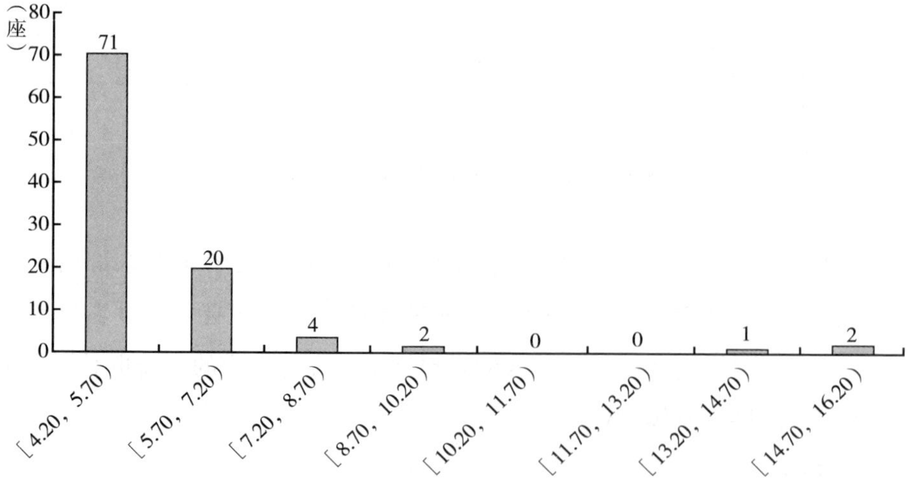

图 13　双创百强城市资本投入得分频率分布

据表10及图13：

（1）大部分城市的双创资本投入得分较低，资本投入不足以支撑双创发展

据表10，91%的城市得分主要位于［4.20，7.20）分数段，而分值在7.2分及以上的城市仅有9座，其中还出现了分数断层现象。究其原因，除资本投入子指标中“年度IPO规模”和“年度新三板上市数量”两个三级指标的巨大差异造成资本投入得分呈不均衡分布以外，还与各城市之间的总体经济发展水平不均有很大关系。

（2）各城市双创资本投入情况与其自身的发展水平密切相关，强者越强，弱者越弱

图14表示资本投入得分前10位城市分布。

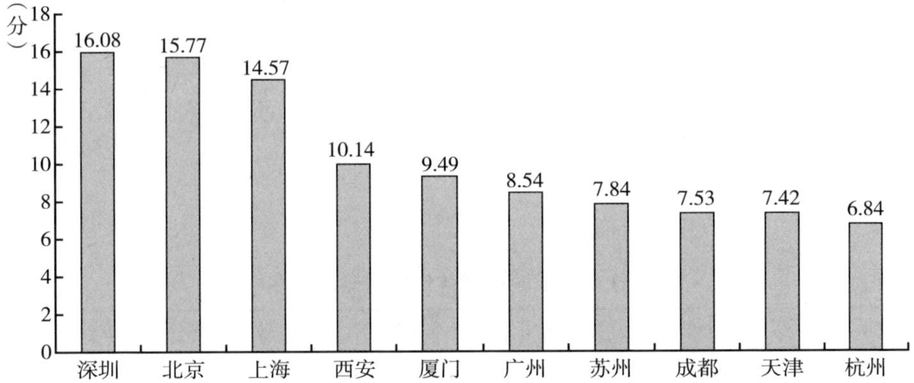

图14 资本投入得分前10城市

经统计，城市中资本投入与人力资源发展呈现相同的聚集趋势。如图14所示，双创资本投入得分前10位城市主要集中于东部沿海地区，而内陆地区仅有西安和成都两座城市上榜。其原因主要有三：其一，经济实力将会在很大程度上决定该地的科技和文化实力，经济越发达的地区越是加大对科学技术的投入力度；其二，经济的发展带来了理念的进步，民众对于科技的追求在一定程度上促进了科技企业的发展，从而推动了技术进步；其三，企业在

投资选择上会考虑城市的区位优势和民众的消费能力。长此以往，会形成强者聚集的效应，而经济发展水平相对较低的城市对资金的吸引力愈发不足。

三　绩效价值分析

绩效价值子特征评价城市在双创发展过程中依托于双创环境，将双创资源转化成发展的能力与效果。本报告从“产业绩效”、“创新绩效”和“可持续发展”三个子指标对双创绩效百强城市进行评价。

（一）绩效价值得分排名

绩效价值子特征主要包括产业绩效、创新绩效和可持续发展三个二级指标，我们进一步将三大子指标细分为8个具体的三级指标，经过指标标准化与加权计算求得城市双创绩效价值得分，以评价各城市将资源转化成经济、创新及环境发展价值的效果。城市得分越高表明其双创投入产出转化效果越好；反之，则表示该城市投入产出转化效果较低。表11表示百强城市绩效价值得分及排名。

表11　百强城市绩效价值得分及排名

城市	绩效价值得分	绩效价值排名	城市	绩效价值得分	绩效价值排名
深圳	32.80	1	台州	17.75	31
北京	29.01	2	南昌	17.74	32
上海	26.68	3	长春	17.70	33
广州	25.34	4	金华	17.50	34
东莞	23.27	5	威海	17.31	35
杭州	22.20	6	惠州	17.29	36
苏州	21.90	7	泰州	17.07	37
宁波	21.21	8	昆明	16.97	38
佛山	20.63	9	扬州	16.87	39
长沙	20.08	10	沈阳	16.83	40

续表

城市	绩效价值得分	绩效价值排名	城市	绩效价值得分	绩效价值排名
珠海	19.92	11	湖州	16.73	41
无锡	19.90	12	镇江	16.69	42
南京	19.84	13	芜湖	16.60	43
重庆	19.84	14	济南	16.43	44
成都	19.24	15	西安	16.34	45
天津	18.98	16	鄂尔多斯	16.33	46
中山	18.89	17	漳州	16.27	47
武汉	18.89	18	贵阳	16.17	48
郑州	18.80	19	淮安	16.12	49
厦门	18.57	20	海口	16.02	50
合肥	18.37	21	吉林	16.01	51
青岛	18.29	22	三亚	15.94	52
绍兴	18.23	23	南宁	15.79	53
嘉兴	18.22	24	汕头	15.78	54
常州	18.14	25	江门	15.72	55
福州	18.12	26	株洲	15.66	56
温州	18.01	27	柳州	15.66	57
泉州	17.98	28	湘潭	15.44	58
南通	17.88	29	桂林	15.40	59
大连	17.81	30	呼和浩特	15.36	60
赣州	15.34	61	荆州	13.96	81
哈尔滨	15.29	62	洛阳	13.94	82
常德	15.22	63	淄博	13.92	83
岳阳	15.18	64	马鞍山	13.75	84
衡阳	15.09	65	石家庄	13.69	85
茂名	15.06	66	济宁	13.62	86
遵义	15.06	67	包头	13.46	87
湛江	14.95	68	兰州	13.43	88
绵阳	14.90	69	西宁	13.38	89
郴州	14.73	70	鞍山	13.36	90

续表

城市	绩效价值得分	绩效价值排名	城市	绩效价值得分	绩效价值排名
襄阳	14.72	71	周口	13.26	91
徐州	14.69	72	焦作	13.21	92
九江	14.57	73	南阳	13.18	93
拉萨	14.46	74	保定	13.10	94
松原	14.44	75	德州	12.86	95
连云港	14.43	76	新乡	12.62	96
乌鲁木齐	14.22	77	唐山	12.42	97
榆林	14.12	78	沧州	12.24	98
安庆	14.10	79	银川	12.03	99
许昌	13.97	80	邯郸	11.30	100

如表 11 所示，我国城市双创绩效价值表现差距悬殊，呈现两极分化趋势。深圳以 32.80 分位列百强城市双创绩效价值榜首，接近双创绩效价值满分 34 分，而邯郸以 11.30 分位列末位。整体来看，57 座城市的得分低于 16.5 分，仅有 10 座城市得分高于 20 分，双创绩效价值得分较以往变化不大，继续呈现两极分化态势。

（二）绩效价值得分的频率分布

经计算，深圳与邯郸与上年排名一致，分列百强城市首、末位。进一步将总区间分为 8 组，组间距取 2.75，表 12 与图 15 表示百强城市绩效价值得分的频率分布。

表 12　百强城市绩效价值得分的频率分布

绩效价值分数段	城市数量(座)	占比(%)
[11.00,13.75)	16	16.00
[13.75,16.50)	41	41.00
[16.50,19.25)	29	29.00
[19.25,22.00)	8	8.00
[22.00,24.75)	2	2.00

续表

绩效价值分数段	城市数量(座)	占比(%)
[24.75,27.50)	2	2.00
[27.50,30.25)	1	1.00
[30.25,33.00)	1	1.00

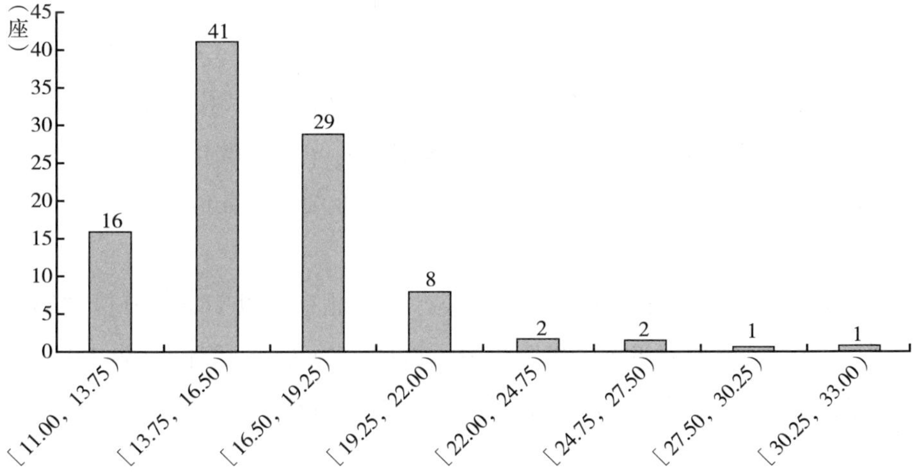

图 15　百强城市绩效价值得分频率分布

如表 11、表 12 与图 15 所示：

(1) 双创绩效价值整体处于低水平状态，仅有几座城市表现突出。经计算，百强城市平均绩效价值得分为 16.68 分，86% 的城市得分低于 19.25 分，25 分以上的城市仅有四座。我国城市绩效价值得分普遍偏低。

(2) 双创绩效价值得分高低与城市的经济状况及发展方针高度相关。据统计，深圳、北京、上海、广州、东莞等城市位于双创绩效价值的高分区段。结合各地实际发展状况，深圳、北京等城市注重经济、社会环境的可持续绿色发展，同时将科技创新摆在优先发展的战略地位。而河北省石家庄、唐山、沧州及邯郸等城市，由于其依赖于传统重工业发展，经济发展与环境保护高度失衡，先发展后治理的粗放发展模式抑制其产业转型，且高新技术发展原动力不足。

（三）双创绩效价值的子特征分析

根据本报告的评价方法，以产业绩效、创新绩效、可持续发展三个子特征对双创绩效价值予以分析。

1. 产业绩效

产业绩效依托于双创环境，评价各企业利用双创资源在各地区科技、经济等方面的发展水平。具体表现为企业产出情况以人均 GDP 衡量，企业科技发展状况以高技术产业增加值占 GDP 的比重衡量，以及企业创新情况以规模以上工业企业新产品产值衡量。在对各指标进行标准化处理后进一步对其进行加权求和，以所得分值高低来评价其产业绩效，分值越高则表示其双创资源转化效率越高，反之则越低。

产业绩效得分满分为 12.75 分，经计算，北京市以 12.62 分位列第一，而周口以 2.55 分位列最末。进一步将总区间分为 7 组，组间距为 1.50。表 13 与图 16 描述了百强城市产业绩效得分的频率分布。

表 13　百强城市产业绩效得分的频率分布

产业绩效分数段	城市数量(座)	占比(%)
[2.50,4.00)	46	46.00
[4.00,5.50)	34	34.00
[5.50,7.00)	12	12.00
[7.00,8.50)	5	5.00
[8.50,10.00)	5	5.00
[10.00,11.50)	0	0.00
[11.50,13.00)	1	1.00

如表 13 和图 16 所示：

（1）百强城市中双创产业绩效整体处于低水平状态，产业基础薄弱。据统计，产业绩效得分高于 7 分的城市仅有 11 座，其中得分在 10 分以上的城市仅有一座。80% 的城市分布在［2.50，5.50）的低分区间内，其中以［2.50，4.00）最为聚集。由此可见，总体上百强城市的产业绩

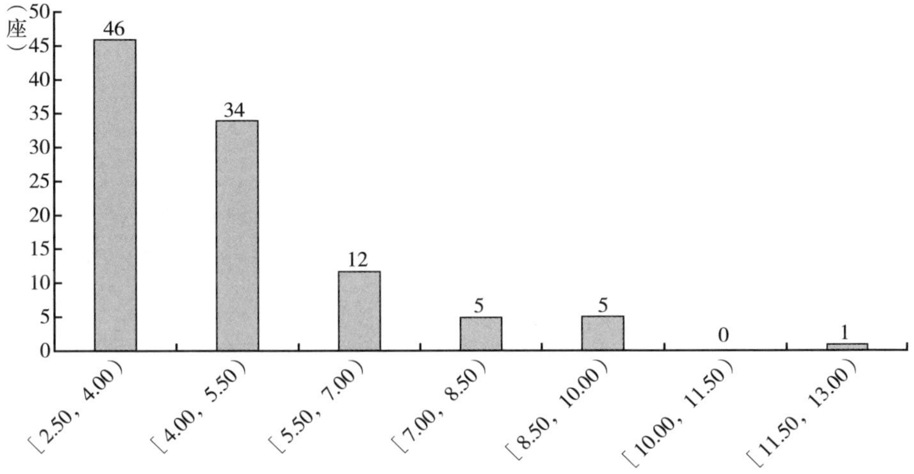

图 16　百强城市的产业绩效得分频率分布

效得分是处于低水平状态的，分布不均匀，产业基础较为薄弱。

（2）双创产业绩效与城市的经济水平及产业结构呈正相关。对比百强城市双创产业绩效得分，深圳、北京、上海、广州等城市位于指标排名前10位，具体数据如图17所示。

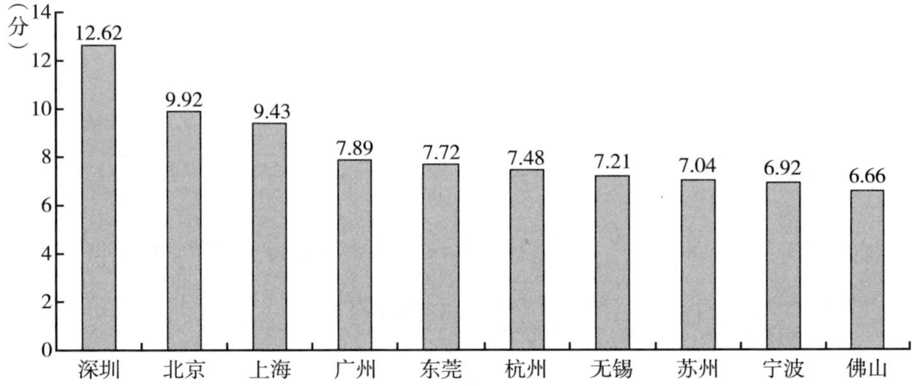

图 17　产业绩效得分居前 10 位的城市

据图17，经济发达、地理位置优越的城市双创产业绩效得分较高，如前5名的深圳、北京、上海、广州、东莞。这些城市整体经济发展水平较高，同时比较注重高新技术产业及知识密集型产业的发展。因此，可以发现城市经济发展水平和产业结构都对双创产业绩效得分有重要影响，且它们之间存在正相关的关系。

2. 创新绩效

创新绩效作为绩效价值的重要组成部分，评价了各城市在其双创环境支持下，将创新资源转化为科技发展动力的效果。创新绩效具体采用“专利授权量”、“每万人国内发明专利申请量”和该城市的“‘互联网+’数字经济指数”三个三级指标衡量，在对各指标进行标准化处理后进一步对其进行加权求和，以所得分值高低来衡量其创新绩效。

双创绩效满分为12.75分，经计算，北京市以12.65分的得分位列第一，而南宁以4.09分位列最后。进一步将总区间分为6组，组间距为1.45，表14与图18描述了百强城市创新绩效得分的具体分布。

表14　百强城市创新绩效得分的分布

创新绩效分数段	城市数量(座)	占比(%)
[4.00,5.45)	68	68.00
[5.45,6.90)	22	22.00
[6.90,8.35)	6	6.00
[8.35,9.80)	0	0.00
[9.80,11.25)	2	2.00
[11.25,12.70)	2	2.00

如表14和图18所示，百强城市的双创创新绩效水平总体偏低。据统计，创新绩效得分低于8.35分的城市占比高达96%，仅有4座城市得分高于9.5分。

整体来看，创新绩效的子指标表现得不尽如人意。“每万人国内发明专利申请量”指标平均值为15.74件，“互联网+”数字经济指数平均为4.20。这说明从整体上看百强城市双创创新绩效水平较低，有巨大提升潜力。

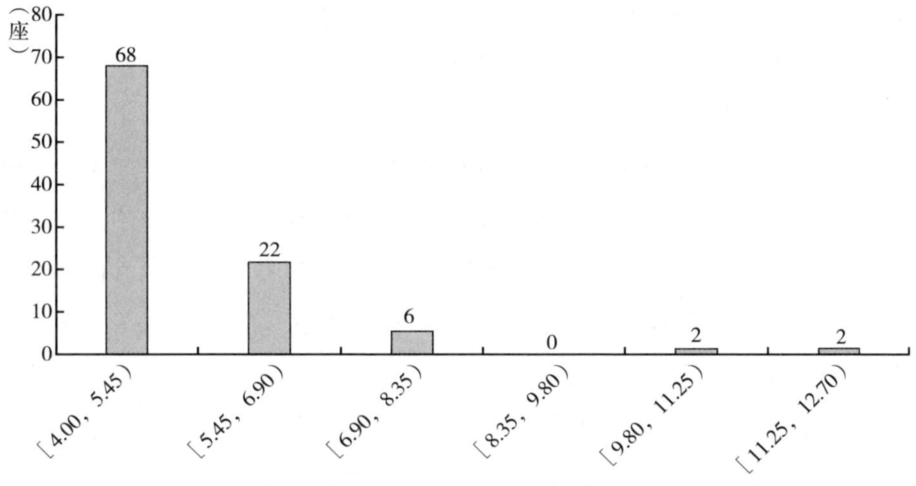

图 18　双创百强城市的创新绩效得分频率分布

经济发展水平是影响双创创新绩效的重要因素。从双创创新绩效得分城市排名来看，如图 19 所示，创新绩效得分居前 10 位的城市分别为北京、深圳、上海、广州、苏州、成都、东莞、杭州、郑州、南京。

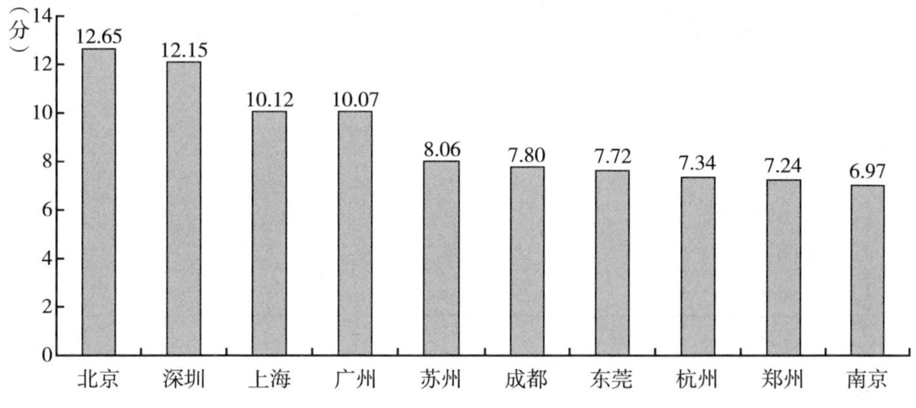

图 19　创新绩效得分居前 10 位的城市

根据创新绩效得分排名，居前 10 位的城市主要是“北上广深”4 座一线城市以及东莞、杭州、郑州、南京等经济较发达核心城市。其中“北上广深”4座一线城市的创新绩效得分远远高于其他城市，这得益于它们的区位优势、人力资源及资本积累，进而为创新发展提供了肥沃的土壤。

3. 可持续发展

“绿水青山就是金山银山”是实现我国生态文明建设的重要理念。摒弃传统的先发展后治理的粗犷发展之路，从可持续发展角度实现经济、社会及环境的协调发展是未来科学技术发展的重中之重。可持续发展以具体表现为能源消耗效率即单位GDP能耗、空气污染程度即空气质量优良（二级及以上）天数占比两个三级指标衡量。对各指标进行标准化处理后进一步对其进行加权求和，以所得分值来衡量其可持续发展水平。其数值的大小表示相应城市双创可持续发展的潜力大小，从而推断城市经济续航能力。分值越高表示可持续发展能力越强，反之则不然。

可持续发展指标满分为8.5分，经计算，南宁可持续发展得分最高，为8.44分，而邯郸以3.84分位列最末。进一步将总区间分为6组，组间距为0.80，表15与图20描述了百强城市可持续发展具体得分分布。

表15　百强城市可持续发展得分的分布

可持续发展分数段	城市数量(座)	占比(%)
[3.80,4.60)	3	3.00
[4.60,5.40)	7	7.00
[5.40,6.20)	16	16.00
[6.20,7.00)	22	22.00
[7.00,7.80)	28	28.00
[7.80,8.60)	24	24.00

如表15和图20所示，整体而言，百强城市可持续发展整体情况良好。据统计，90%的城市得分位于中高分段［5.40，8.60），且各城市分差较小，呈现聚集态势，仅有10座城市得分低于5.40分。由此可见，整体上看，大部分城市落实了绿色双创工作，秉承“可持续发展”的思想推进城市发展。

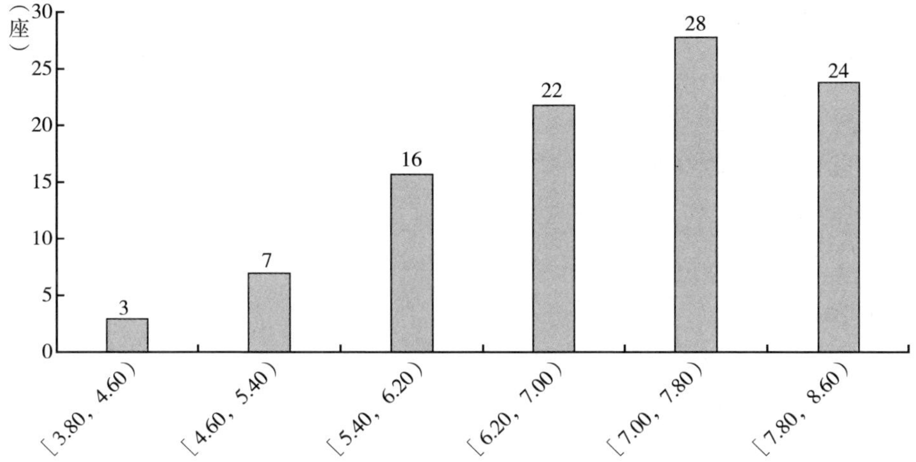

图 20　百强城市的可持续发展得分频率分布

东部沿海城市可持续发展整体水平较高。可持续发展指标排名前 10 位的城市分别为南宁、南昌、三亚、桂林、厦门、温州、福州、台州、海口、昆明，如图 21 所示。

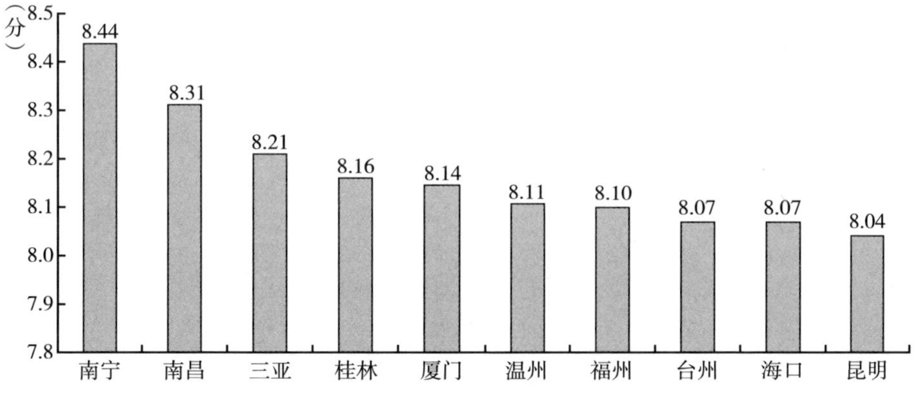

图 21　可持续发展得排名前 10 位的城市

根据可持续发展得分排名指标，排名前 10 位的城市中，较大部分环境破坏程度较低，但与之相对，经济发展水平与其他沿海城市相比较为滞后。而经济发展水平较高的城市，其可持续发展水平相对较低，但是随着经济水平的不断提高，发达沿海城市逐渐显现出库兹涅茨“倒·U”形发展趋势，随着技术不断进步，其可持续发展水平有了较大的提升。而对于可持续发展得分排名前10位的城市来说，在保护环境的同时，结合双创发展，进一步提升经济社会发展水平，是其下一步发展的重点。

参考文献

［1］马光荣、樊纲、杨恩艳、潘彬：《中国的企业经营环境：差异、变迁与影响》，《管理世界》2015年第12期，第58～67页。

［2］涂正革、谌仁俊：《排污权交易机制在中国能否实现波特效应?》，《经济研究》2015年第7期，第162～175页。

［3］周茜：《中国区域经济增长对环境质量的影响——基于东、中、西部地区环境库兹涅茨曲线的实证研究》，《统计与信息论坛》2011年第10期，第46～52页。

B.4
双创主要指标分析

苗 璐 连晗羽*

摘 要： “大众创业、万众创新”经过几年的发展，实现了“从局部到整体”“从现象到机制”的跨越，目前已经逐步成为推动国民经济增长的重要动力、促进城市转型升级不可缺少的重要力量、稳定和扩大就业的重要支撑。为了深入分析及阐述我国双创的总体形势、分布形态及发展特征，本报告首先选取了全国双创总指数排名前100强的城市作为研究对象，采取以双创环境、双创资源和双创绩效为一级指标的评估体系，细化为9项二级指标及30项三级指标，并进一步对对双创具有重要影响的关键指标进行比较分析及相关分析。其次，为了更好地发现各维度之间的联系以及双创发展结构，本报告对双创环境、双创资源及双创绩效分别进行不同维度的相关性分析。最后，从分析结果来看，驱动双创深化发展将会是在双创环境、双创资源及双创绩效等各影响因素间，在不同层次、不同维度上的进一步相互作用。特别是继续坚持加大双创环境建设力度，将为双创发展下一阶段的提升夯实基础。

关键词： 双创评估体系 双创环境 双创资源 双创绩效

---

* 苗璐，经济学博士，深圳大学中国经济特区研究中心助理教授，主要研究方向为城市可持续发展、低碳转型。连晗羽，深圳大学中国经济特区研究中心博士研究生，主要研究方向为理论经济学。

一　双创评估体系下各级指标选择与关系研究

本报告所研究的指标是蓝皮书确定的，在以双创环境、双创资源和双创绩效为一级指标的评估体系内，进一步深入细化出 30 项具体指标（三级指标）。在细化后的 30 项具体指标（三级指标）中，笔者采取科学的、有效的方法筛选出对驱动双创活动有显著影响的指标进行比较分析。其中，相关系数反映了变量之间相关关系的密切程度，本报告对具体指标（三级指标）与双创指数进行相关分析，用相关系数来界定其相互影响作用，最后选取相互影响作用较大的指标进行关系研究、深度分析。

（一）影响双创环境的重要指标选择及关系研究

双创环境由市场结构、产业基础、制度文化和配套支持四个方面的二级指标综合反映，其下共计 14 个子指标（三级指标）。双创环境关键指标的选择主要通过关键指标与“双创环境”得分的相关性来确定。本报告将从两个方面、七个关键指标的角度进行分析。①选择与“双创环境”得分的相关系数排名前三的关键子指标进行深入分析。分别是：“规模以上工业总产值”（其对应的相关系数为 0. 8398）、“国家级科技企业孵化器数量”（其对应的相关系数为 0. 7928）、“对外进出口总额”（其对应的相关系数为 0. 7880）。②对其他几个指标如“商业环境信用指数”“互联网宽带普及率”“公共陆路交通率”“非公有制企业数量比”等进行简要分析。

1. 规模以上工业总产值

规模以上工业企业是指年主营业务收入在 2000 万元及以上的法人工业企业。该指标反映了地区规模以上工业企业的生产情况，规模以上工业总产值越高，说明该地区工业发展越好，工业企业规模越大，生产效率越高，生产能力越强。

在 2018 年双创排名百强城市中，获得规模以上工业总产值最高值的城市与最低值的城市相差 34767. 82 亿元。其中，上海领跑全国，以 34841. 8

亿元位居百强城市之首，而三亚以73.98亿元位居百强城市排名最末。双创百强城市规模以上工业总产值平均值为7284亿元。表1描述了规模以上工业总产值城市分布情况。

表1　规模以上工业总产值城市分布情况

规模以上工业总产值范围	城市数量(座)	主要城市
5000亿元以下	50	三亚、泉州、南阳、南宁等
5000亿~10000亿元	29	绍兴、厦门、青岛、南昌等
10000亿~15000亿元	9	武汉、泰州、南通、合肥等
15000亿~20000亿元	6	郑州、宁波、广州、北京等
20000亿~25000亿元	2	重庆、佛山
30000亿元及以上	4	上海、深圳、苏州、杭州

（1）2018年双创排名百强城市的“规模以上工业总产值”分布情况与上年相同，继续呈金字塔形分布走势，总产值分布更多地集中在5000亿元以下。根据表1，双创排名百强城市规模以上工业总产值大部分在10000亿元以下，占总数的79%，共计79座城市（其中5000亿元以下城市为50座）。10000亿元及以上的城市只占了21%。且可以看出10000亿元以下的城市规模以上工业总产值差距不大，大部分集中在5000亿元以下的区间内。其中较低的有三亚，其规模以上工业总产值不到100亿元，经济发展以第三产业为主，其工业企业的发展相比其他城市会较为逊色。10000亿元及以上的城市规模以上工业总产值之间的差距跨度较大，其中上海、深圳、苏州、杭州四座城市规模以上工业总产值在30000亿元及以上，远远高于其他城市，其工业企业的发展相比其他城市更为优越，规模以上工业企业生产能力更强。

（2）规模以上工业企业是双创环境支持得分的重要构成指标之一，二者具有强相关性。笔者通过计算分析得出规模以上工业企业与双创环境支持得分之间线性相关程度的相关系数为0.8398，按皮尔逊相关系数判断二者之间存在较强的相关性。在双创百强城市中，规模以上工业企业总产值与双创环境支持得分对比如图1所示。

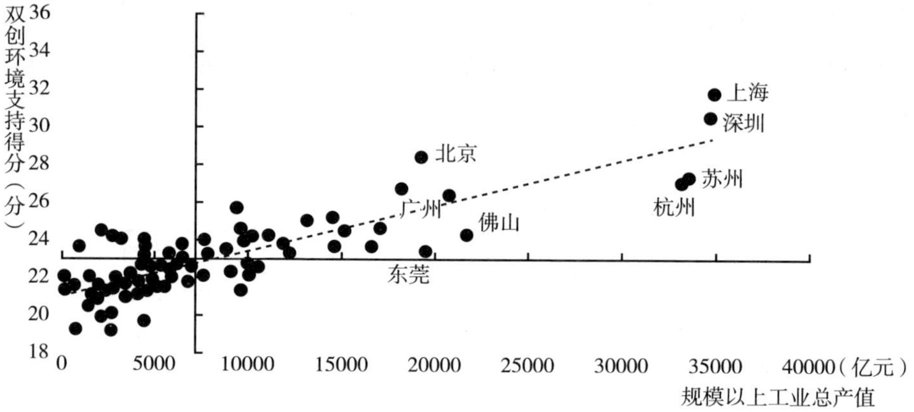

图1　双创百强城市中规模以上工业企业总产值与双创环境支持得分对比

在图1中，横轴与纵轴的交点为规模以上工业企业总产值与双创环境支持得分均值，可以更直观地看出双创环境支持得分与规模以上工业企业之间的相关关系。由图1可以发现，大部分城市位于规模以上工业企业总产值与双创环境支持得分均值以下区间，且分布比较密集，这些城市的产值与双创环境支持得分的差距不是特别大。随着规模以上工业企业总产值的提高，城市的双创环境支持得分也开始逐渐提高，第一象限尤为突出，规模以上工业企业总产值较高的城市在双创环境排名中，全部远远超过排名的均值水平。再进一步分析第一象限中表现突出的城市，如上海、深圳等，其规模以上工业企业总产值远高于其他城市工业企业总产值。从总体上看，不难发现规模以上工业企业是双创环境支持得分提高的主要组成内容。各城市在开展双创工作的总体部署上，可以适当考虑加大力度精准服务规模以上工业企业，重点培育规模以上工业企业。工业企业的产值效率将进一步提升城市的双创环境支持得分，加快推进工业经济高质量发展。

2. 国家级科技企业孵化器数量

《国家科技企业孵化器“十三五”发展规划》指出国家级科技企业孵化器要服务大众创业。伴随着我国创新创业的不断深化，国家级科技企业孵化器早已成为促进科技成果转化和培育科技型中小企业的重要载体。科技企业孵化器筛选及培育大批量初创企业，通过加速器来培育高成长性企业或大企业，最终实现企业上市的目标，进而形成城市整体产业集群。目前，我国国家级科技企业孵化器经历了三个发展阶段，分别是：探索发展、蓬勃发展以及迅猛发展。在当前迅猛发展的阶段下，国家级科技企业孵化器的数量和规模已经跃居世界首位，其发展趋势从量变逐渐升级转型为质变。因此，它对推动高新技术产业发展，完善国家和区域创新体系，促进地区创新创业的发展发挥了重要作用。

作为“大众创业、万众创新”孵化的首要平台，双创环境为企业孵化器的蓬勃发展提供了良好的生态环境和制度保障；反之，该地区/城市孵化器存在的多少又映射出了双创环境的优劣。表2收集整理了我国双创百强城市中国家级科技企业孵化器的数量分布。

表2　我国双创百强城市中国家级科技企业孵化器的数量分布

国家级科技企业孵化器数量(个)	城市数量(座)	主要城市
0	10	郴州、衡阳、拉萨、三亚等
1~9	60	南昌、洛阳、绵阳、珠海等
10~19	19	成都、大连、东莞、佛山等
20~29	6	广州、南京、深圳、武汉等
30~39	3	杭州、苏州、天津
40及以上	2	上海、北京

（1）国家级科技企业孵化器分布集中在经济发达地区。根据表2，双创百强城市中没有国家级科技企业孵化器的城市有10座，这些城市相对于其他百强城市而言经济发展水平较低；大部分城市的国家级科技企业孵化器数量分布在0~9个的区间内，共70座城市，占比为70%；国家级科技企业孵化器数量最多的城市依次是北京（55个）、上海（48个）、天津（35个）、杭州（32个）等，其中北京、上海的数量较多，其在双创科技发展的道路上具有较大的优势。好的双创项目必然会向经济发达地区的一、二线城市聚集，不仅因为经济发达的城市/地区拥有优越的双创环境作为有力支撑，还因为其充沛的双创资源为双创活动的蓬勃发展提供了充分供给，这也就是

经济学家口中的“马太效应”。

从孵化、培育到项目落地，国家级科技企业孵化器既要依托高科技企业、借助科技发展水平，也要聚集一批高科技人才，做到产学研有机结合。因此，对比2017年与2018年国家级科技企业孵化器的数量，其分布走势并无大变动，依旧主要集中在经济发达地区。但这并不意味着其他的城市无机会异军突起，例如，贵阳通过国家级科技企业孵化器加速发展大数据产业，既促进了地区科技的创新发展，又推动了经济的换挡升级。

（2）国家级科技企业孵化器数量与城市双创环境支持相辅相成、相互影响，呈良性循环。笔者通过计算分析得出，国家级科技企业孵化器数量与双创环境支持之间线性相关程度的相关系数为0.7928，通过相关分析判断二者之间存在较强的正相关性。图2直观呈现了双创百强城市中国家级科技企业孵化器数量与双创环境支持得分对比。

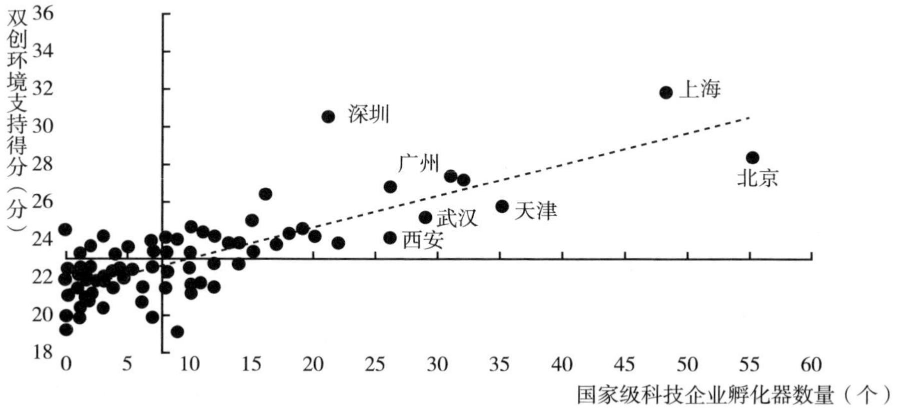

图2　双创百强城市中国家级科技企业孵化器数量与双创环境支持得分对比

在双创百强城市中，国家级科技企业孵化器的数量与其双创环境支持得分成正比，孵化器数量越多，城市双创环境支持得分越呈高分趋势。例如，北京（孵化器55个，其双创环境支持得分为28.44分）、上海（孵化器48个，其双创环境支持得分为31.81分）、广州（孵化器26个，其双创环境支持得分为26.77分）、深圳（孵化器21个，其双创环境支持得分为30.56

分）；反之，孵化器数量越少，城市双创环境支持得分越呈低分下行趋势，例如，桂林（孵化器2个，其双创环境支持得分为21.78分）、柳州（孵化器1个，其双创环境支持得分为21.61分）、西宁（孵化器0个，其双创环境支持得分为21.17分）。双创环境支持得分与该地区国家级科技企业孵化器数量呈现相辅相成、相互影响的趋势，孵化器数量较少地区的政府应当加大力度推进孵化器数量增长。在一区域范围内，国家级科技企业孵化器数量增长有利于进一步构建双创蓬勃发展的良好环境，也有利于进一步激发市场活力和社会创造力，带动就业及科技创新能力；反之，双创环境支持得分的提升又将积极作用在孵化器上，其具体表现为孵化器数量的增长，从而进一步实施驱动双创发展战略，并促进区域经济高质量发展。

3. 对外进出口总额

对外进出口总额反映该地区对外贸易的规模情况，体现出该城市的经济开放程度。在2018年双创百强城市中，取得对外贸易出口总额最高值的城市与最低值的城市相距甚远，二者相差33998亿元，其中上海以34009.9亿元位居百强城市之首，领跑全国；而松原排名居百强城市最末，只有11.9亿元。表3为2018年双创百强城市对外进出口总额分布情况。

表3　2018年双创百强城市对外进出口总额分布情况

对外进出口总额范围	城市数量(座)	主要城市
5000亿元以下	85	中山、郑州、镇江、长沙、长春等
5000亿~10000亿元	10	天津、厦门、青岛、杭州、广州等
10000亿~20000亿元	1	东莞
20000亿~30000亿元	3	苏州、深圳、北京
30000亿元及以上	1	上海

（1）2018年双创百强城市对外进出口总额规模较之前呈现总体平稳、稳中有进趋势。2018年双创百强城市对外进出口总额与之前的分布基本一致，从排名最低及最高两大区间进行分析：大多数城市的进出口总额分布集

中在5000亿元以下（85座城市），与2016年同期相比（91座城市），整体规模呈现出稳中有进趋势；进出口总额范围在20000亿元以上区间的，2016年仅有深圳、上海两座城市，而在2018年双创百强城市中，苏州、北京再创新高，上海、苏州、深圳、北京四座城市在对外进出口总额上领跑全国。再看进出口总额的中间区间——5000亿元至20000亿元，由7座城市（2016年）增加至11座（2018年）。总体而言，2018年双创百强城市对外进出口总额规模从低、中、高三大区间都凸显了稳中有进的大趋势，保证了我国年度对外进出口总额位列全球第一。

（2）充分利用“后发优势”提升经济开放程度，促进双创环境建设。笔者通过计算分析得出2018年双创百强城市中对外进出口总额与双创环境支持得分之间线性相关程度的相关系数为0.7880，通过相关性分析判断对外进出口总额与双创环境支持得分之间存在较强的正相关性。如图3所示，在第一象限中，上海、深圳、苏州、北京的对外进出口总额明显高于其他百强城市。进出口作为拉动我国经济飞速发展的三驾马车之一，其总额在一定程度上衡量了一座城市的开放程度。在双创百强城市中，各城市经济开放程度不平衡，这是历史阶段、资源禀赋、城市区位、地域差异等各要素叠加效应的结果，短期内难以从根本上扭转。但目前开放度低、贸易总额相对较低的城市具有“后发优势”，当地政府应加大双创环境建设，深化对外经贸合作，积极响应并融入国家的“一带一路”倡议中，进一步实现全方位的开放合作。

4. 商业信用环境指数

商业信用环境指数是一个综合的经济指数，它反映了城市或区域交易环境的好坏、经济发展水平的高低、道德诚信状况的优劣。

根据2018年中国城市商业信用环境指数（简称CEI指数）统计，双创百强城市中CEI指数较大的城市依次为北京、上海、广州、杭州、珠海、重庆、深圳、天津、南京。在双创百强城市中，CEI指数最大的是北京，最小的是松原市。双创百强城市CEI指数的平均值为73。通过计算分析得出2018年双创百强城市中商业信用环境指数与双创环境支持之

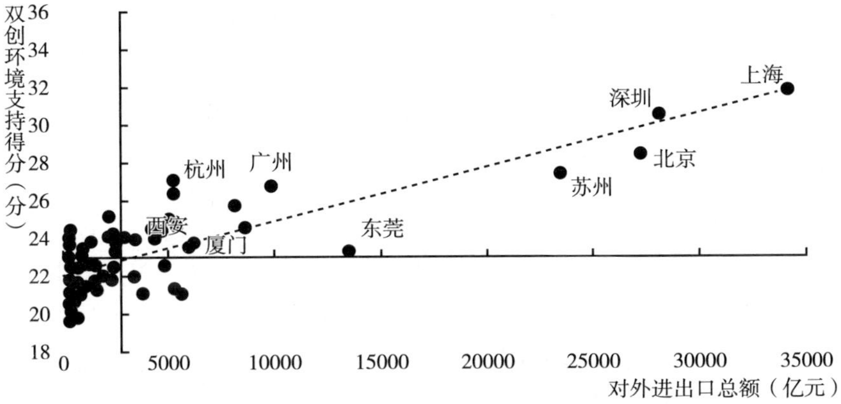

图 3　各地区对外进出口总额与双创环境支持得分对比

间线性相关程度的相关系数为 0.711，具有正相关关系。双创百强城市的商业信用环境指数与双创环境支持得分的对比如图 4 所示。

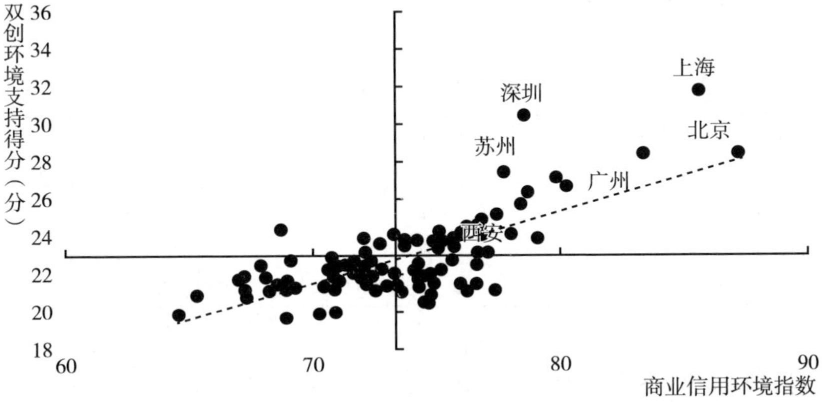

图 4　各地区商业信用环境指数与双创环境支持得分对比

图 4 直观地显示出双创排名百强的大部分城市商业信用环境指数位于均值附近。商业信用环境指数与双创环境支持得分呈线性正相关分布，城市拥有高商业信用环境指数一般伴随着高双创环境支持得分。例如，北京（商业信用环境指数得分为 87.09）、上海（85.49）、广州（80.18）；反之，拥有低商业信用环境指数的城市其双创环境支持得分较低。因此，数

据证明了良好的城市商业信用环境与良好的双创环境呈现协同性相互作用的规律。在良性循环的作用下，城市良好的商业信用环境必然提高城市双创环境，并助推双创在当地城市落地开花，而良好的城市双创环境也必将推动商业信用环境指数进一步提高。

5. 互联网宽带普及率

随着信息化时代的发展，互联网信息共享成为双创发展的重要工具。互联网宽带普及率指互联网宽带接入户数（或固定互联网宽带接入户数）与常住人口总户数的比值。互联网宽带普及率在一定程度上反映了该地区在互联网上的配套支持情况。在双创百强城市中，深圳的互联网普及率最高，其次是漳州，在双创信息化建设上具有绝对的优势。根据数据统计，深圳和漳州的互联网宽带普及率已经超过 400%。总体来看，在双创百强城市中，互联网宽带普遍比较普及，普及率的平均值达到 154%。2018 年双创百强城市互联网宽带普及率分布如表 4 所示。

表 4　2018 年双创百强城市互联网宽带普及率分布

互联网宽带普及率	城市数量(座)	主要城市
100% 以下	36	天津、吉林、长春、南宁等
100% ~200%	40	广州、成都、青岛、温州等
200% ~300%	15	长沙、苏州、东莞、杭州等
300% 及以上	9	漳州、深圳、珠海、厦门等

根据表 4，2018 年双创百强城市中大部分互联网宽带普及率已经超过 100%，共有 64 座城市，占比为 64%。互联网宽带普及率在 100% 以下的城市有 36 座，占比为 36%，其中普及率较低的城市有吉林、松原、榆林，其互联网宽带普及率在 50% 以下，而深圳、漳州、新乡、中山等 9 座城市互联网宽带普及率较高，在 300% 以上。

6. 公共陆路交通率

陆运交通主要包括公路交通与铁路交通，具体包括公交车、地铁、出租车。公共陆路交通率反映了公共陆运交通每天的客运情况，公共陆路交通率越高，每天公共陆运客运人数越多，在一定程度上反映了交通运输配套设施情况，以及城市人口的流动情况。

在双创百强城市中，公共陆路交通率的平均值为226万人/天，最高的是北京（1928.3万人/天），最低的是银川（0.1万人/天），最高值与最低值差距较大。2018年双创百强城市公共陆路交通率分布如表5所示。

表5　2018年双创百强城市公共陆路交通率分布

公共陆路交通率（万人/天）	城市数量（座）	主要城市
200以下	71	绍兴、汕头、三亚、泉州等
200～400	11	厦门、青岛、兰州、昆明等
400～600	9	郑州、长沙、西安、武汉等
600及以上	9	北京、广州、上海、深圳等

（1）双创百强城市公共陆路交通率多数在200万人/天以下。根据表5，2018年公共陆路交通率在200万人/天以下的双创百强城市共有71座，占百强城市总数的71%。200万人/天及以上的城市有29座，占29%。其中公共陆路交通率较低的城市有周口、漳州、银川，不到10万人/天；而公共陆路交通率较高的有北京、广州、上海、天津、深圳，其公共陆路交通率超过1000万人/天，城市交通流量非常密集，远大于其他城市，这些城市交通系统非常发达，具有超大规模的综合交通运输网络。

（2）建设基础公共交通环境有利于促进双创环境发展。笔者通过计算分析得出2018年双创百强城市中公共陆路交通与双创环境支持之间线性相关程度的相关系数为0.7505，具有正相关关系。

各地区公共陆路交通率与双创环境支持得分对比见图5。

如图5所示，大部分城市的公共陆路交通率分布区间处在200万人/天左右，随着公共陆路交通率的提高，城市的双创环境支持得分也开始逐渐提高。公共陆路交通率较高的城市，其双创环境支持得分也比较高。这说明双创环境支持与公共陆路交通率存在密切关系，各城市可通过加强陆运交通的

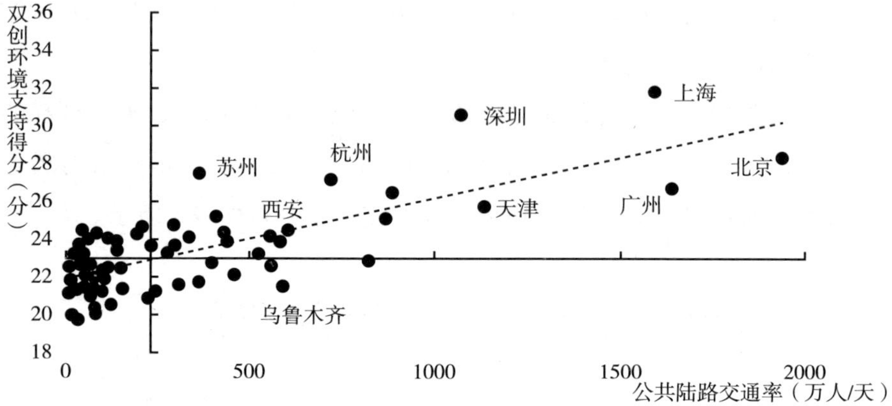

图5　各地区公共陆路交通率与双创环境支持得分对比

建设，完善城市交通系统，在一定程度上改善城市陆运交通的配套支持，从而促进人口流动与经济发展水平提高，提升城市双创环境。

7. 非公有制企业数量比

非公有制企业主要包括：私营企业、港澳台商投资企业、外商投资企业、非公经济成分占主导或相对主导地位的股份合作企业、其他联营企业、有限责任公司、股份有限公司等。非公有制企业数量比反映了地区非公有制企业的相对数量占比情况，双创百强城市非公有制企业数量比分布情况如表6所示。

表6　双创百强城市非公有制企业数量比分布情况

非公有制企业数量比	城市数量(座)	主要城市
70% ~80%	4	西宁、三亚、茂名、拉萨
80% ~90%	13	北京、长沙、汕头、昆明等
90%及以上	83	湖州、深圳、九江、嘉兴等

根据表6可以发现，双创百强城市中非公有制企业数量比大部分在90%及以上，共83座城市，占百强城市数量的83%。在百强城市中，非公有制企业数量比在95%以上的城市数量超过1/2；相对较低的只有西宁、三

亚、茂名、拉萨，非公有制企业数量比在70% ~80%区间。这说明了非公有制企业是构成经济增长的主要部分和双创发展的重要动力，所以应切实促进城市非公有制企业的健康成长，不断激发其创新活力，更好地推动双创环境深化发展。

（二）双创资源重要指标选择与研究

本书中双创资源指标是由“人力资源”和“资本投入”这两个二级指标综合反映的，其下共计8个子指标（三级指标）。在人力资源和资本投入旗下的8个三级指标中，本节内容分析的三个指标分别来自：选取与人力资源相关度高的知识密集型服务业从业人员比例作为重要指标；根据三级指标与资本投入的相关系数大小，选取规模以上工业企业新产品开发经费支出和年度新三板上市企业数量两个重要指标进行分析。

1. 知识密集型服务业从业人员比例

知识是推动发达国家生产率进步和经济增长的重要源泉，也是发达国家经济的重要特征，知识密集型服务业已经成为城市创新动力的源泉和核心竞争力。在双创百强城市中，知识密集型服务业从业人员比例均值为10.3872%，其中最高的是北京，为38.43%。双创百强城市中知识密集型服务业从业人员比例分布如表7所示。

表7　双创百强城市中知识密集型服务业从业人员比例分布

知识密集型服务业从业人员就业比例	数量(座)	主要城市
10%以下	60	茂名、赣州、芜湖、淄博、株洲等
10% ~20%	29	广州、深圳、大连、昆明、济南等
20% ~30%	5	上海、武汉、南京、苏州、洛阳
30%及以上	4	北京、珠海、厦门、榆林

（1）2018年双创百强城市中知识密集型服务业从业人员比例集中在20%以下，未来市场需求潜力巨大，从业人数将持续增加。根据表7，双创百强城市中有89座城市的知识密集型服务业从业人员占比在20%以下，其

中，10%以下的有60座，10%至20%的城市共有29座，在20%～30%区间的城市有5座，30%及以上的有4座。通过观察分析后工业化国家（如美国、英国、德国等）的现状，不难判断未来我国知识密集型服务业内部升级优化的趋势越来越明显，知识密集型服务业在服务业中的占比必将快速上升。因此，作为研发与技术转化的重要推动力量，各城市的知识密集型服务业从业人员比例必将随经济增长、人均GDP的提高而继续增加。

（2）知识密集型服务业从业人员比例与双创资源能力呈正相关性。通过计算数据分析得出，双创百强城市知识密集型服务业从业人员比例与双创人力资源得分（二级指标）的相关系数为0.8011，呈现显著的正相关性。图6直观表现了双创百强城市中知识密集型服务业从业人员比例与双创人力资源得分的线性关系。

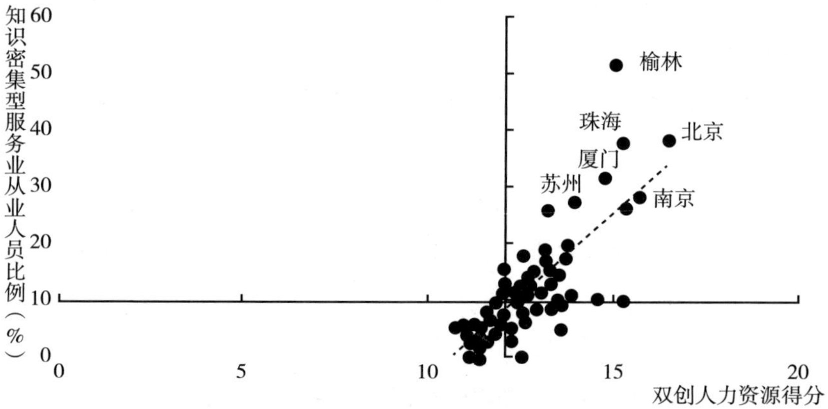

图6 双创百强城市中知识密集型服务业从业人员比例与双创人力资源对比

如图6所示，知识密集型服务业从业人员比例主要集中在第一和第三象限。其中，知识密集型服务业从业人员比例较高的城市如北京（38.43%）、南京（28.43%）等，其双创人力资源得分分别为16.43分、15.55分（满分为16.5分）；而茂名（0.25%）、遵义（0.77%）、唐山（2.99%）等城市，其双创人力资源得分分别为11.00分、12.41分和11.47分，远低于均值。

2. 规模以上工业企业新产品开发经费支出

规模以上工业企业新产品开发经费支出作为“十三五”科技创新和中国制造 2025 的主要指标之一，是指规模以上的工业企业在一定时间内开发新产品所支出的费用。其支出水平既反映了制造业领域新技术推广转化以及产业升级的投入规模，又在一定程度上体现了城市资本投入能力。总而言之，支出水平越高，则资本投入能力越强。双创百强城市规模以上工业企业新产品开发经费支出均值为 116. 7 亿元，其中，深圳以 1540 亿元位居榜首。双创百强城市规模以上工业企业新产品开发经费支出分布如表 8 所示。

表 8　双创百强城市规模以上工业企业新产品开发经费支出分布

规模以上工业企业新产品开发经费支出	数量(座)	主要城市
10 亿元以下	10	榆林、银川、安庆、遵义、海口等
10 亿~50 亿元	29	许昌、常德、贵阳、周口、茂名等
50 亿~100 亿元	26	镇江、台州、济宁、威海、襄阳等
100 亿~500 亿元	32	北京、绵阳、重庆、东莞、广州等
500 亿元及以上	3	深圳、上海、苏州

双创百强城市规模以上工业企业新产品开发经费支出主要集中在 100 亿元以下。根据表 8 中的数据，规模以上工业企业新产品开发经费支出在 100 亿元以下的城市占比为 65%，其中 10 亿元以下的城市有 10 座，10 亿元至 50 亿元的城市有 29 座，50 亿元至 100 亿元的城市有 26 座；经费支出在 100 亿元~500 亿元的城市有 32 座；500 亿元及以上的城市则分别为深圳、上海及苏州。

3. 年度新三板上市企业数量

年度新三板上市企业数量指一年内在针对中小微型企业的非上市股份有限公司股权交易平台上挂牌的企业数量。年度新三板上市企业数量在一定程度上体现了城市资本的配置效率。新三板聚集了大批优秀中小企业，而中小企业是最具有活力的企业群体，既是实施双创活动深化发展的重要载体，也是推动经济高质量发展的重要基础，对国民经济发展有着不可替代的作用。

在双创百强城市中，年度新三板上市企业数量最多的是北京和上海，都为41家；最少的是南通、连云港等28座城市，为0家。双创百强城市2017年年度新三板上市企业数量分布如表9所示。

表9 双创百强城市2017年年度新三板上市企业数量分布

年度新三板上市企业数量	数量(座)	主要城市
5家以下	76	宁波、常州、合肥、台州、佛山等
5家至10家	18	重庆、长沙、西安、郑州、南京等
10家及以上	6	北京、上海、广州、深圳、成都等

（1）绝大多数双创百强城市年度新三板上市企业数量低于5家。如表9所示，年度新三板上市企业数量在5家以下的城市共76座，数量为5家至10家的城市共18座，10家及以上的有6座，其中北京和上海都为41家，广州和深圳分别为22家和21家。

（2）年度新三板上市企业数量与双创资源能力密切联系。经过测算，年度新三板上市企业数量与双创资源能力的相关系数为0.8455，具有很强的相关性。年度新三板上市企业数量与双创资源能力散点如图7所示。

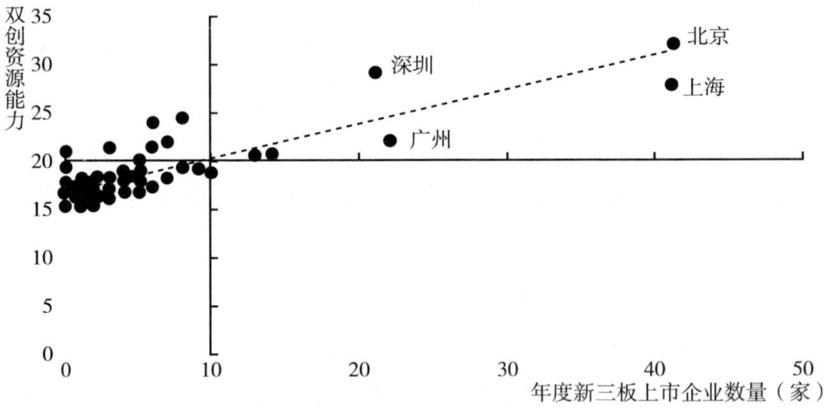

图7 年度新三板上市企业数量与双创资源能力散点

如图7所示，年度新三板上市企业数量越多的城市，如北京、上海、广州和深圳等，其双创资源分数越高，越说明双创资源能力与年度新三板上市企业数量有密切的联系。目前，虽然在新三板挂牌上市的企业所处的发展阶段各有不同，但大多是创业初期的中小型企业。为鼓励企业挂牌、带动区域内股权市场发展，引导资金流入地方实体经济，近些年来，新三板上市企业数量增多离不开国家给予的政策红利，以及当地政府对双创资源的大力倾斜。

（三）影响双创绩效的重要指标选择及关系研究

本书中所选择分析的双创绩效指标包括以下三大二级指标，分别是："产业规模"、"创新程度"以及"可持续发展"。在 3 个二级指标下共计有 8 个子指标（三级指标）。本节内容将针对以下 3 个指标进行分析：高新技术企业数量、专利授权量、单位 GDP 能耗。

1. 高新技术企业数量

高新技术企业数量指通过科学技术或者科学发明，在新领域中的发展或在原有领域革新的企业总数。高新技术企业数量越多，说明高新技术产业的规模越大，其绩效价值在规模经济条件下也越高。

2018 年，在双创百强城市中，高新技术企业数量的最高值与最低值相差 24683 家，拥有最多企业的城市为北京，以 24702 家领跑全国，拥有最低企业数量的三亚只有 19 家。

（1）2018 年，在双创百强城市中，高新技术企业数量呈现正态分布，整体数量规模持续壮大。如表 10 所示，2018 年北上广深四大城市所拥有的高新技术企业依然位列排名的第一方阵，北京以拥有 24702 家企业位居榜首，而深圳所拥有的企业数较上一年同期增加 1.3 倍；双创百强城市的高新技术企业数量主要集中在 100 家至 1000 家区间，其中拥有 100 家至 500 家企业的城市有 31 座，拥有 500 家至 1000 家企业的城市有 25 座；排行榜中排名靠后，拥有高新技术企业数量在 100 家以下的城市仅为 6 座。就双创百强城市整体而言，高新技术企业数量规模较 2017 年同期持续壮大，进一步增强了双创成果转化能力，激发了创新创业的活力，提高了城市未来的竞争力。

表 10　2018 年双创百强城市高新技术企业数量分布

高新技术企业数量	数量(座)	主要城市
100 家以下	6	周口、银川、西宁、榆林、拉萨等
100 家至 500 家	31	德州、湘潭、兰州、马鞍山、济宁等
500 家至 1000 家	25	太原、昆明、海口、吉林、石家庄等
1000 家至 5000 家	11	天津、苏州、佛山、武汉、长沙等
5000 家及以上	6	北京、深圳、上海、广州、东莞等

（2）规模化的高新技术产业对双创绩效价值的提高起到推动作用。计算结果显示，双创绩效分数与高新技术企业的相关系数为 0.8113，呈明显正相关。高新技术企业数量与双创绩效分数相关性如图 8 所示。

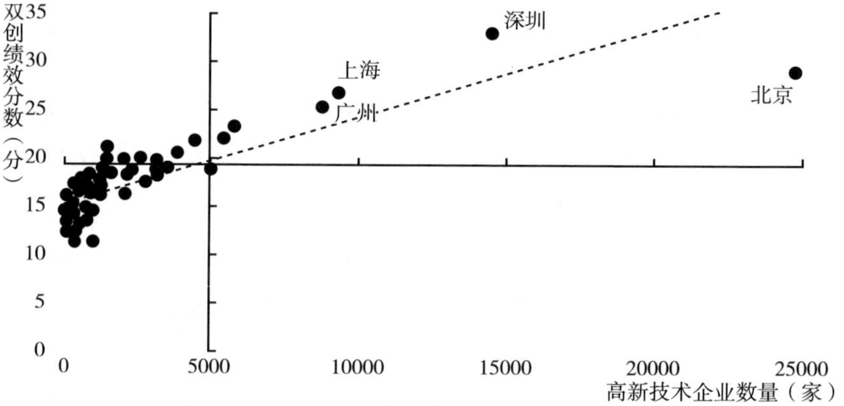

图 8　高新技术企业数量与双创绩效分数的相关性

图 8 显示，高新技术企业数量越多的城市，如深圳、上海、广州、北京等，其双创绩效得分越高。由此可见，规模化的高新技术产业对城市绩效价值的提高起到推动作用。

2. 专利授权量

专利授权量指在一定时间内对具备新颖性、创造性和实用性特点发明的授权数量。新增的专利数量表现了城市的创新程度，在一定程度上提高了双创绩效价值。专利授权量越多，城市的创新程度越高。

在双创百强城市中，专利授权量最多的是深圳，为 140200 件；最少的是周口，为 10 件；均值为 18863 件。双创百强城市专利授权量分布如表 11 所示。

表 11　双创百强城市专利授权量分布

专利授权量	数量(座)	主要城市
5000 件以下	37	柳州、乌鲁木齐、绵阳、德州、衡阳等
5000 件至 10000 件	13	贵阳、洛阳、保定、连云港、赣州等
10000 件至 50000 件	41	重庆、宁波、南京、温州、绍兴等
50000 件及以上	9	深圳、北京、上海、广州、苏州等

（1）2018 年双创百强城市专利授权数量有 1/2 在 10000 件以下。根据表 11 中的数据，专利授权量在 5000 件以下的城市有 37 座；5000 件至 10000 件的城市有 13 座；10000 件及以上的城市有 50 座，其中深圳（140200 件）、北京（123496 件）的专利授权量远远领先其他城市，均超过 10 万件。

（2）专利授权量与双创绩效分数呈现高度相关性。通过测算发现，专利授权量与双创绩效分数的相关系数高达 0. 9235。专利授权量与双创绩效分数的相关性如图 9 所示。

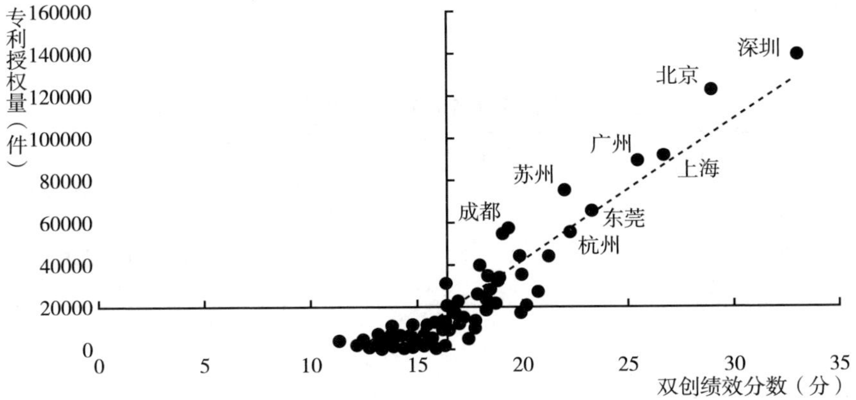

图 9　专利授权量与双创绩效分数的相关性

如图 9 所示，专利授权量越多的城市，如深圳、北京、上海、广州、东莞等，其双创绩效分数越高。专利可帮助企业从多种渠道获利，如从专利生产销售、专利入股和出售专利许可权等方面提高企业利润。高专利授权量可使获利方式更为灵活多样，从而提高双创绩效价值。

3. 单位 GDP 能耗

单位 GDP 能耗指每万元 GDP 产生所消耗的标准煤吨数。单位 GDP 能耗描述了绩效价值的可持续发展层面。单位 GDP 能耗低，说明城市在可持续发展方面表现良好。

2018 年，双创百强城市单位 GDP 能耗均值为 0.4286 吨标准煤/万元，单位 GDP 能耗最高与最低城市之间相差 1.6513 吨标准煤/万元。其中，表现最好的城市是周口，单位能耗最低，为 0.0351 吨标准煤/万元；单位 GDP 能耗最高的百强城市是银川，为 1.6864 吨标准煤/万元。

超过七成双创百强城市单位 GDP 能耗在 0.5000 吨标准煤/万元以下。如表 12 所示，1.0000 吨标准煤/万元及以上的城市有 5 座，单位 GDP 能耗在 0.5000 吨至 1.0000 吨标准煤/万元的有 22 座，单位 GDP 能耗在 0.5000 吨标准煤/万元以下的共有 73 座，同 2017 年相比增加了 24 座，说明双创百强城市重视能源排放消耗问题，并取得卓越成效。单位 GDP 能耗是绩效价值可持续发展的重要指标，坚持减少单位 GDP 能耗对双创百强城市的发展有深远的影响。

表 12　双创百强城市单位 GDP 能耗分布

单位 GDP 能耗(吨标准煤/万元)	数量(座)	主要城市
0.5000 以下	73	长沙、东莞、北京、广州、深圳等
0.5000 至 1.0000	22	榆林、兰州、德州、九江、湛江等
1.0000 至 1.5000	4	唐山、马鞍山、西宁、拉萨
1.5000 及以上	1	银川

二　双创指标相关分析

本节内容将研究蓝皮书一级指标之间的结构关系，即从双创环境、双创资源和双创绩效这三个维度之间分析双创结构间的关系。

（一）双创综合竞争力与经济发展水平的关系

本书所测算的双创指数反映了各城市双创环境、双创资源和双创绩效三个维度在双创竞争的过程中表现出来的综合能力。该综合能力即被用来衡量城市的双创竞争力。城市的经济发展水平指该地区的经济发展的规模、速度和所达到的水平。在衡量经济发展水平的几个指标的选择中，本节以人均GDP为参考。

由于“马太效应”原理，一座城市的经济发展水平的高低通常与该城市双创的综合竞争力呈正相关。拥有较强的双创综合竞争力的城市往往具有优越的双创环境作为有力支撑。在充分利用双创资源的基础上，双创综合竞争力强的城市必将创造高效的双创绩效，该城市的人均GDP增加将促进地区经济发展水平提高。笔者把2018年双创百强城市的双创指数与各城市人均GDP做相关分析，得出其相关系数为0.6856，说明两变量间具有一定的相关关系。

如图10所示，双创竞争力与经济发展水平有着密切联系。其中北京、上海、深圳等双创核心城市，其双创综合竞争力比其他城市更强，人均GDP也相对更高；而双创指数较低的城市，人均GDP大部分处于中低区间。其中仅有部分城市的双创竞争力与人均GDP不相协调，如鄂尔多斯人

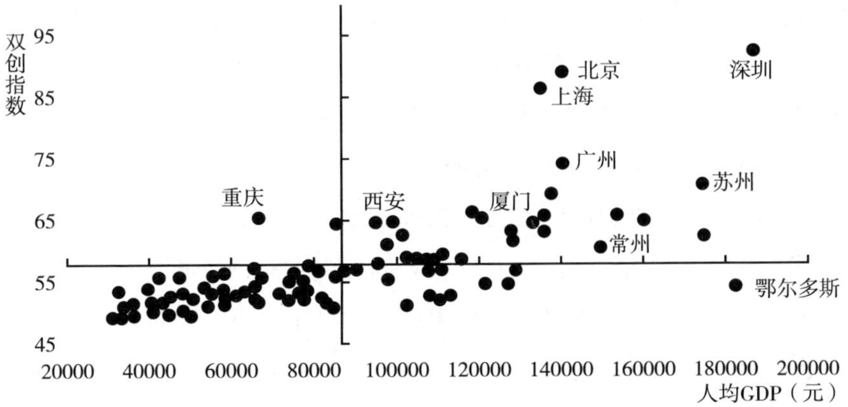

图10　各城市双创指数与其人均GDP对比情况

均 GDP 达到 181900 元，其双创指数仅为 54.46；重庆的双创指数为 65.67，高于双创指数的平均水平，其人均 GDP 却只有 65933 元。从整体上看，双创综合竞争力与经济发展水平存在一定的相关性。双创综合竞争力的提高，可以激发城市经济的发展活力，提高城市的经济发展水平。

（二）双创环境与双创资源的相关性分析

本书主要从市场结构、产业结构、制度文化、配套支持四个方面考察城市的双创环境支持程度，从人力资源和资本投入两个方面评价城市的双创资源能力。因此，本节将进一步讨论“双创环境”与“双创资源”这两个一级指标之间的关系。

从理论上分析，较好的双创环境会促进双创人力资源和资本向该城市集聚，提高城市双创资源水平。相应地，资源的增加与水平的提高在一定程度上可以增加双创环境建设的人力与资本投入，促进双创环境建设。因此，本节选择的两个研究变量为“双创环境”和“双创资源”，主要目的是考察这两个一级指标之间的相互关系。笔者通过计算分析 2018 年双创百强城市的双创环境与双创资源的相关性，得出其系数为 0.7595，两变量间存在较强相关性。

如图 11 所示，双创百强城市的双创环境和双创资源指数整体分布表现为随着双创环境的不断提升，其双创资源水平也呈上升趋势，两者具有一定的相关关系。其中第三象限的城市的双创环境及资源水平均低于双创百强城市的平均水平，其双创环境与资源水平差距不是特别明显，而随着双创环境的提升，双创城市的资源水平也不断地有所提高，且差距开始逐渐拉大；双创环境和双创资源水平较高的城市如深圳、北京、上海相比其他城市具有较强的双创环境和资源优势。由此看出，双创环境与双创资源具有一定的相关关系，理论上两者会相互促进，形成更高效的城市系统，双创环境提升在一定程度上将促进人力资源与资本集聚，提高城市的双创资源水平，并进一步促进双创环境建设。

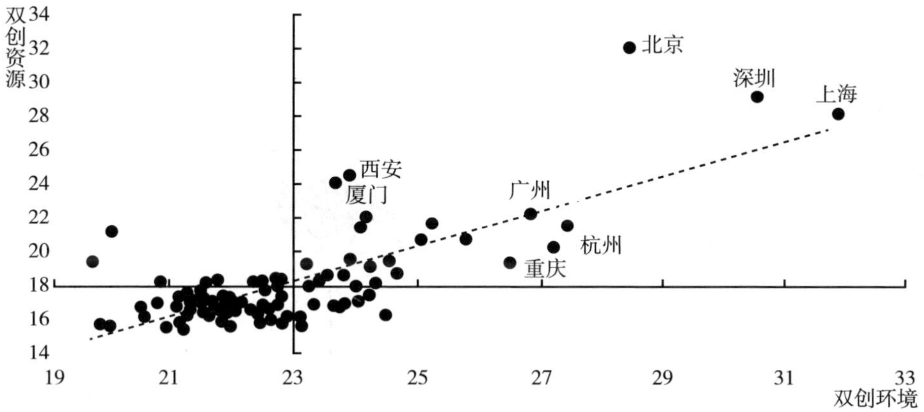

图 11　双创环境和双创资源综合指标关系

（三）双创环境与双创绩效的相关性分析

如前文所述，双创绩效是指各城市综合运用双创资源的人力资源和资本投入，并在各城市双创环境下达成的绩效价值。本书主要从市场结构、产业结构、制度文化、配套支持四个方面考察城市的环境支持程度，从产业规模、创新程度和可持续发展三个方面评价城市绩效价值。双创绩效价值与双创环境支持得分情况对比如图 12 所示。

（1）双创环境对双创绩效有促进作用。双创百强城市的双创绩效与双创环境存在正相关性，相关系数为 0.8386。在双创百强城市中，双创环境得分第二高的深圳（30.56 分）在双创绩效得分上排名第一（32.80 分）。其他双创环境得分居前 4% 的城市与双创绩效得分居前 4% 的城市完全重合，说明双创环境促进绩效价值提高。此结果与熊立等的研究结果一致。

（2）在同等双创环境的得分下，不同城市之间的双创绩效得分仍然存在较大差距。传统理论认为，有力的双创环境支持有利于促进双创绩效价值提高。但通过研究图 12 发现，环境能力只能在一定程度上增加提高双创绩效价值的机会，在同等双创环境支持得分下，不同城市之间的双创绩效得分仍然存在较大差距，如邯郸（22.48 分）和南昌（22.44 分）的环

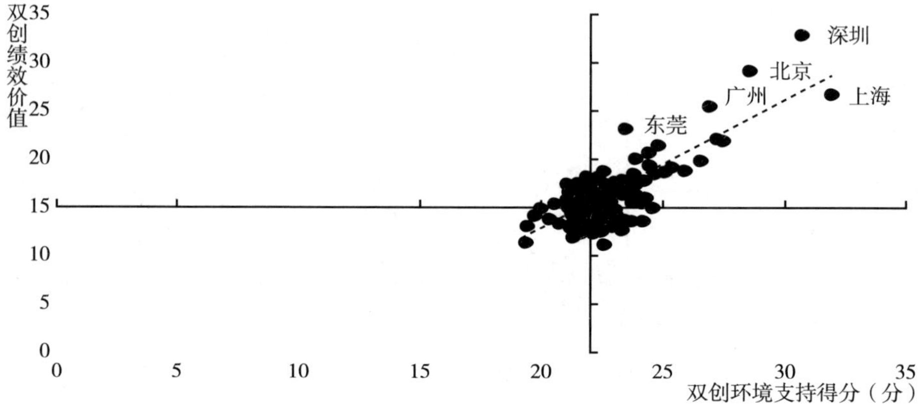

图 12　双创绩效价值与双创环境支持得分情况对比

境支持得分相当，但绩效价值相差 6.44 分（绩效价值得分分别为 11.30 分和 17.74 分）。这说明双创环境不能对双创绩效起绝对作用，双创绩效仍受许多其他因素的影响。这对各座城市的启示是，城市不能一味追求在双创环境方面的提升，而要因地制宜，根据自身特色发展，方可有效提高城市绩效价值。

（四）双创资源与双创绩效的相关性分析

本书定义双创资源包含人力资源与资本投入两个部分。双创资源能力对绩效价值有较为直接的影响，通过测算，双创百强城市的双创资源与绩效的相关系数为 0.8236，具有高度的相关性。双创绩效价值与双创资源能力得分情况对比如图 13 所示。

由于双创资源差距，部分一线城市与二线城市的双创绩效存在巨大断层。在图 13 中，北京、上海和深圳在第一象限右上方，资源得分与绩效得分均远超其他城市。在未来政策中，可以考虑通过优先增强二线城市的双创资源能力，来提高二线城市的双创绩效价值，缩小二线城市与一线城市的差距。

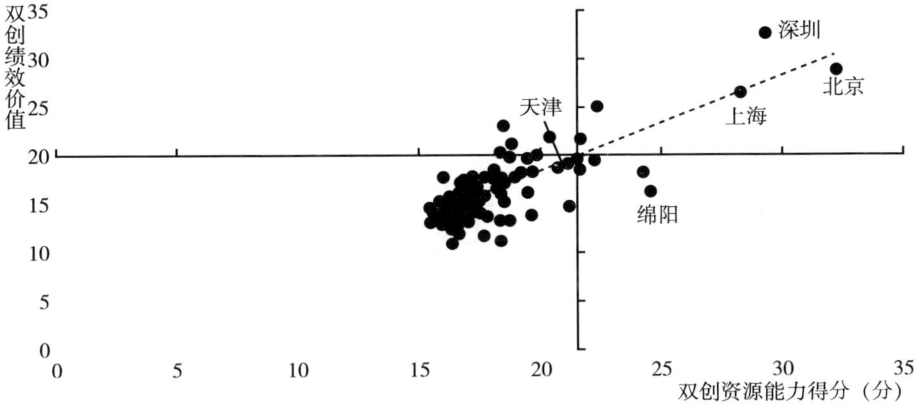

图 13　双创绩效价值与双创资源能力得分情况对比

参考文献

［1］陈贵、林钧跃、尚伟龙：《CEI 蓝皮书：2017 中国城市商业信用环境指数》，北京燕山出版社，2018。

［2］黄国华：《1 ~5 月进出口形势与今年外贸走势》，《宏观经济研究》2000 年第 7 期，第 40 ~41 页。

［3］熊立、杨勇、贾建锋：《“能做” 和 “想做”：基于内驱力的双元创业即兴对双创绩效影响研究》，《管理世界》2019 年第 35 期，第 137 ~151 页。

区 域 篇

Regional Articles

上一篇就双创的主要指标与数据、双创百强城市双创指数评价，以及这些城市双创指数子特征进行了详细分析。在区域篇，我们顺应上一篇的思路，将双创样本城市分成若干个“大”区域，从而更加简洁明了地对双创指数进行区域概括并得出直观结论。之后，我们利用双创最具代表性的城市——深圳，作为我们区域研究专题的样本城市，以“小”区域的视角分别介绍深圳市国际科技创新中心建设发展动态分析、深圳市南山区科技金融发展模式。最后，我们从深圳视角下分析中国双创发展现状及挑战，并对我国双创模式的未来发展进行一定的展望。

B.5
基于双创指数的区域总体情况分析

陈庭翰*

摘　要： 2016年至2018年的时间里，中国双创发展开创了新的局面，呈现了新的特征。为把握双创发展的动态变化，中国双创“区域篇”以区域为视角，运用中国双创指数评价体系，通过对比分析等方式聚焦我国创新创业取得的新成就与面临的新问题。从总体发展水平来看，中国东部地区的双创发展依然保持领先，不过其他地区运用后发优势，实现全面追赶的态势也逐渐清晰。关键城市中，深圳市进一步做实强项，继续引领中国双创的发展。从环境方面来看，东部地区的优势转而集中在制度文化与配套支持上，其他地区均获得全面的进步。从资源方面来看，各区域人力资源在快速调配，但各区域的资本投入水平依然参差不齐。从绩效方面看，全国可持续发展绩效增长瞩目，但无法掩盖产业绩效与创新绩效增长乏力的问题。

关键词： 区域特征　双创环境　双创资源　绩效价值

一　区域视角下的双创指数特点

本报告的评价体系对双创百强城市的分析使我们可以运用其典型数据对城

---

* 陈庭翰，经济学博士，深圳大学中国经济特区研究中心，博士后，主要研究方向为世界经济、产业经济。

市所属的区域特征进行分析。以区域为分类方式，对双创指数区域特征、双创环境区域特征、双创资源区域特征及双创绩效区域特征进行归纳与解析。

根据总报告中对城市区域的划分①，我们将我国双创发展的特点总结为：东部领先优势渐弱，中西部全面崛起，东北形成独自特征。在 2018 年中国双创指数百强城市中，有 50 座东部城市、23 座中部城市、19 座西部城市、8 座东北城市。相较 2016 年，东部城市增加了 1 座，中部城市减少了 1 座，西部城市减少了 1 座，东北城市增加了 1 座，大体上百强分布格局未有显著变动。

平均来看，百强城市双创指数平均值为 57. 58 分，东部城市平均值为 59. 80 分，中部城市平均值为 55. 18 分，西部城市平均值为 55. 72 分，东北城市平均值为 55. 05 分。较之 2016 年，2018 年所有区域的双创指数都有较为明显的提升，尤其是中部、西部、东北地区在迅速追赶东部地区的发展步伐。不过，东部地区依旧是唯一一个在平均值上超越全国百强平均值的区域，领跑地位没有改变。值得注意的是，西部地区以 0. 54 分的微弱优势超越了中部地区，表现出西部主要城市双创发展的良好态势（见图 1）。

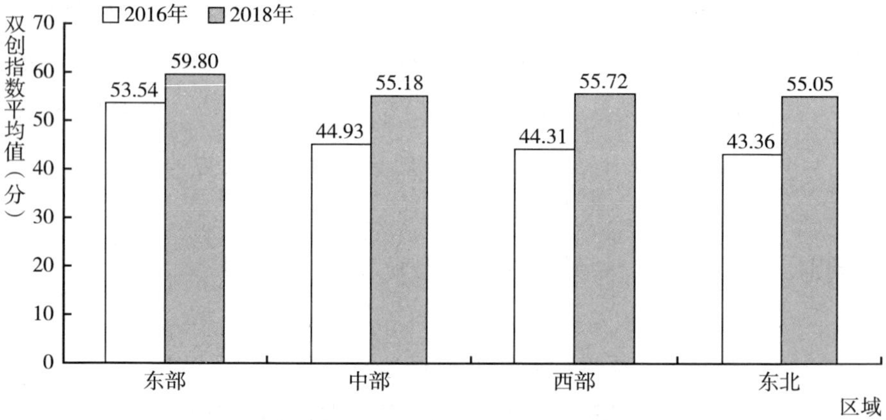

图 1　2016 ~ 2018 年不同区域下双创指数平均得分

---

① 注：城市区域被分为东部、中部、西部和东北。东部十省（市）包括北京、天津、河北、上海、江苏、浙江、福建、山东、广东和海南，中部六省包括山西、安徽、江西、河南、湖北和湖南，西部十二省（区、市）包括内蒙古、广西、重庆、四川、贵州、云南、西藏、陕西、甘肃、青海、宁夏和新疆，东北三省包括辽宁、吉林和黑龙江。划分标准来源于国家统计局。

根据本书测算的双创指数百强城市及其得分，统计其所在区域的分布情况，结果如表1所示。

表1　双创指数百强城市区域分布

单位：座

双创指数分数段	东部	中部	西部	东北	合计
[40,50)	1	1	0	1	3
[50,60)	33	18	16	7	74
[60,70)	11	4	3	0	18
[70,80)	2	0	0	0	2
[80,90)	2	0	0	0	2
[90,100)	1	0	0	0	1
合计	50	23	19	8	100

根据表1，我们将全国的区域双创在2016～2018年里发展所形成的新特征归纳如下。

第一，各区域以“补弱”为特点，在双创上取得了整体层次的跃升，深圳成为第一座90分以上的城市。从各区域分数结构的变化看，2016年的30分至40分区间的城市已经全部跃升至更高的层次，40分至50分区间的绝大多数城市也跃升至50分至60分区间，使50分以下的百强城市数量由2016年的65座锐减至2018年的3座，表明各区域在补短板方面取得了突破性的进展。2018年，各区域主要集中的分数区间为50分至60分，这与2016年的30分至50分相比，实现了整体的层次跨越。深圳得分为92.63分，成为全国第一座双创总指数破90分的城市，引领全国双创的发展。

第二，各区域的实力格局已经固化，主要城市进一步突破的难度很大。相较2016年，2018年东部地区60分及以上的城市数量依然是15座，中部地区仅由3座增长为4座，西部城市和东北城市毫无增长，依然分别为3座与0座。70分及以上的东部城市甚至由7座减少为5座，中部城市唯一一座超过70分的城市武汉在2018年也掉出70分档，共同折射出中国各区域的主要城市格局已经固化，且主要城市向上进一步突破的难度依旧很大。

第三，西部、东北地区的上升势头强劲，中部地区表现相对疲软。2016

年，中部地区在40～50分这一中位数区间内比西部、东北地区有着较为显著的优势，拥有13座城市，远多于西部、东北地区的6座与3座。而2018年，中部地区在50～60分这一中位数区间的城市数量为18座，而西部、东北地区也多达16座与7座，表明中部地区的整体水平已经被西部与东北地区齐头赶上。从平均值可以看出，西部地区成功反超中部地区，东北地区与中部地区在均值之间的差距也从3.6%缩小到0.2%，差距根本性地缩小了。

二　区域视角下的双创环境的特征及对比

根据本书所用的评价方法，双创环境的子特征具体包括区域支持双创发展的市场结构、产业结构、制度文化与配套支持。各区域双创环境子特征平均得分情况与各区域创新环境子特征平均得分对比状况见表2与图2。

表2　各区域双创环境子特征平均得分情况

单位：分

地区	市场结构	产业结构	制度文化	配套支持
东部	6.27	5.39	4.37	7.30
中部	6.29	5.46	3.87	6.96
西部	5.86	5.01	4.07	6.94
东北	6.09	5.16	3.79	6.68

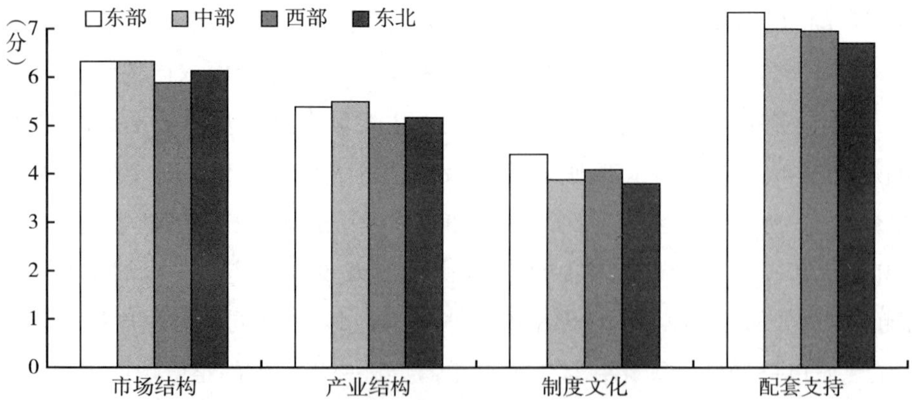

图2　各区域创新环境子特征平均得分对比

根据以上数据可以总结出双创环境区域分布特征的变化。

第一，东部地区的优势削弱，仅在制度文化与配套支持上保持全领先。2018 年，东部地区在市场结构与产业结构上的优势已经不再显著，不仅双双被中部地区超越，对西部与东北地区的优势也大幅度缩小，如在市场结构上对西部地区的优势由 2016 年的 51% 下降到 2018 年的 7%，产业结构上对西部地区的优势由 2016 年的 87% 下降为 2018 年的 8%。在制度文化与配套支持上，东部地区继续保持对其他三个区域的优势，在制度文化上比中部与东北地区分别高 13% 和 15%，在配套支持上比中部、西部、东北地区高 4% ~5%，不过优势区间也大幅度地削减了。这表明东部地区在创新环境上的整体优势有了相当大的下降，体现出全国创新环境共同好转的态势。

第二，中部地区的创新环境全面提升。市场结构、产业结构、配套支持分别提升 77%、53% 与 46%，制度文化也提升了 27%，表现出中部地区创新环境有了全方位的提升。尤其是在市场结构与产业结构上，其均值超过了东部地区。不过，由于中部地区入围百强的城市数量本身较少，其均值仅能代表中部的重要城市与东部城市的比较，不能掩盖中部地区整体创新环境不如东部的事实。同时，相对而言，制度文化依然是中部地区的主要软肋，是当地提升双创工作水平接下来的重点。

第三，东北地区在制度文化方面的提升举步维艰，拖累其产业结构的进步。东北地区在市场结构上实现了显著的飞跃，增长了 92%，但是制度文化仅提升了 9%，表现出制度约束依然是制约东北地区发展创新经济与创新文化的根本原因。2016 年，东北地区的制度文化仅次于东部地区，到 2018 年却沦为垫底。制度文化创新上的落后严重束缚了东北地区的产业结构调整，使其在该领域遭到中部地区反超，并有被西部地区反超的趋势。

第四，西部地区的市场结构与产业结构大踏步前进。2016 年，西部地区的市场结构与产业结构基础薄弱，远落后于其他区域。而 2018 年，西部地区在市场与产业领域获得了突飞猛进，分别提升了 117% 与 126%，一举与其他地区拉近距离，尤其在制度文化方面实现了对东北地区的反超，展现出强劲的创新活力，这表明西部地区在双创相关制度建设方面具有显著效果。不过仍需注意的是，进入百强的西部城市数量较少，因此相关数据的大幅度提升更多地表现出了西部地区大城市建设首位度发展策略的效果。

三　区域视角下的双创资源特征及对比

为研究双创百强城市双创资源的区域分布特征，笔者根据本书所确定的评价方法，对双创百强城市的资源子特征得分情况进行统计。双创资源子特征具体包括区域支持双创发展的人力资源和资本投入，各区域双创资源子特征平均得分情况与对比状况见表 3 与图 3。

表 3　各区域双创资源子特征平均得分情况

单位：分

地区	人力资源	资本投入
东部	12. 28	6. 32
中部	11. 93	5. 21
西部	12. 83	5. 36
东北	12. 44	4. 82

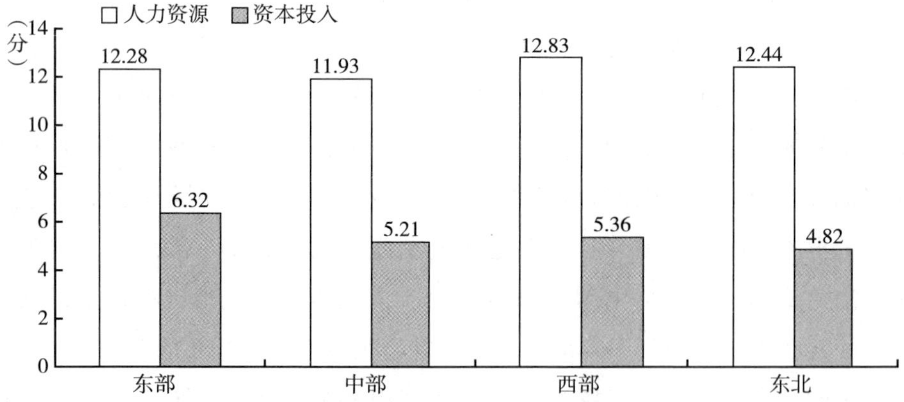

图 3　各区域双创资源子特征平均得分对比

根据上述数据，可总结出双创百强城市的双创资源特征呈现出以下变化。

第一，各区域人力资源获得了显著的提升，西部与东北地区依旧保持领先。相较 2016 年，东、中、西部与东北地区的人力资源得分分别提升了

67%、62%、46%与48%，快速接近评价体系内的满分，即16.5分，表现出各区域人力资源集聚能力快速上升。这说明各区域的人才培养体制更加符合双创所需要的人才类型，创新型人才供给得到了支撑。西部与东北地区在人力资源上的优势依然存在，不过优势区间有所缩小，表明全国人力资源出现了从西部与东北地区向东、中部地区集聚的现象，也表明了教育资源进一步集聚于东、中部地区。

第二，各区域资本投入在减少，尤其在东部与中部地区。各区域双创资本投入得分皆有下降，下降幅度分别为25%、23%、21%与16%，东部与中部地区的下滑最为明显，表现出全国资本投入的影响力出现了下降，其中东、中部地区资本投入下降区间最大。东、中部地区本身资本基础雄厚，因此资本投入影响力下降也体现出当地双创活动有意改善资本依赖的模式。但需注意的是，西部与东北地区的资本基础相对薄弱，资本投入也在下降，表明该地区对资本的吸引力没有实现根本性改善，也表明并购等资本市场配置效率尚未得到根本性改善。

四 区域视角下的双创绩效特征及对比

为研究双创百强城市双创资源的区域分布特征，笔者根据本书所确定的评价方法，对双创百强城市的绩效价值子特征得分情况进行统计。双创绩效价值子特征具体包括区域支持双创发展的产业绩效、创新绩效与可持续发展三个方面，各区域绩效价值子特征平均得分情况见表4与图4。

表4 各区域绩效价值子特征平均得分情况

单位：分

地区	产业绩效	创新绩效	可持续发展
东部	5.24	5.88	6.82
中部	3.75	4.82	6.66
西部	3.83	4.81	6.62
东北	3.73	4.82	7.36

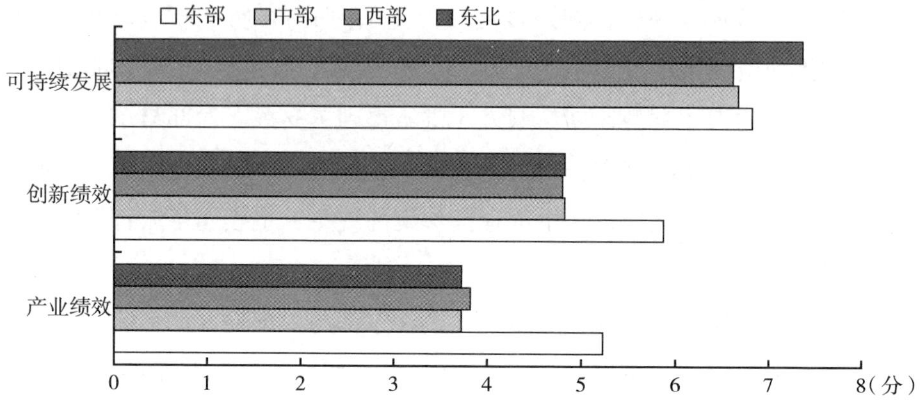

图 4　各区域绩效价值子特征平均得分情况

根据上述数据，可以总结出双创百强城市的双创绩效价值子特征产生了如下变化。

第一，各区域可持续发展绩效都获得了较大提升。相较 2016 年，东部地区由 5.99 分提升至 6.82 分，中部地区由 5.33 分到 6.66 分，西部地区由 4.94 分到 6.62 分，东北地区尤为突出，由 5.12 分提升至 7.36 分，四个区域分别提升 14%、25%、34% 与 43%。可见，在过去的两年里，全国范围内的产能转换、产业发展战略调整有了显著成效，新产业发展逐渐走向了绿色、节能、低碳。

第二，各区域的产业绩效都显著下滑，创新绩效也萎靡不振。产业绩效与创新绩效的满分都是 12.75 分，而各区域在 2016 年的表现就与满分相差甚远，在 2018 年还出现了明显的下滑，下滑程度分别为 31%、52%、22% 与 32%，中部地区的下滑问题最为严重，西部地区相对最轻。这说明，随着产业集群集聚格局已经成型，资源随政策调控进一步向部分地区集聚，已经使规模经济带来的产业绩效出现负边际性。创新绩效的萎靡不振也说明了东、中部地区双创的发展仍然走着以资源积累为主要特征的传统道路，而未能与市场和创新活动紧密结合在一起。

第三，东北地区展现出较强的创新性和可持续性。东北地区虽然在产业绩效方面有显著的下滑，却是唯一一个实现创新绩效正增长的区域，在可持续发展上也取得了最突出的进展，表现出东北地区双创活动日益注重创新性与可持续性。可见，近年来东北地区产业结构改革配合厘清政商关系等文化层面革新起到了积极作用。创新性与可持续性的提升也帮助东北地区的双创绩效价值超越了中部与西部地区，仅次于东部地区。

参考文献

［1］王飞：《西咸新区：打造西部“双创”新范式》，《中国经贸导刊》2016 年第 27 期，第 64 ~ 65 页。

［2］辜胜阻、庄芹芹：《资本市场功能视角下的企业创新发展研究》，《中国软科学》2016 年第 11 期，第 4 ~ 13 页。

［3］杨俊青：《“双创”背景下企业家精神培育》，《中国科技论坛》2019 年第 3 期，第 3 ~ 5 页。

B.6

深圳市国际科技创新中心建设发展动态分析

赖勉珊*

摘　要： 在粤港澳大湾区发展规划中，深圳市的定位从国内地区核心技术引擎转为国际科技创新领头羊，深圳市有责任也有能力在粤港澳大湾区国际科技创新中心的建设中发挥创新引领作用。通过对深圳科技创新生态系统过去约10年的发展动态梳理发现，深圳的创新主体、创新资源以及创新环境有了质的改变。当前深圳市可在以下方面进一步发力推动国际科技创新中心的建设：调整基础研发投入的总量与结构、推进产学研多维度合作、重点建设优势学科、拓展引才渠道、完善人才服务体系、加强科技体制改革并建立“四化”科技中介服务体系、推进资本市场的注册制改革。

关键词： 国际科技创新中心　科技创新生态系统　深圳

一　粤港澳大湾区视角下的深圳国际科技创新中心建设定位

深圳这座城市历来走在创新的最前沿，肩负创新使命。2008 年深圳成为全国首个创新型城市试点，2014 年成为国家自主创新示范区试点，2019 年在粤港澳大湾区发展规划中被列为科技创新走廊的核心城市之一。当前深

* 赖勉珊，剑桥大学土地经济系博士研究生，研究领域为区域经济学。

圳正抓住粤港澳大湾区建设的重大机遇，响应中央提出的在粤港澳大湾区国际科技创新中心建设中发挥关键作用的号召，增强核心引擎功能。

在建设国际科技创新中心方面，粤港澳大湾区有着独特的优势，具体表现为香港和澳门雄厚的前期科研实力、广东巨大的经济规模和市场空间以及完备的产业链。粤、港、澳三地在创新功能上互补的资源优势推动其协同创新，在发展科技创新方面潜力无限。而深圳在粤港澳大湾区发展规划中，其创新定位从“科技产业创新中心”转向“科技创新中心”，其内涵更加全面，意味着其需要在基础研究以及原始创新方面重点加强。深圳的定位从国内地区核心技术引擎转为国际科技创新领头羊，深圳有责任也有能力在粤港澳大湾区国际科技创新中心建设中发挥创新引领作用。

在深入实施创新驱动发展战略过程中，深圳在国内以及国际创新指标体系排名的逐年上升充分说明了其创新能力日益增强。在国内，根据联合国创新创业三元评价体系，深圳双创综合指数连续 3 年蝉联全国首位，意味着深圳是科创资源市场化配置质量最高的城市。在国际上，根据澳大利亚权威的 2thinknow 创新研究机构发布的全球创新城市指数排名，深圳从 2011 年开始进入全球前 100 创新城市排行榜。如图 1 所示，2011 年深圳排在第 93 位，2019 年排在第 53 位，名次提升了 40 位，这是深圳创新能力从量的积累向质的飞跃的体现。

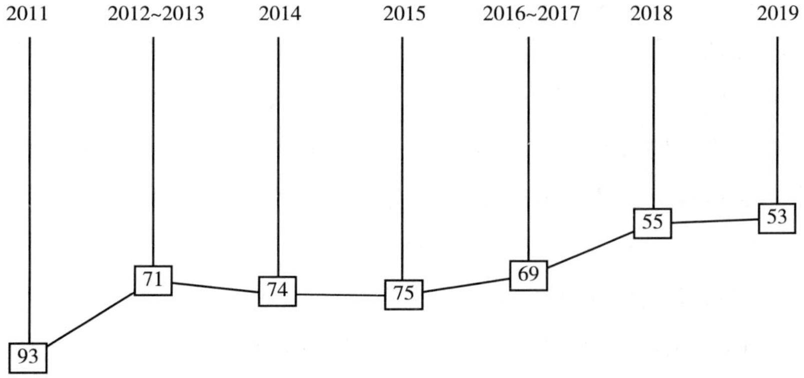

图 1　深圳在 2thinknow 发布的全球前 100 创新城市排行榜中的排名（2011～2019）

资料来源：2thinknow（2011～2019），图由笔者整理绘制。

二　深圳科技创新生态系统的发展动态

（一）创新主体的发展动态

深圳的创新主体主要包括企业、高校与科研机构，以及政府。三者的创新内容各有所侧重。企业是技术创新主体，高校与科研机构是知识创新主体，而政府是制度创新主体。

1. 企业

企业是技术创新主体，是科技创新生态系统的核心。这一点在深圳尤为突出。深圳的创新格局特点之一便是以企业为主体。企业是深圳自主创新优势的主要来源，具体表现在“六个 90%”，即 90% 的创新型企业为本土企业，全市 90% 以上的研究开发机构设在企业，90% 以上的研究开发人员来自企业，研发经费 90% 以上来源于企业，90% 的专利由企业申请，以及 90% 的重大科技项目由龙头企业承担。

深圳新增国家级高新技术企业数量逐年上升，从 2015 年的 2182 家大幅提升到 2016 年的 3791 家、2017 年的 5014 家、2018 年的 5407 家。国家级高新技术企业数量的高速增长体现出深圳雄厚的科技创新实力，同时反映出深圳对研发的重视。如图 2 所示，深圳创新载体数量连年上升。截至 2018 年，深圳已连续 15 年在 PCT 国际专利申请数量上居全国第一。

全社会研发投入占 GDP 比重，即 R&D 经费占比，是衡量科技活动规模及科技投入强度的重要指标。国际上认为该比重达到 2. 5% 即标志着创新能力基本达到或接近发达国家水平。过去 10 年，深圳在研发投入总量和增速上都非常突出，呈现逐年上升的趋势。如图 3 所示，其 R&D 经费支出从 2009 年的 280 亿元增加至 2018 年的 1164 亿元，其 R&D 投入强度从 2009 年的 3. 3% 升至 2018 年的 4. 8% 。这些数据表明深圳的企业自主创新能力不断提高，强化了企业创新主体的地位。深圳研发投入数据反映了其经济增长的潜力和可持续发展能力。

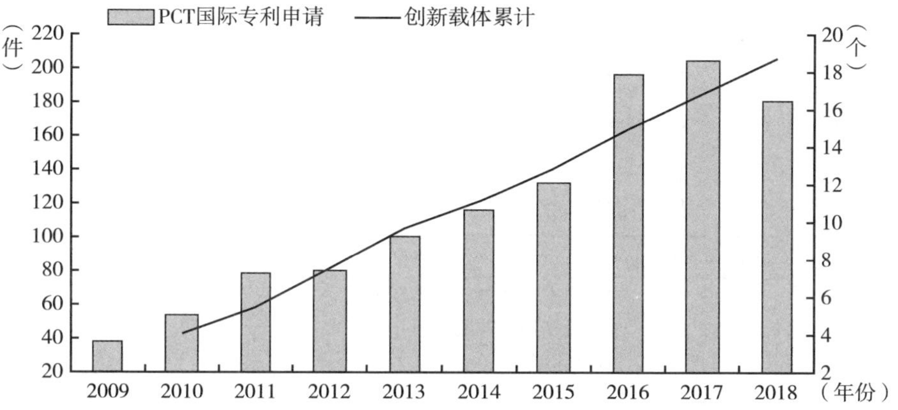

图 2　深圳市 PCT 国际专利申请与创新载体累计数量

资料来源：深圳市统计年鉴（2019 年），图由笔者整理绘制。

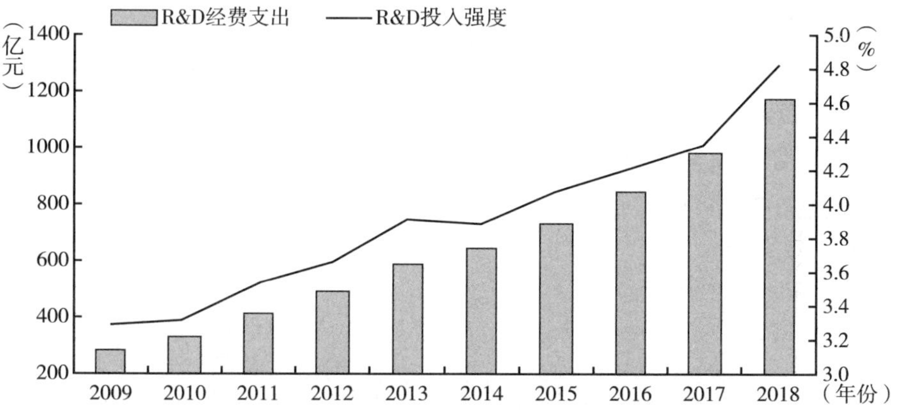

图 3　深圳市 R&D 经费支出与投入强度（2009～2018）

资料来源：深圳市统计年鉴（2019 年），图由笔者整理绘制。

深圳营商环境的不断优化培育了越来越多的领军企业。经过约 10 年的发展，深圳从只有平安集团一家企业上榜世界 500 强到 2018 年增加至 7 家企业，且这 7 家入围企业在 2019 年的整体排位大幅上升，如表 1 所示。这些企业的共同特点是创新，这是深圳培育世界 500 强有别于北京和上海的路径。未来一批“种子企业”将在不断完善的深圳创新生态体系中冲击世界 500 强，助力粤港澳大湾区建成世界级大湾区。

深圳未来在新能源、智能制造、供应链、金融等领域会诞生一批世界

500强企业。中兴通讯和比亚迪会是第一梯队企业，预期在2025年之前有望进入世界500强名单。中广核、中集集团、腾邦、顺丰、怡亚通、大疆科技，加上深投控等市属国企都是种子企业。①

表1　深圳2019年上榜世界500强的7家企业

排名	2018年排名	公司名称	营业收入(百万美元)
29	29	中国平安保险(集团)股份有限公司	163597.4
61	72	华为投资控股有限公司	109030.4
119	111	正威国际集团	76363.1
138	230	中国恒大集团	70478.9
188	213	招商银行	55063.5
237	331	腾讯控股有限公司	47272.7
254	332	万科企业股份有限公司	44912.6

资料来源：《财富》官方网站。

2019年深圳高技术产业全行业产值达到26277.98亿元，比2018年增加10.08%。图4反映了2014～2019年深圳高技术产业全行业产值连年上升的快速发展态势。

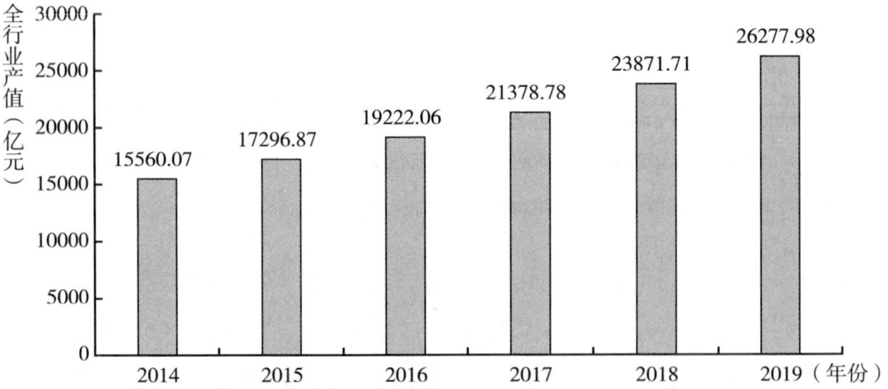

图4　深圳高技术产业发展情况（2014～2019）

资料来源：深圳科技创新委员会，图由笔者整理绘制。

① 资料来源于深圳新闻网。

深圳高技术产业包括以下行业：电子与信息行业，生物、医药行业，先进制造行业，新能源行业，新材料行业，以及其他高技术行业。如表2所示，深圳高技术产业发展形成了以电子与信息产业为支柱且其地位不断增强，生物、医药，先进制造，新能源，新材料及其他高技术产业快速发展的特点。

表2　2015～2019年深圳主要高技术产业的高新技术产品产值

单位：亿元

年份	电子与信息	生物、医药	先进制造	新能源	新材料	其他高技术
2015	15269.85	358.93	790.7	537.05	245.64	94.7
2016	17096.1	367.07	844.31	548.76	255.88	109.94
2017	19110.44	376.36	921.4	560.61	279.39	130.59
2018	21445.74	401.38	1007.45	573.96	288.02	155.16
2019	23723.11	416.44	1080.49	584.80	291.65	181.49

资料来源：此表由笔者整理绘制。

近年来，深圳市重点扶持和发展新一代信息技术、数字经济、高端装备制造、绿色低碳、海洋经济、新材料和生物医药七大战略性新兴产业。2018年深圳战略性新兴产业产值增加值构成情况如图5所示。

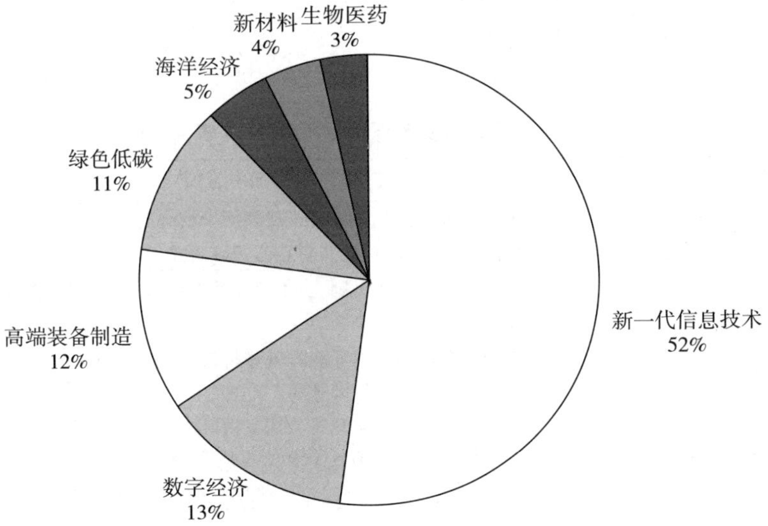

图5　深圳2018年战略性新兴产业产值增加值构成

资料来源：此图由笔者整理绘制。

2. 高校与科研机构

高校与科研机构是知识创新主体，是科技创新生态系统人才和技术的来源。高校与科研机构的数量与质量是深圳的一个巨大短板，深圳从 1999 年开始便采取一系列的措施，其成效日渐显著。

（1）虚拟大学园

深圳虚拟大学园成立于 1999 年，在一定程度上弥补了深圳科教智力资源的匮乏。截至 2019 年，虚拟大学园聚集了 62 所国内外知名院校，设立研发机构 229 家，实现了院校跨区、跨市、跨国开放式协同创新的合作。但部分院校存在一些制度性障碍，制约其在深圳快速发展。①

在产学研方面，深圳市建立深港产学研基地。虚拟大学园建成 15 家产业化基地和 1362 家孵化科技企业，是产学研科教合作的典范。

（2）诺贝尔奖科学家实验室

截至 2019 年 6 月，深圳计划组建的“十大诺贝尔奖科学家实验室”已建成 9 家，如表 3 所示，其研究方向各有侧重。虽然这些实验室在短期内效果也许不显著，但从长远来看，这有利于创新资源在深圳集聚。因为这些实验室的建成说明深圳在重视基础研究。特别是在人才资源方面，诺贝尔奖科学家实验室起到了以才引才的作用。

表 3　深圳市诺贝尔奖科学家实验室及其研究方向

诺贝尔奖科学家实验室	研究方向
格拉布斯研究院	聚焦小分子催化和大分子材料两个核心研究方向
中村修二激光照明实验室	聚焦新医药、新材料和新能源领域研究
马歇尔生物医学工程实验室	从消化肿瘤发病机制、多源信息精准诊断、个体精准治疗等方向进行研究
盖姆石墨烯中心	聚焦以石墨烯为代表的二维材料在基础前沿研究和高端产品产业化方面遇到的关键难题
瓦谢尔计算生物研究院	围绕生物医药产业开展尖端生物科技领域技术研究，主要包括计算结构生物学与小分子及蛋白质药物设计、多尺度生物分子模拟、高通量基因序列分析以及基因诊断技术转译研究等

① 资料来源于清华大学深圳研究生院。

续表

诺贝尔奖科学家实验室	研究方向
内尔神经可塑性实验室	围绕可塑性原理和机制展开研究，不仅有助于破译大脑奥秘，也有望发现大脑疾病发生机制，推动生物医药和健康产业的发展
科比尔卡创新医药开发研究院	重点研究领域集中在新药开发上，研究方向主要包括药物受体结构生物学研究、药物计算化学研究、功能药物分子的有机合成和药物化学的研究、受体功能药物分子的功能药理学等
杰曼诺夫数学中心	以纯粹数学和应用数学的重要研究领域为发展方向，致力于推动中国数学基础理论以及数学与生命、信息、工程、金融等领域的交叉研究与应用发展
索维奇智能新材料实验室	围绕材料科学与工程展开研究，充分将索维奇教授分子机器人的学术研究应用到智能新材料研发，推动材料科学和健康产业的发展

资料来源：《深圳“十大诺奖实验室”已建成9家》，《南方都市报》2019年6月21日，AA07版。

（3）海外创新中心

为了集聚海外创新资源以及引进海外高科技项目，深圳大力打造十大海外创新中心。截至2019年7月，已挂牌的深圳市海外创新中心有7家，如表4所示。这些创新中心全球选点，选址于创新资源高度密集地区，汇聚全球创新资源。

表4　已挂牌的深圳市海外创新中心

国家	海外创新中心
美国	美国旧金山海外创新中心 美国波士顿海外创新中心 美国西雅图海外创新中心
英国	英国伦敦海外创新中心
法国	法国伊夫林海外创新中心
以色列	以色列特拉维夫—海法海外创新中心
加拿大	加拿大多伦多海外创新中心

资料来源：此表由笔者整理绘制。

3. 政府

政府作为制度创新主体，影响创新生态系统中的其他主体及其创新活动。根据特许公认会计师公会（ACCA）和安永于2019年联合进行的调查结果，政府政策被评为影响大湾区科技创新发展的最重要因素。[①] 其中税收优惠政策和更严格的知识产权保护政策，以及一系列吸引人才、鼓励流动的计划是最受关注的政府政策。

如图6所示，2009～2018年深圳R&D经费支出显现出不断增加的总体趋势，但三种R&D活动类型经费支出比重变化不大。试验发展比重仍旧最大，保持在85%以上。基础研究和应用研究只有轻微上涨。面对基础研发的投入不足，2019年深圳宣布将确保基础研究投入比例不低于财政科技专项资金的30%，推进鹏城实验室和深圳湾实验室建设等。

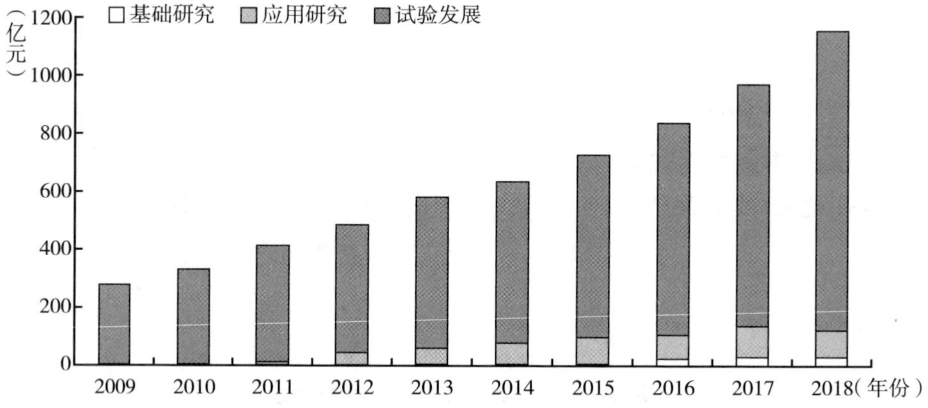

图6　深圳市三种R&D活动类型经费支出（2009～2018）

资料来源：此图由笔者整理绘制。

（二）创新资源的发展动态

1. 人才

人才是创新的第一资源，是深圳建设国际科技创新中心最重要的战略资源。深圳一直在加快填补城市发展的短板，在人才政策上持续发力，并积极实施人才强市战略，为建设粤港澳大湾区打好坚实的基础。

① 《粤港澳大湾区——建设国际科技创新中心》，安永，2019。

深圳高等教育发展的基础相比北京、上海还不够雄厚，缺乏“双一流”高校。深圳因此在教育方面下大力气，扩大办学规模，提升师资水平。根据深圳教育门户网站2019年数据，深圳高等教育投入年增逾20%。2018年全市高校全日制在校生人数超10万人，比2010年增长54.23%；全市高校6000多名现有专任教师中62%具有博士学位，比例居全国前列，全职两院院士目前有26人。高校已成为深圳市高层次人才最大蓄水池。

深圳的人才政策在不断的完善当中，从降低落户门槛转变为提高服务效率。2018年深圳首创人才“入户秒批”制度，2019年进一步拓展该制度的辐射人群，范围拓宽到在职人才引进、留学回国人员引进、博士后入户及其配偶子女随迁，实现4种人才引进业务类型“秒批”。

人才政策在前海这个深化深港合作以及推进国际合作的核心功能区也在不断地完善。

2. 资本：风险投资规模相对较小

深圳的资本市场发展落后于其创新能力发展，表现在资本市场无法给予足够的支持。

截至2017年底，深圳有创新机构5200多家，累计管理创业资本近1.5万亿元，累计投资项目7000多个，累计投资总额3000多亿元，其中40%投资深圳地区。创业板上市公司中，有深圳创投背景的企业占1/3以上。

为了引导社会资本投向天使类项目，满足深圳企业早期融资，加快形成“创业+创新+创投”的良好格局，2018年深圳设立天使投资引导基金，该基金由深圳市政府投资引导基金出资设立，委托深圳市投资控股有限公司、深圳市创新投资集团有限公司两家深圳市属国企共同管理。

（三）创新环境的发展动态

为了优化创新发展环境，深圳出台了一系列政策措施优化创新的制度环境和加强科技中介建设。

1. 制度环境

仅2004~2017年，深圳市政府就出台了92条政策法规促进科技创新发展。如表 5 所示，深圳有完整的科技政策体系，包含战略层、综合层和基本层。

表 5　深圳科技政策体系

层次	主要内容	具体文件
战略层	主要包括科技计划、相关规划以及高技术产业规划等政策	《深圳国家自主创新示范区发展规划纲要(2015—2020 年)》和《深圳国家自主创新示范区空间布局规划(2015—2020 年)》
综合层	主要包括对科技中介、大学科技园、中小企业创新基金等的大力扶持和建设	《深圳市鼓励科技企业孵化器发展的若干规定》
基本层	主要包括具体的税收优惠、金融支持、教育培训、科技资金投入、政府采购等相关政策	《深圳市高新技术企业认定管理办法》《深圳市软科学研究项目管理办法》《深圳市科学技术奖励办法实施细则》《关于加强新型科研机构使用市科技研发资金人员相关经费管理的意见(试行)》《深圳市科技研发资金投入方式改革方案》《深圳市创新型产业用房建设方案》《深圳经济特区技术转移条例》《深圳市科技研发资金管理办法》《深圳市科技计划项目管理办法》

资料来源：此表由笔者整理绘制。

深圳在 2017 年开始实施的“十大行动计划”①，旨在全面提升深圳创新软硬环境，优化生态链的创新，加快深圳市国际科技创新中心的建设进程。“十大行动计划”包括布局十大重大科技基础设施、设立十大基础研究机构、组建十大诺贝尔奖科学家实验室、打造十大海外创新中心、实施十大重大科技产业专项等。当前该计划已取得实质性进展。

深圳持续加大知识产权保护力度，不断完善知识产权保护方面的法律法规。2018 年，深圳实施最严格的知识产权保护，出台知识产权保护条例，同年 12 月，中国（深圳）知识产权保护中心正式揭牌运行。深圳采取的这一系列加强知识产权保护工作的措施提升了知识产权服务创新发展的效能，

① 《加快深圳国际科技产业创新中心建设总体方案和十大行动计划建设实施方案》，深圳市人民政府。

为新能源等重点产业提供快速协同保护。

2. 科技中介

科技中介是实现科技成果转化的重要纽带，是促进国际科技创新中心建设的催化剂。深圳当前科技中介机构平均规模较小，尚处于发展初期。为了推动深圳市科技服务业的快速发展，如表6所示，一系列加强深圳市科技中介建设的政策在国家和省市层面陆续出台。深圳正借助粤港澳大湾区的机遇，充分利用其区位优势，拓展技术转移转化服务渠道，加强科技中介的建设。

表6　深圳市科技服务业政策

政策层级	主要政策
国家级政策	《关于加快发展高技术服务业的指导意见》 《现代服务业科技发展"十二五"专项规划》 《关于加快科技服务业发展的若干意见》
省级政策	《广东省科技服务业"十二五"发展规划纲要》 《广东省人民政府办公厅关于促进科技服务业发展的若干意见》 《广东省人民政府办公厅关于促进科技和金融结合的实施意见》 《广东省科技金融支持科技型中小微企业专项行动计划(2013—2015)》 《关于全面深化科技体制改革加快创新驱动发展的决定》
市级政策	《深圳经济特区技术转移条例》 《深圳市促进科研机构发展行动计划(2013—2015年)》 《关于促进科技企业孵化载体发展的若干措施》 《关于促进高技术服务业发展的若干措施》 《关于促进科技和金融结合的若干措施》 《关于加快工业设计业发展的若干措施》 《深圳市知识产权专项资金管理办法——专利申请资助操作规程》 《深圳市科技研发资金投入方式改革方案》

资料来源：此表由笔者整理绘制。

三　深圳创新生态发展中的挑战与建议

深圳市在其创新生态系统中处处存在挑战，这也是深圳创新能力突破的机遇。以下建议旨在解决制约深圳科技创新的突出问题，使深圳发挥创新创意之都的枢纽作用，促进粤港澳大湾区国际科技创新中心建设。

（一）调整基础研发投入的总量与结构

深圳 R&D 经费投入强度大，但仍存在两大问题。一是投入类别严重不均衡，表现为基础研发投入不足；二是基础研发资金来源结构单一，企业占主导地位。政府作为投入主体之一对基础研发的投入力度需继续加大。提高基础研发投入的总量与调整结构对深圳市的可持续创新发展至关重要。

（二）推进产学研多维度合作

企业通过跨界合作方式参与基础科研创新是深圳研发的一大特色。深圳市政府应充分利用这一优势推进企业与高校之间的多维度合作，包括专利和技术转让活动，以及共同发表学术论文，从而达到节约研发成本，加快产品开发进程的目的。

（三）重点建设优势学科

有限的创新资源促使深圳市政府集中创新要素资源投入优势学科，以此来提高政府资源的有效配置，实现科技政策效益最大化。深圳的学科优势主要在材料科学、电子电器工程、应用物理等领域。在具体研究方向上，深圳在基因序列、蛋白质、复合物、DNA、纳米微粒方面优势明显。因此，深圳加快创新资源整合，形成创新合力，重点建设优势学科将极大地助力国际科技创新中心的建设。

（四）拓展引才渠道

目前深圳仅有 4 个海外人才联络处，分别是美国洛杉矶、比利时布鲁塞尔、日本东京和澳大利亚悉尼。深圳要增设海外人才联络处，同时建立有效的沟通机制和激励机制，调动海外人才联络处的积极性和能动性，拓展服务职能，有效地、可持续地进行海外人才的对接引荐，助力科技创新人才队伍的建设。

（五）完善人才服务体系，提供全方位的支持

继续实施实物配置与货币激励的人才住房保障措施，缓解人才住房供需矛盾。如通过人才公寓、购房补助、租房补贴等政策来满足人才住房需求。

加大优质学位供给，解决因教育资源短缺而导致引进人才子女入学难的问题，可采取加大国际学校建设力度、给予跨学区入学权利以及政府补贴入读民办学校的方式。

提高人才医疗的保障待遇，满足人才的健康保障需求。如提供商业医疗保险补贴或医疗费用报销服务，提供就医绿色通道服务，并扩展医疗保障服务至人才的直系家属。

重视基础设施建设，如广深港高铁、港珠澳大桥，还有深中通道等交通网络，以提高人才要素的流动性。

（六）加强科技体制改革

虽然深圳在科技体制方面采取了一系列的改革措施并取得了明显的成效，但束缚科技生产力的体制机制问题依然存在。比如，财政科技投入的管理和运行机制的清晰度，以及科技行政管理体制的协调性有待提高；科研机构陈旧的体制机制导致其成果产业化程度不够；科技平台以及仪器设备的共享制度有待完善；某些税收政策有待调整以调动企业的自主创新性。解决这些问题，根本的出路在改革，以改革来推动深圳科技体制服务国际科技创新中心的建设。

（七）建立社会化、市场化、专业化、国际化的科技中介服务体系

深圳科技服务业发展不均衡，服务机构主要分布在南山、福田两区，空间布局有待完善。科技服务机构平均规模偏小，且机构之间不完善的网络化协作机制使其难以形成规模效益。现有的机构业务定位模糊，机构的类别需

进一步丰富。高水平、高素质的科技服务从业人才的缺乏阻碍了行业的发展。深圳当前急需挖掘科技服务国际合作的潜力，建立“四化”的科技中介服务体系来促进国际科技创新中心的建设，“四化”即社会化、市场化、专业化以及国际化。

（八）资本市场：推进注册制改革

资本市场支持经济创新，创新资本市场更助力粤港澳大湾区国际科技创新中心建设。以改革推动深圳资本市场为创新赋能。建立注册制改革是推动深圳市资本市场进一步发展的关键因素。深圳可通过 IPO 注册制、再融资制度、与港澳市场互通等改革措施鼓励资金投入新科技的孵化中。这些措施将有效加速科技创新企业的发展。而科技的发展也将吸引一批成熟的金融科技公司走向资本市场。

参考文献

［1］《粤港澳大湾区——建设国际科技创新中心》，安永，2019。

［2］《深圳 5200 多家创投机构累计管理资本近 1.5 万亿元》，《经济日报》2017 年 11 月 20 日。

［3］《深圳“十大诺奖实验室”已建成 9 家》，《南方都市报》2019 年 6 月 21 日，AA07 版。

［4］《深圳虚拟大学园创新资源利用生态体系研究》，清华大学深圳研究生院，2014。

［5］《深圳将“出产”更多世界 500 强目前已有 7 家上榜》，深圳新闻网，2018。

［6］深圳市统计局：《深圳市统计年鉴 2019》，中国统计出版社，2019。

［7］《深圳科技体制改革重大问题研究》，深圳市软科学研究会，2015。

［8］《深圳市科技服务业发展研究报告》，深圳市科技服务业协会，2015。

［9］《深圳市高技术产业发展情况》，深圳科技创新委员会，2014～2019。

［10］唐莉、胡光元、刘维树等：《创新型城市的基础科研发展评估：基于深圳的实证分析》，《公共行政评论》2017 年第 6 期，第 47～64 页。

B.7 深圳市南山区科技金融发展模式

马丽梅　朱梦菲*

摘　要： 在“大众创业、万众创新”的背景下，深圳作为“先行示范区”率先在金融业创新发展上做出尝试。而深圳市南山区深刻贯彻为实体经济发展创造良好金融环境的政策方针，大力发展科技金融，逐步完善科技金融生态，融合政府、银行等各类主体，以坚实的经济基础和发达的科技手段为支撑，不断丰富科技金融产品。本报告总结了南山区科技金融发展的经验，同时发现其发展依然存在一定问题，如监督体系不完善、传统安全风控需技术升级、人才供应相对不足等。因此，本报告认为南山区还应健全金融监管体系，防范科技金融风险；培养科技金融人才，缓解人才供应不足；优化配置金融资源，促进科技金融深度融合。

关键词： 南山区　科技金融　深度融合创新

一　南山区科技金融[①]发展基础

2016年5月19日，中共中央、国务院印发的《国家创新驱动发展战略

* 马丽梅，管理学博士，深圳大学中国经济特区中心助理教授，研究方向为产业经济学、特区经济。朱梦菲，深圳大学中国经济特区研究中心博士研究生，研究方向为产业经济学。

① 本书对科技金融的定义沿用《中国双创发展报告（2017～2018）》中的描述，这一定义是目前比较权威并得到广泛认可的，取自四川大学原副校长赵昌文在《科技金融》中的表述。即“科技金融是促进科技开发、成果转化和高新技术产业发展的一系列金融工具、金融制度、金融政策与金融服务的系统性、创新性安排，是由向科学与技术创新活动提供融资资源的政府、企业、市场、社会中介机构等各种主体及其在科技创新融资过程中的行为活动共同组成的一个体系，是国家科技创新体系和金融体系的重要组成部分”。

纲要》中提出："创新驱动是国家命运所系，国家力量的核心支撑是科技创新能力。"科技金融是创新体系的重要组成部分，科技创新与金融创新紧密结合是社会生产方式变革的重要引擎。科技金融属于产业金融的范畴，主要是指科技产业与金融产业的融合，是服务于科技研发、成果转化和科技型企业发展的金融活动，包括科技贷款、科技保险、创业投资等。

深圳市南山区深刻贯彻为实体经济发展创造良好金融环境，疏通金融进入实体经济的渠道，积极规范发展多层次资本市场，扩大直接投资，加强信贷政策指引，鼓励金融机构加大对先进制造业等领域的资金支持，推进供给侧结构性改革。大力发展科技金融，利用金融工具促进科技发展，响应"大众创业、万众创新"的号召，以新技术、新制度、新理念来提升区域金融竞争力，促进产业结构升级发展。

（一）政府助力发展科技金融

在"大众创业、万众创新"的背景下，科技飞速发展，日益增长的企业资金需求对金融行业的发展提出了新的要求，因此金融行业急需突破求变。在深圳市南山区这片创新创业的沃土上，科技创新与金融创新开始不断融合，金融行业找到了新的发展模式，科技金融取得了较大发展。为了积极构建科技金融服务平台，大力促进科技资源与金融资本有效对接，南山区深刻贯彻广东省政府先后出台的《促进科技和金融融合结合发展的实施意见》和《推动金融服务创新驱动发展的若干意见》，颁布了《南山区自主创新产业发展专项资金管理办法及各分项资金实施细则》与《南山区科技分项资金（贴保贴息资助计划）操作规程》，旨在支持在南山区注册、具有独立法人资格的科技型中小企业，鼓励其参与区科技局实施的科技金融扶持计划，参与平台评级，并获得支持额度。

关于发展南山区科技金融的政策依据与政策内容（重点支持）见表1。

在现今深圳南山区的经济发展条件下，很多科技型企业的原始积累都很难支持其走到成果完成并推出产品这一步，很多中小型企业在发展之初需要

表1　关于发展南山区科技金融的政策依据与政策内容（重点支持）

<table>
<tr><th>政策依据</th><th>政策内容（重点支持）</th></tr>
<tr><td>《南山区自主创新产业发展专项资金管理办法》</td><td rowspan="3">项目名称：科技金融贴息资助计划
进一步降低区内中小科技企业的融资成本，对纳入南山区科技金融项目支持的区内中小科技企业在贷款过程中产生的利息给予补贴
利息补贴比例不超过企业实际支付利息的70%，对单家企业年度支持总额不超过100万元</td></tr>
<tr><td>《南山区自主创新产业发展专项资金科技创新分项资金实施细则》</td></tr>
<tr><td>《科技创新分项资金科技金融贴息资助计划操作规程》</td></tr>
</table>

资料来源：深圳市南山区科技创业服务中心。政策查询网址：http：//www. szns. gov. cn/、http：//sfms. szns. gov. c/、http：//sonline. szns. gov. cn/。

高额且持续的外部资金支撑以完成研发等创新活动。在“大众创业、万众创新”的号召之下，各地纷纷出台相关政策规划来推动科技与金融融合，南山区也不例外。

早在2007年之始，南山区政府就联合担保机构，为企业提供无息借款；2008年，政府将目光放在中小科技企业之上，直接对其进行产业化扶持。在接下来的几年中，更是利用财政杠杆，促进推出各项科技金融产品，间接参与推动科技与金融融合。2014年，政府搭建了“南山科技金融在线”平台，逐渐将主动权转交给社会机构。《深圳市金融业发展“十三五”规划》明确提出，南山区要增强科技金融功能，推动科技园金融集聚区的建设。近年来，南山区大力度支持科技金融载体建设，支持金融与科技创新融合，微众银行、平安银行信用卡中心、乐信等一批具备金融属性的创新型机构得以蓬勃发展。

科技创新需要金融的服务支持，科技与金融融合有利于促进企业的研发与成果转化，金融支撑着科技的不断创新及高新技术产业的快速发展，而通过南山区科技金融的发展，我们可以看出政府“有形的手”作用巨大。在南山区科技金融的发展过程中，政府充分发挥其服务作用，不断转换角色，跟随企业的发展需求制定不同的相关政策，为企业的发展创造良好的资金环境，充当企业的“领路人”。另外，政府还充分发挥宏观调控的作用，通过税收、财政资金、环境建设等多方面分散金融机构经营风险，引导金融资本向科技创新倾斜、分散，帮助弥补了金融市场偶有失灵的短板，使金融成为科技创新的强大动力，使高新技术企业的科技成果可以快速转化为生产力，促进经济发展。

（二）经济基础支撑科技金融

从经济发展速度来看，南山区地区生产总值在深圳各区中遥遥领先，发展稳中求进，为科技金融发展提供了坚实的经济基础。2019 年，实现本地生产总值 6103. 69 亿元，增长 7. 6% （见图 1），其中第二产业实现增加值 2049. 40 亿元，增长 6. 8%；第三产业实现增加值 4053. 56 亿元，增长 8. 2%；二、三产业比例达到 33. 6 : 66. 4；实现辖区税收 1665 亿元，增长 11. 1%。[①]

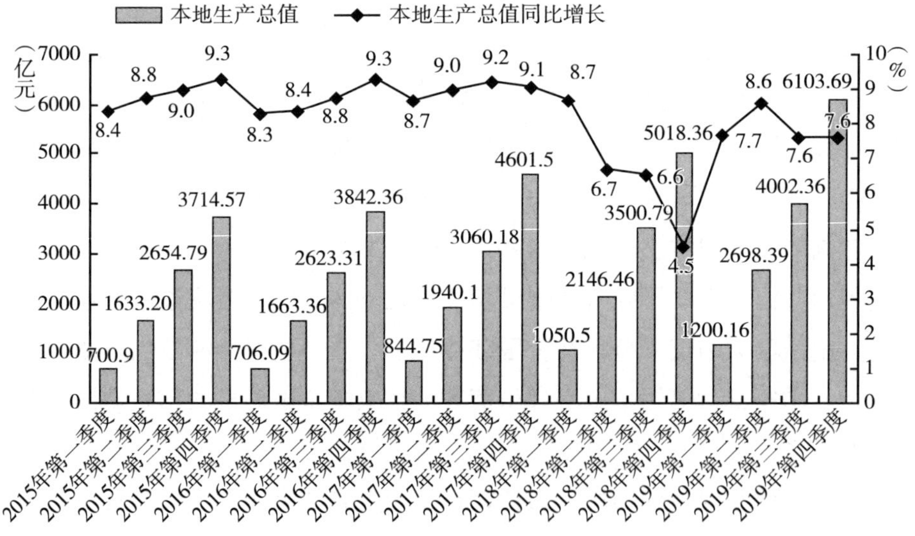

图 1　2015 ~ 2019 年南山区地区生产总值变化趋势

资料来源：《深圳市南山区统计年鉴 2019》。

---

① 南山区政府在线——南山区 2019 年 1 ~ 12 月份主要经济指标表，http：//www. szns. gov. cn/xxgk/qzfxxgkml/tjxx/tjyb/202002/t20200219_ 19018615. htm。

南山区产业结构呈现“三个为主”的特征，见图2。

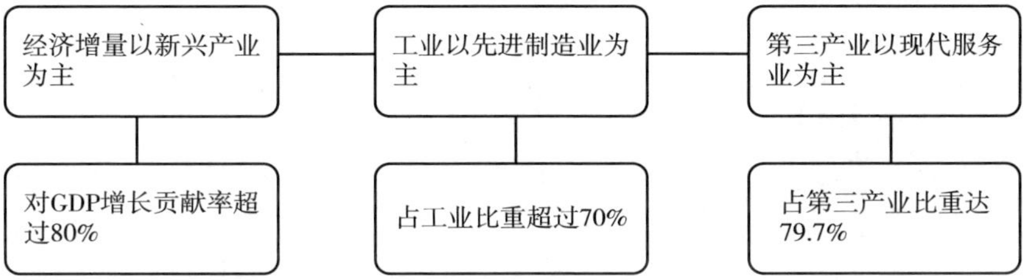

图2　南山区产业结构呈现“三个为主”的特征

资料来源：南山区科技创新局。

从经济发展质量来看，南山区位居全国前列，是全国发展的先锋区，也是国内外知名的高新技术产业集聚区。产业结构上，2018年，南山区战略性新兴产业增加值占GDP比重达60%，专利授权数量从2017年的24589项增加为32271项（如图3），有效发明专利密度为339.48件/万人，获广东专利奖共16项（如图4），各项指标均在深圳各区中占首位；全社会研发投入占GDP比重为4.71%，PCT国际专利申请量占全市39%；第三产业增长12.5%，成为稳增长的压舱石；民营企业总数接近38万家，平均4名常住人口拥有1家企业。

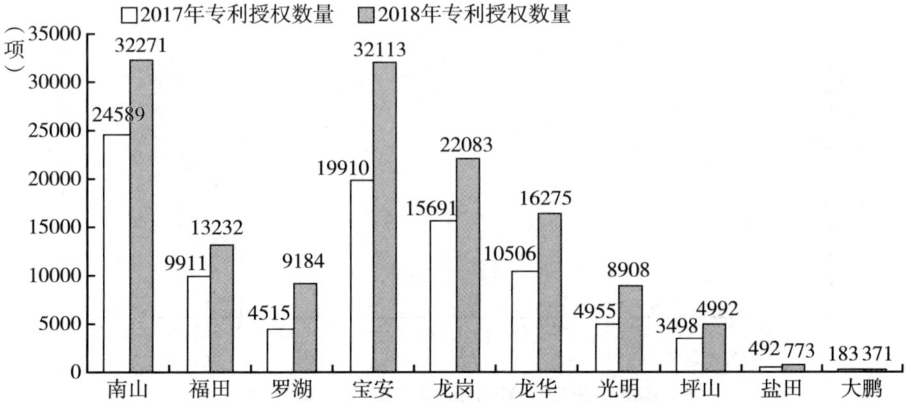

图3　2017~2018年南山区专利授权数量各区对比

资料来源：深圳市统计局发布。

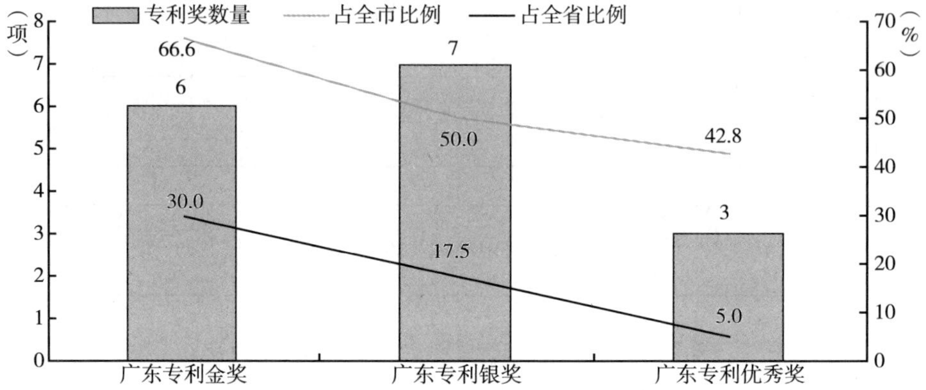

图4　2019年南山区获广东专利奖情况

资料来源：深圳市南山区科技创业服务中心。

目前，南山区国家高新技术企业总数达3579家，拥有海内外上市企业154家，走出了腾讯、华为、平安银行、招商银行等深圳本土世界500强企业。

此外，南山区科技产业创新成绩显著。2019年，南山区企业获奖专利共29项，获评国家知识产权示范、优势企业26家，占深圳全市的68%；获评广东省知识产权示范、优势企业84家，占深圳全市的60%；获知识产权管理体系认证企业500家，占深圳全市的44%（见图5）。更有4家知识

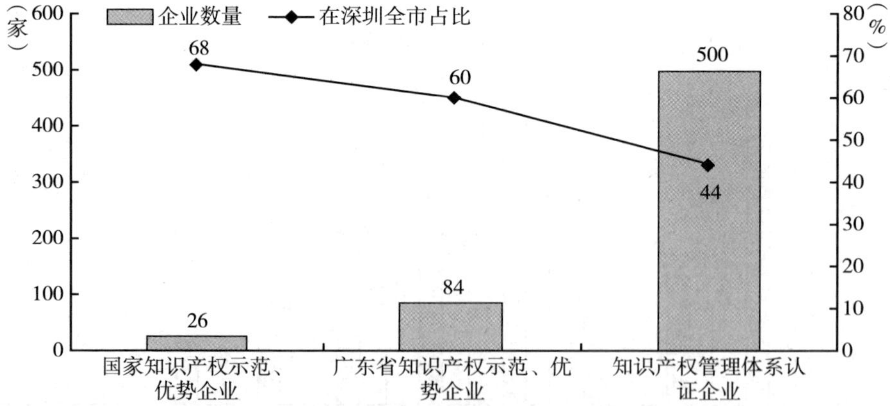

图5　2019年南山区科创企业获奖情况

资料来源：深圳南山知识产权保护中心——南山区2019年知识产权数据，http://www.szns.gov.cn/xxgk/sjfb/sjs/201912/t20191204_18907205.htm。

产权服务机构荣获“全国知识产权服务品牌培育机构”称号，占全市的66%。在科学技术创新的大力支持下，科技金融将在技术上与新产品研发中获得新的突破。

（三）技术平台支持科技金融

2014年11月13日，南山区科技创新局联合深圳中兴网信科技有限公司合作开发的“南山科技金融在线平台”正式上线。平台管理单位南山区科技创业服务中心与运营单位深圳南北互联网金融服务有限公司、中国银行深圳分行、民生银行深圳分行、兴业银行深圳分行、江苏银行深圳分行等合作银行共同签署平台共建战略合作框架协议，在技术平台的基础上设立产业引导子基金10只以上。伴随平台的发布，平台首款面向南山区中小科技企业推出的在线贷款产品——“创新研发贷”同步上线。该产品开创性地将信贷资金投放节点提前到企业项目研发阶段，此举有效提高了区域创新活力，进一步为区域内中小科技企业的创新创业提供有力支撑。此后，2016年，南山区持续完善大数据平台建设，加强互联网金融理论研究，强化金融对科技创新的服务支持；与德勤合作深圳高科技高成长20强项目。

2017年，南山科技金融在线平台持续更新，平台指标不断调整，实现产品标准化，深度探索中小企业评价体系。

2018年，联合金融机构开发线上标准化产品，进一步下沉服务企业群体，实际覆盖小微型科技企业。技术平台的建立及完善推动南山区快速形成科技金融生态圈，充分了解企业需求，创新符合企业需求的金融服务及产品，全方位支撑科技企业融资需求。截至2019年初，南山科技金融在线平台已为区内2290家企业申请到了133亿元的银行贷款。①

科技平台对科技金融的支持图示见图6。

---

① 《南山争当粤港澳大湾区科技创新中心》，深圳新闻网，http：//mini. eastday. com/a/190117114309820－3. html。

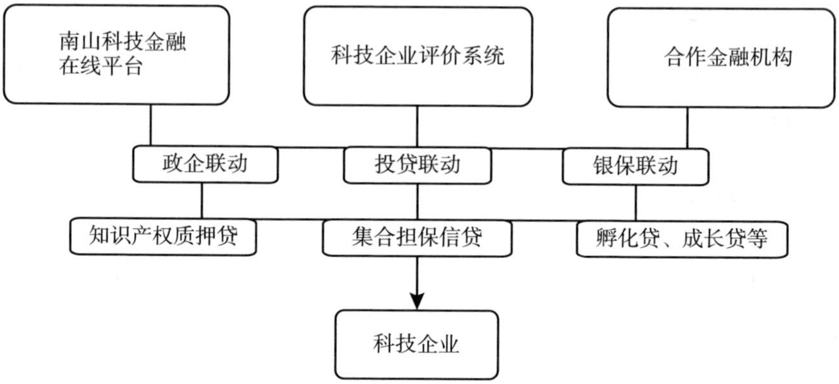

图6　科技平台对科技金融的支持图示

二　南山区科技金融发展新动态

2019年，南山区科技金融发展进入了一个新阶段，新举措不断出台，新成果不断出现，与此同时，科技金融城建设精彩开局，入驻的股权投资基金规模超千亿元，新增浦发硅谷银行深圳分行等19家金融机构。金融业增加值超300亿元，占全市比重增至10%以上，创历年最高，为科技金融的发展树立了一个新典范。

（一）科技金融发展新举措

2019年，南山区在2018年科技金融相关扶持政策的基础上继续完善，推出了2019年南山区科技金融贴息资助计划政策，具体见图7。

该政策2019年与2018年相比，支持对象和行业范围一致，但有关的政策产品变化较明显，主要体现在两个方面：一方面是新型政策产品的出现，2019年添加了“创客贷”和“创业之星贷”，前者适用于位于各类科技创新载体之上的企业，更能体现出创新载体与科技金融投入的融合，后者与创新比赛相连接，为获奖企业提供有效的后续资金支持；另一方面是政策产品限额的提高，2019年“成长贷”的企业销售额上限由2亿元提高至3亿元，

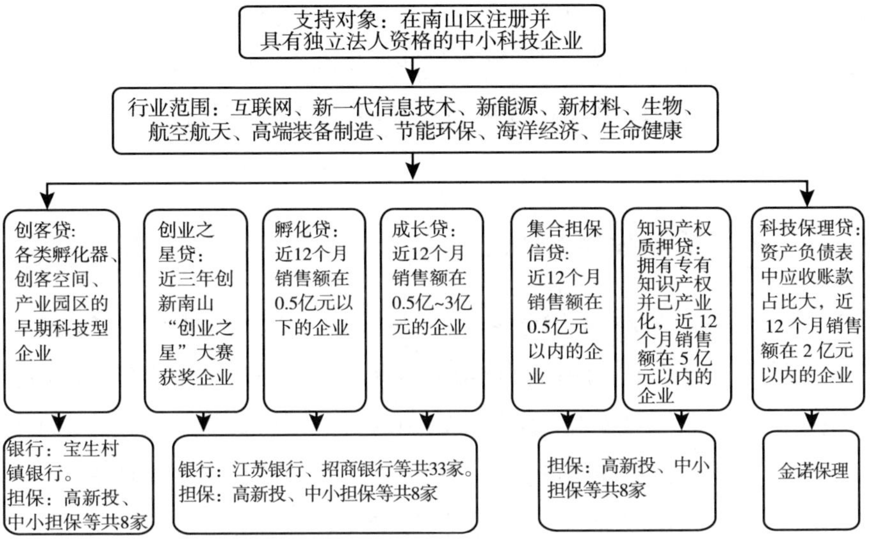

图 7　2019 年南山区科技金融贴息资助计划政策图示

资料来源：《2019 年南山区科技金融贴息资助计划政策简介及申报指引（企业版）》。

“集合担保信贷”的企业销售额上限由 0.3 亿元提高至 0.5 亿元，这将为更多的企业提供贷款可能。

（二）科技金融发展新成果

2018 年，南山区新落户银行、证券、保险公司等重点金融机构 19 家，持牌金融机构数量达 87 家，较上一年增加 14.5%。[①] 金融业增加值为 304.62 亿元，增长率为 3.5%。[②] 2019 年第一季度，全区金融业增加值为 102.15 亿元，增速为 16.5%，占全市金融业增加值的比重提升至 13% 左右。截至 2019 年，南山区培育上市企业 151 家，现有上市企业 157 家，上市企业数量稳居深圳第一、全国区（县）第二；“新三板”挂牌企业有 177 家，约占全市 30%，已备案的拟上市企业有 300 余家。目前，南山区正在

① 数据来源于 2019 年 1 月 25 日在深圳市南山区第七届人民代表大会第五次会议上南山区发展和改革局局长唐朝晖的《深圳市南山区 2018 年国民经济和社会发展计划执行情况与 2019 年计划安排草案的报告》。

② 《深圳统计年鉴 2019》。

围绕深圳湾超级总部基地和后海金融商务总部区打造金融总部集聚区；重点开展南山科技金融城招商推广，联手打造产融结合项目典范；全力支持前海深港现代服务业合作区引进外资机构及开展“归巢”计划，打造跨境金融中心。

（三）科技金融发展新典范

2018 年 3 月，在 2018 年全球 Fintech 投资（中国—深圳）峰会暨南山科技金融城发布仪式上，南山科技金融城项目首次面向全球推广。南山科技金融城项目，是由华润置地和深圳市南山区人民政府筑梦十二载，携手打造的推动南山科技金融发展的产城融合示范项目。该项目旨在聚合华润置地产业资源优势及城市运营能力，聚集中大型金融机构，打造“产、学、研、投、创”五位一体全产业链体系。南山科技金融城运营模式见图 8。

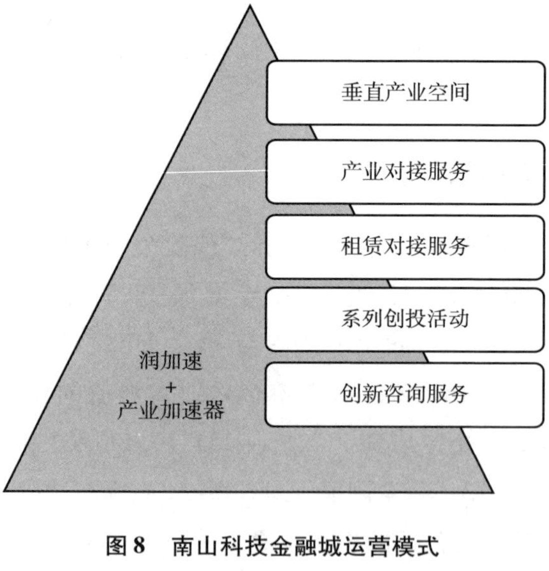

图 8　南山科技金融城运营模式

作为南山科技金融发展的新典范，南山科技金融城于 2019 年 6 月全面落成，为深圳科技金融发展提供了新机遇。空间上，南山科技金融城处在南山传统金融与科技硅谷的交界面，为企业提供中国硅谷级的广阔视野，近距离感知未来技术大变革时代的潮起潮涌；运营模式上，其为“城市综合投资开发运营商”的重大代表作，拥有极为丰富和完善的商业配套服务，为企业进驻提供了生活和资源便利。南山科技金融城发展历程见图9。

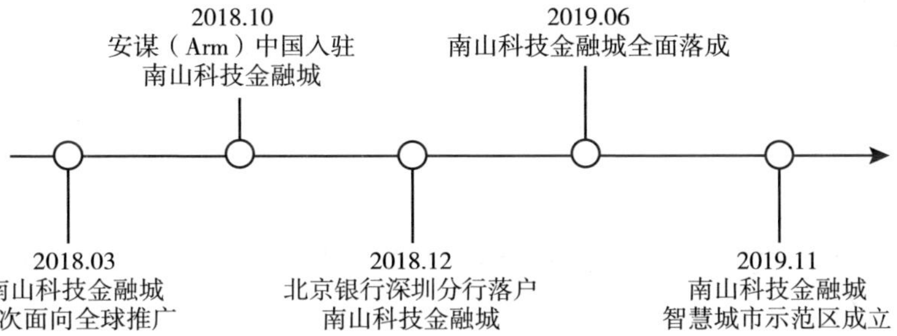

图9　南山科技金融城发展历程

南山科技金融城凭借自身全产业链的创新优势，以及全生态商务圈与高品质的全链条式现代服务，为入驻企业争取了最高80%的政府补贴。它已吸引了北京银行、汇丰银行、平安银行信用卡中心、华侨永亨银行、中国工商银行科创企业金融服务中心、华林证券、大都会人寿等一批知名金融企业，同时，还吸引了安谋（Arm）中国、松下机电、ThoughtWorks、ABB、亚马逊等著名科技企业和全球领先的商业战略咨询机构波士顿咨询公司（BCG）、环球律师事务所、全球知名建筑师事务所 Foster + Partners 等现代服务企业。2019年11月27日，华润置地联合华为、电信等进行试点，建立南山科技金融城智慧城市示范区，持续为南山树立科技金融新典范，引领科技金融高质量发展。

金融根植于深圳的创业土壤中。改革开放至今，无数金融政策、业务等在深圳率先尝试，无论是外汇调剂中心还是跨境人民币等，都在深圳先试先行，然后推广至全国。如今，从“试验田”、“排头兵”、“先试先行”再到“先行示范区”，深圳的金融创新进入了新的阶段，而南山区作为深圳的创新先驱，率先突破边界，在以科技、智慧、开放为导向的金融创新浪潮中总结经验。

三　南山区科技金融发展目前存在的问题

南山科技金融在各类主体发挥所长、通力合作之下已逐渐步入轨道，但是在快速发展的同时，也不可避免地出现了一些问题，主要表现在对科技金融市场的监督、对金融科技风险控制的技术要求以及对相关专业综合性人才的渴求上。

（一）科技金融市场监督体系不够完善

南山区的创新创业环境十分宽松，政府对科技金融给予的政策支持力度也较大，这使南山区在成为中小微科技企业扎根的良田的同时，亦不可避免地受到科技金融市场监督体系尚未完善的问题的影响。在金融支持上，许多非法团体以虚拟经济、"互联网 +"、金融创新为掩护，私下进行非法集资活动。少数号称"P2P"的企业利用种种障眼法，骗取客户钱财，具有很强的社会危害性。例如 2018 年 8 月，深圳市公安局南山分局通报了辖区内涉嫌非法集资犯罪与非法吸收公众存款的网络平台案件进展。深圳市公安局南山分局通报了 9 起案件，其中，7 起案件涉及网贷机构。根据通报，钱富宝、投之家、普银、趣钱、吆鸡理财、金融圈、零钱罐均被点名。而反观科技创新企业方面，有许多资质不符的企业也在浑水摸鱼，以虚假创新骗取贷款。若南山区不对申请融资的企业加强风险评估并严格筛选，就会存在资金误投的情况，这不仅浪费资源，更影响科技金融的发展效率，如若不加以重视，给投机者可乘之机，市场将会受到不正之风的影响，从而破坏整个科技金融市场的良好发展。

（二）传统安全风控需要技术升级

金融行业直接与利益挂钩，因此其操作的风险性不可避免。科技金融在不断发展、不断改变金融业态的同时，也对传统的安全风控提出了种种挑战。科技金融系统与平台数据体量巨大，伴随着利益的增加，数据的附加价值逐渐攀高，信息泄露的情况也出现得越来越频繁，大量黑客通过破坏金融系统偷盗信息来牟利，盗刷信用卡、冒用身份信息、骗保骗贷等案例不胜枚举。在信息开放、金融业务场景变化和金融支付方式更新方面，恶意请求、暴力破解每天都在发生，这向科技金融行业安全风控的技术手段提出了新的挑战，如何有效避免黑客对金融数据库进行破坏仍是南山区金融行业需要研究的重要课题，传统安全风控的技术升级依然离不开优秀的科技金融企业与人才。

（三）科技金融人才供应相对不足

高端科技专业人才为科技创新的技术发展提供了支撑，但是要实现科技创新与科技金融的协同发展，必须要有既懂科技又懂金融的专业型复合人才的支持。科技金融人才不仅要精通金融专业知识，也需要掌握科技专业知识，可以根据科技发展的需要，提供新的金融产品与服务，以满足不同层次、不同阶段的科技型企业的资金需求。南山区在科技金融与科技创新发展过程中，对科技金融产业的发展给予了较高的重视，但在科技金融人才的培养上还有短板，造成了目前科技金融人才严重的供不应求的局面。一方面，深圳的基础教育相较于其他一线城市而言略有欠缺，高校的数量不足导致本地人才培育输送难以满足本土企业发展的用人需求，人才结构也略显单一；另一方面，由于本地人才的数量不足，结构不优，深圳需要从外地引进人才，首先，在各地采取措施“抢人”的情况下，人才引进的成本大大增加，其次，深圳的生活成本较高，教育及医疗配套尚需进一步完善，虽然有诸多人才引进优惠政策，深圳的综合人才吸引能力仍有较大提升空间。科技金融综合人才队伍建设的相对滞后影响了科技创新发展与金融创新协同的脚步，造成科技金融对中小型科创企业发展驱动力不足。

四　南山区科技金融未来发展建议

现今，在大数据应用走向跨界融合之际，南山区科技金融发展将更加关注安全稳定与风险防控问题，这就对监管科技提出了新的要求。与此同时，人才供应不足问题也逐渐暴露，因此，要更加完善金融行业资源配置，注重人才培养，以求更高效地发展科技金融。

（一）健全金融监管体系，防范科技金融风险

习近平总书记在党的十九大报告中强调："深化金融体制改革，增强金融服务实体经济能力，提高直接融资比重，促进多层次资本市场健康发展……健全金融监管体系，守住不发生系统性金融风险的底线。"这是习近平新时代中国特色社会主义思想在金融领域的根本要求，是做好新时代金融工作的根本遵循和行动指南。相对于科技金融，传统金融监管存在时滞、方式单一等问题，监管的主体与客体之间存在时间、空间、逻辑上的不对称，因此，金融行业对以大数据和云计算为基础的科技金融监管技术的渴求日益增加。例如，借助科技金融信息平台可以对企业各方面进行详细的风险侧写描述，监督平台可以方便快捷地提取更为细致的企业动作实况实时监测，这符合国务院"穿透式"办法的要求。南山区金融监督机构应当与相关安全企业进行分工合作，共同打造金融安全监管平台，以此弥补机构在技术上的不足，在数据处理的全流程上创新一套行之有效的办法。目前腾讯安全已与地方金融监督管理局开始了试验，持续强化监管科技在金融监管中的作用，将有力提升渗透式监督的风险控制水平和技术防控能力，真正发挥出此举的优势，增强科技金融监管的专业性、整体性与渗透力，深刻贯彻习主席"守住不发生系统性金融风险的底线"的理念。

另外，如今的金融安全问题呈现出多样化、频繁化、复杂化的特征，这就对接触科技金融的相关人员提出了新要求。首先，科技金融的客户端需积极主动了解与科技金融相关的安全知识，提高警惕，才能够识别身边的金融风险，并快速向相关部门寻求帮助。其次，科技金融机构内部要建立相互监督机制，提高从业人员道德水平，从各个角度增强南山对金融安全问题的发现、控制及解决能力，以促进南山区科技金融稳步高效发展。

（二）培养科技金融人才，缓解人才供应不足

为更好地发挥科技金融对科技创新的支持，实现科技金融与科技创新的协同，必须加大力度培养综合性科技金融人才。建立综合性科技金融人才培养中心，整合各领域高素质人才资源，并充分挖掘创新型人才潜能，开发多样化的科技金融人才与服务需求；搭建科技金融综合性人才信息交流平台，通过高端复合人才的合作交流，实现科技型企业、科技金融机构与人才的有效匹配，有利于实现人才价值的最大化利用，有效化解高素质人才严重供应不足的尴尬局面；构建物质与精神有效结合的科学人才激励机制，大力引进高素质人才，激发其创新热情，开发更优质的科技金融产品与服务，提升科技金融领域与科技创新企业的创新效率；深入推进高等教育人才培育的供给侧改革，进行人才培育模式的改革与创新，确保人才的培育与社会的需求可以实现更加有效的对接，培育大量的高端复合型科技金融人才，提升人才供给与市场需求的精准对接度，为科技创新发展注入新的活力。

对于金融机构而言，培养具有优秀团队协作能力且能够对可能出现的问题时刻保持警惕的人才同样重要。机构应当定期对工作人员进行培训，并给予考核，将考核成绩与绩效挂钩，以提高员工的工作效率；对发现风险者可给予奖励，以充分发挥员工工作的主观能动性。

（三）优化配置金融资源，促进科技金融深度融合

南山区应当继续促进要素集聚，合理配置金融资源。首先，促进金融供给主体创新性转型，例如加快商业银行进一步扩大科技特色支行的规模的速度，针对科创企业进行更为专业化的点对点服务。在原有的信托、保理机构基础上，继续引进新型金融机构，完善中小金融机构体系，发挥其在支持实体经济中的重要作用。以南山科技金融城、后海金融圈等为媒介，引进金融资源赋能科创企业，以加速南山区的产业结构升级调整。其次，拓宽金融供给渠道，进一步鼓励科技金融相关机构发展，鼓励平台创新、产品创新，以及发行模式创新。推动发展中小企业知识产权等资产证券化业务。最后，完

善多层次的普惠金融服务。积极开展科技企业投贷联动业务试点，在现有科技金融产品为中小科技企业服务的同时，继续研发新型金融产品，以充分缓解融资担保压力。提升金融业支柱地位，集聚天使投资、创业投资和股权投资，大力发展金融科技、消费金融、财富管理、绿色金融等新金融，探索设立科技金融租赁、科技保险法人机构，增强金融支持科技创新、服务实体经济的能力，并与知名研究机构探索共建科技金融、量化金融实验室，促进科技与金融深度融合。

参考文献

[1]〔英〕苏珊娜·奇斯蒂、亚诺什·巴伯斯：《Fintech：全球金融科技权威指南》，邹敏译，中国人民大学出版社，2017，第34~58页。

[2]〔日〕柏木亮二：《FinTech：金融科技指引未来》，姚待艳译，人民邮电出版社，2019，第52~56页。

[3] 李伟：《中国金融科技发展报告（2019）》，社科文献出版社，2019，第24~28页。

B.8
深圳视角下中国双创发展现状及挑战

李　桐*

摘　要： 深圳双创一直走在全国前列，2015年以来短短5年多时间里，深圳在双创方面的受关注度越来越高，“创新之都”的名气也越来越响。目前深圳面临抢抓建设粤港澳大湾区和建设中国特色社会主义先行示范区“双区驱动”的重大历史机遇，以双创引领大湾区内各城市区域协同创新、融合发展成为当前最迫切的工作。本报告从深圳的双创发展和粤港澳大湾区建设中深圳的地位着手，分析双创发展现状及挑战，并在积极参与顶层设计、整合湾区创新要素市场、构建创新共享平台、融入全球创新生态和科学技术体系等方面提出建议。

关键词： 双创　深圳　粤港澳大湾区

自2014年9月李克强总理公开号召“大众创业、万众创新”以来，国务院陆续出台了《国务院关于大力推进大众创业万众创新若干政策措施的意见》《关于发展众创空间推进大众创新创业的指导意见》《关于加快构建大众创业万众创新支撑平台的指导意见》《关于加快众创空间发展服务实体经济转型升级的指导意见》《关于建设大众创业万众创新示范基地的实施意

* 李桐，经济学博士，深圳大学中国经济特区研究中心讲师，研究领域为经济特区发展与比较研究。

见》等一系列重要文件，为双创在中国的发展提供了难得的契机和重要的制度支撑，通过双创推进建立创新创业平台，建设众创、众包、众扶、众筹的“四众”新模式，加快新技术、新模式、新业态发展。深圳经济特区是中国民营经济发展最具活力的地区之一。2019 年，深圳面临抢抓建设粤港澳大湾区和建设中国特色社会主义先行示范区“双区驱动”的重大历史机遇，在多年来积累的双创发展经验基础上，不断提升双创发展质量，为全世界有志青年创造有利于创新、创业、创造的发展环境，共享“双区驱动”带给深圳经济特区的发展机遇和成果。

本报告以 5 年多来深圳双创发展实践为切入点，简述中国双创发展情况，重点分析深圳双创发展现状，通过深圳市及其所辖双创重点区域对双创实践和发展环境的营造，管窥中国双创发展进程，探索中国双创未来发展趋势和面临的挑战。

一　双创在中国总体发展情况

2020 年是深圳经济特区成立 40 周年，这个中国改革开放的窗口以“深圳速度”取得了许多中国经济发展的第一，深圳的发展史也可以被看作中国民营经济的创业史，它从一个边陲小渔村成了中国最具代表性的创业城市，“拓荒牛”的创业精神被众人称赞。

李克强总理说，双创让人的聪明才智和活力得到充分展现，让大家有纵向上升的平等机会。在国家支持以及省市相关政策的大力推动下，自从 2016 年 10 月全国双创活动周在深圳举办以来，双创精神注入深圳，再一次掀起了深圳全民创业的新浪潮。全国各地纷纷营造创新、创业、创造的浓厚氛围，各种创业项目、风投资本及产业资源等也纷纷聚焦在青年创业项目上。2016 年以来，国务院分两批部署了 120 个国家级双创示范基地，为创新、创业、创造的蓬勃发展发挥了巨大作用。双创示范基地的建立进一步激发了市场主体活力，通过打造创新创业专业化服务平台，强化了对中小企业持续创新创业、精益创新创业的支撑，有力提升了中小企业的市场竞争力。更为重要的是，双创示范基地通过中小企业的广泛参与，倒逼大中型企业和外资企业转变原有发展模式和生产方式，积极主动对接中小企业和市场需求，加大科技创新投入力度，与中小企业形成技术创新引领产业转型升级的良性发展局面。

（一）中国双创发展总体情况

2016 年，国家批准建设了首批 28 家双创示范基地，目前，分两批次累计设立了 120 家国家级双创示范基地，它们已经成为引领中国双创实践的重要平台。2019 年 11 月，国家科技部对 1949 家国家备案众创空间的资格条件进行了重新复核，其中 1888 家众创空间符合国家备案资格，60 家众创空间被取消资格，使得国家层面对众创空间的考核与评价实现动态化，不断淘汰不适应市场需求的平台，增加符合当今时代发展需要的新经济、新业态。与此同时，全国各地区相继推出省级、市级甚至区级示范基地与众创空间项目和平台，在全国范围内营造了有利于双创发展的环境。其成效与作用不仅在国内获认可，更逐渐为国际社会所熟知，许多外国青年和来华留学毕业生相继进入创业平台，在华追逐自己的创业梦想。

作为全国改革开放的排头兵，上海依托具有全球影响力的科技创新中心建设，基本形成通过创新带动创业、创业促进创新的格局，双创的新引擎作用、新动能效应逐步显现。双创环境不断升级，全市各类众创空间孵化器已超过 600 家，90% 以上为社会力量兴办，覆盖 38 万多名科技类创业者。同时，上海依托高校和科研院所的雄厚力量，建立杨浦区、徐汇区、复旦大学、上海交通大学、上海科技大学、中科院微系统所、宝武集团等 7 个国家级双创示范基地，带动全市双创共同发展。2019 年 4 月，浙江省政府印发《关于推动创新创业高质量发展打造“双创”升级版的实施意见》，从生态、主体、带动就业能力、动能、平台、投融资服务六个方面推动浙江双创升级。

双创成为各地支持科技创新、稳定就业以及带动地方经济发展的重要支撑，成为许多城市解决“一揽子”问题的中坚力量。2019 年 6 月，国务院召开常务会议，提出按照创新驱动发展战略要求把大众创业、万众创新引向深入的措施，一是发挥双创支撑就业的重要作用，提供更多适应高校毕业生、退役军人等重点群体就业需求的岗位。深化“放管服”改革，制定《优化营商环境条例》，降低创新创业成本。二是发挥双创促进科技创新的独特作用。支持双创示范基地在科研立项实施、成果确权和转化等方面先行先试。加快落实研发费用按 75% 比例税前加计扣除的政策，并研究加大政策力度。三是支持打造双创平台，推动大中小企业融通发展。完善股权、薪酬等激励机制，促进各类企业协同创新。四是推动“互联网 +”升级。加快发展工业互联网，拓展“互联网 +”在医疗、养老、教育等社会领域的应用。五是引导金融机构降低小微企业融资实际利率和综合成本，将小微企业不良贷款容忍度从不高于各项贷款不良率 2 个百分点放宽到 3 个百分点。鼓励风投、创投加大对双创的支持力度。支持创业孵化机构、创投企业发债融资。《中国创业孵化发展报告 2019》显示，截至 2018 年年底，全国创业孵化机构总数达到 11808 家。其中，科技企业孵化器共计 4849 家，同比增加 19.2%；众创空间共计 6959 家，同比增长 21.3%。区域示范基地技术合同成交额为 72 亿元，高校和科研院所示范基地成果转化交易额为 74 亿元，同比增长均超过 40%。高新技术企业达到 18.1 万家，科技型中小企业突破 13 万家，全国技术合同成交额为 1.78 万亿元，创孵机构内的创业企业和团队有 62 万个，直接带动 395 万人就业。在高校毕业生和返乡农民工身上，创业带动就业效应更为显著。国家发展改革委员会已会同有关部门分三批在全国 341 个县、市、区开展了支持农民工等人员返乡创业的试点工作。目前 341 个试点地区返乡创业人员有近 200 万人，带动就业人数超过 700 万人。在试点地区带动下，全国返乡创业人员已超过 800 万人，带动就业人数在 3000 万人左右。① 国家发展改革委员会明确提出，要通过创业带动就业，深入推进实施双创升级版，大力发展新产业新业态，提供更多就业岗位，通过精准招商引导返乡创业集约集聚发展，加大财税支持力度，强化融资、用地、人才等要素保障。

---

① 《“双创”引领新一轮促就业政策加码升级》，http：//www.naddc.org.cn/hdz/news/65785.html。

在国家政策推动下，各地方层面也积极行动，密集出台相关政策，从奖励补贴、税收优惠、融资等各方面提供创业和就业支持。国家发展改革委员会会同浙江、上海、江苏、安徽三省一市，组织召开长三角一体化创新创业合作推进会，提出三省一市要形成工作合力，在创新创业要素流动和统筹协调等方面探索新机制、新模式。广东省则计划构建以粤港澳大湾区（广东）创新创业孵化基地为龙头的“1＋12＋N”孵化平台载体布局，构建全方位多层次政策支撑体系，推进创新创业政策协同。

（二）深圳双创发展进程及现状

深圳从2015年参与全国双创活动周起，已经连续举办了五届全国双创活动周，以此平台开启了深圳双创进程。此后，在深圳市科创委和各区政府共同努力下，深圳双创发展势头迅猛。在首批28个国家级示范基地中，深圳市南山区和招商局集团有限公司入选。目前，深圳市共有五个单位入选，第二批三个单位分别是深圳市福田区、中国科学院深圳先进技术研究院和腾讯公司。可以看到，深圳入选的类型较为多样，既有独立的市辖区，也有企业和科研机构。就企业和个人发展而言，深圳的突出优势表现在区位、制度、资本以及良好的发展环境等方面。

可以说，深圳经济特区从40年前创立至今，珠三角中心城市以及毗邻香港的独特区位成为独一无二的地域优势，在深圳推进双创的进程中，无论是资本、人才，还是管理体制及经验等，都有吸收借鉴香港的地方。同时，综合背靠内地市场和丰富人才储备的优势，强强联合使深圳经济得以快速发展。比如位于深圳前海自贸区的前海深港青年梦工场，就是为深港两地有志创业青年量身打造的双创基地，它已经被香港特区政府认定为首批“粤港澳大湾区香港青年创新创业基地”，入驻基地的香港青年创业团队可申请享受香港青年发展基金“粤港澳大湾区创新创业创意基地体验资助计划及创业资助计划”资助。这样，入驻前海创新创业的香港青年可同时享受到深港两地创业优惠政策，极大地提高了香港年轻人创新创业的热情。

制度创新也是政府部门鼓励双创发展的重要支撑点。作为外来人口占多数的移民城市，“来了就是深圳人”是深圳最具包容性的品格，深圳也是一线城市中唯一没有户籍限制的城市。深圳市委市政府制定出台创新驱动发展的若干意见和促进创客发展的若干措施，制订行动计划，推动双创工作健康发展。设立了3亿元创客专项资金，通过财政资源投入调动社会资本共同参与；以“众扶”的方式推动双创人才、平台和载体的建设；以“众包”的方式，通过支持、资助，以及社会的扶持，为创客空间建设提供支持；通过“众筹”的方式为双创企业提供金融支持。深圳市委市政府2015年正式下发的《促进创客发展若干措施（试行）》的通知，开启了深圳支持双创发展的制度化之路，随后于2016年推出一系列举措支持双创发展，包括《关于支持企业提升竞争力的若干措施》和《关于促进人才优先发展的若干措施》，加大了深圳对企业及人才的吸引力，2016年8月印发《深圳市人民政府关于大力推进大众创业万众创新的实施意见》（以下简称《意见》），形成支持双创发展的制度环境。《意见》从总体思路、创新体制机制、优化财税改革、创新金融服务、扩大创业投资、构建创业生态、建设双创平台、激发创造活力、促进线上线下融合、完善协同机制等10个方面制定34条实施意见，并针对每条措施指定任务分工和进度安排，切实将措施落到实处。此后，深圳市政府不断加大支持力度，先后出台了《促进科技成果转移转化实施方案》《深圳市产业发展与创新人才奖实施办法》《深圳高新区政府投融资园区产业用房租金减免办法》等。2018年，为进一步支持深圳高校、科研机构、企业与香港高校和科研机构开展科技合作，促进科研资金便利流动，推动粤港澳大湾区产学研融合，深圳市政府制定了《深圳市“深港创新圈”计划项目管理办法（试行）》。基于深港两地政府关于“深港创新圈”的合作协议，深圳市政府对符合“深港创新圈”计划的四类项目给予最高300万人民币的资助。2020年2月，深圳市政府印发《深圳市科技企业孵化器和众创空间管理办法》（以下简称《管理办法》），以科技型初创企业为主要服务对象，通过提供创业场地、共享设施和专业化服务，建立能降低创业成本、提高创业存活率、促进企业成长的创新创业支撑平台，推动深圳科技企业孵化器和众创空间高质量发展，构建良好创新创业生态。《管理办法》规定，对获得国家级、省级认定的孵化器，深圳市科技行政主管部门一次性分别给予100万元、50万元奖励补助；对获得国家级、省级备案的众创空间，深圳市科技行政主管部门一次性分别给予50万元、25万元奖励补助。

深圳市所辖各区也纷纷制定相关扶持政策，支持各区科技园区、双创平台和孵化基地建设。深圳市南山区和福田区作为国家级双创示范基地，均制订了各自的建设工作方案，福田区双创示范基地所取得的建设成效连续3年受到国务院办公厅通报表彰，成为一线城市中入选的具有典型示范作用的区级政府单位。2018年全区已建成众创空间、平台20家。其中，2018年中芬设计园新入驻港澳台企业3家，吸引投资金额3360万元；中电信息国际创客中心新引进企业和团队40家；赛格众创空间孵化港澳台团队10家，引入投资金额4500万元。华强上步片区依托赛格众创空间示范带头作用，已集聚4家国家级众创空间、4家深圳市级众创空间，形成华强北辐射华强南的创新生态圈，福田区新的创新创业基地正在孕育之中。粤港澳青年创新创业工场（福田）投入运营，其采用“1+N”互动合作运营模式，“1”是指深圳市深港科技合作促进会作为运营管理机构，“N”是指福田区各相关部门为来福田创业的香港、澳门青年提供创业、住宿、培训、交流等一揽子服务，引导他们在福田扎根、成长、成才。人工智能、生物医疗、物联网等产业领域已有一批高新科技创业团队入驻。粤港澳青年创新创业工场（福田）已成为粤港澳创新创业青年的聚集地，它助力青年追梦圆梦，促进三地优势互补和融合发展。

南山区根据企业需求及时修订该区自主创新产业发展专项资金“1+7”文件，推动完善政策措施，逐步加大对双创的政策、资金的支持力度，2018年累计兑现扶持资金超17.7亿元。加强南山区政策性产业用房保障，有效解决企业空间需求，5年内可提供约100万平方米产业空间，多个省部级重点实验室落户园区。位于南山区的西丽湖国际科教城引领粤港澳大湾区源头创新，已有7所高等院校、2所省级实验室、4所诺奖实验室入驻科教城，各类创新载体数量已达368个。截至2018年12月，南山区双创示范基地共有孵化器和众创空间245家，孵育面积近130万平方米，孵化企业逾万家，两年增长3倍。其中国家级科技企业孵化器有10家、国家备案众创空间有54家。现已形成创投孵化器、高校成果转化驱动型众创空间以及垂直领域专业众创空间等典型模式。

金融业一直是深圳经济发展的重要领域，国内超过1/3的风投公司选址深圳，主要集中于深圳南山区。南山区通过政府引导，创新科技金融服务模式，构建科技金融生态系统。2018年，科技金融帮助企业获得44.26亿元的贷款支持，总贷款数为866笔，平均单笔贷款金额为511.09万元。在市场主导下，社会资本投入双创。南山区政府成立了深圳市汇通金控基金投资有限公司，截至2018年年底，已过会基金有36只，过会出资金额约为72.1亿元，撬动973亿元基金规模在南山区注册，撬动比例达到13.5倍。以“双创天使+PE”基金为抓手，服务南山科技创新。目前已设立双创基金13只，双创基金总规模为68亿元。以上市公司母基金为抓手，服务南山总部经济，投资范围覆盖上市企业并购基金、创新创业基金等。①

作为改革开放前沿城市，创新早已根植于深圳企业和个人意识中。作为中国最早开启市场化进程的城市，深圳与创新意识密切相关。改革开放带来市场化，公平竞争的市场化改革激发创新活力和创业激情。无论是诞生于改革开放初期的华为、腾讯，还是深化改革进程中创立的大疆、光启等新兴科技企业，创新意识都深深根植于深圳这片土壤中。深圳众多中小科技创业公司将不断成长壮大，成为下一个华为、腾讯。正是这种浓厚的创新氛围、随处可见的成功的创业案例，给无数拥有创新意识和创业激情的后来者带来强烈的创业信心。深圳的创新土壤已经很肥沃，形成了创新意义上的信息链、产业链、生态链，无论是具有多少异想天开的新奇想法的人，在深圳都有可能找到志同道合的伙伴，同时更重要的是，能找到合适的上下游产业链为其提供资源和市场，产业链上的互补与创新也体现了深圳双创产业的良性发展。

在搭建平台、完善创新全产业链基础上，深圳市政府还将注意力集中到

---

① 国家发改委：《深圳南山区：〈发扬特区精神打造国际一流双创高地〉》，http：//gjss. ndrc. gov. cn/tbxwx/201908/t20190807_ 943991. html。

了对创新成果的保护上，即加大保护双创知识产权的力度。2018 年 8 月，广州、深圳、东莞三市知识产权局签署《广深科技创新走廊知识产权保护合作备忘录》，旨在贯彻落实广东省《广深科技创新走廊规划》，着力打造广深科技创新走廊知识产权保护高地，促进科技创新，为提升三市的国际竞争力、影响力提供服务保障。2018 年 12 月，深圳市六届人大常委会第二十九次会议表决通过《深圳经济特区知识产权保护条例》，这是全国首部综合类知识产权保护条例，为实施最严格的知识产权保护提供了有力的法律制度保障。与此同时，国家级知识产权保护、运营双中心在深圳落地。打造知识产权强市样板平台，对深圳推进知识产权强企建设、促进高质量知识产权创造、打造知识产权保护高地、实现“四个走在全国前列”具有重要意义。在一系列措施共同作用下，深圳在知识产权方面取得了相应回报。2018 年，深圳汇聚了中国内地 29% 的专利数量，多年位列第一。

二　双创发展面临的挑战

从 2015 年国务院出台《国务院关于大力推进大众创业万众创新若干政策措施的意见》算起，双创在中国系统性发展不过五年多时间，从前期的政策制定、机构组织建立，再到各地方双创平台蓬勃发展，表明了从中央到地方对双创工作的认可，重视程度不断提升，各地也逐渐认识到双创在带动就业、提升科技创新能力、促进国有企业转型等方面的巨大作用，同时意识到，前期密集出台的政策和各地兴建的双创平台，在促进创新创业的同时，也出现了大量同质化扎堆现象，后续问题也随之产生。比如随着政府前期投入规模不断加大、个别地方的社会资本并未跟进，政府前期巨额投入并未带来预期回报。特别在三四线城市，许多双创平台建立后空置率居高不下，一二线城市对人才的吸引力对三四线城市产生“挤出效应”，双创平台空置率上升反过来抑制了地方政府的双创投入，在前期投入成本无法收回的情况下也影响了后续投入，双创平台建设不得不简单维持下去，后续项目被搁置，甚至对地方财政产生拖累。

（一）普遍问题与挑战

综合五年多来双创在中国的实践，双创在缓解就业压力，激发创新热情，释放潜在经济增长动能方面的确具有重要作用，有数据显示，我国平均每天约有一万家企业诞生，但与此同时也有成百上千家企业面临经营失败的风险。在鼓励创新方面，如何于宽容失败之间找到战略平衡，是个很难解决的问题。上海市在制定《上海市推进科技创新中心建设条例（草案）》（以下简称草案）过程中，明确将“营造鼓励创新、宽容失败的社会氛围”写进条例中，对创新失败的创新主体不做负面评价。草案修改稿第55条做出特别规定：“单位和个人在推进科技创新过程中，未能实现预期目标，但依照法律法规以及国家和本市有关规定决策、实施，且勤勉尽职、未谋取私利，不做负面评价，依法免除相关责任；单位和个人承担探索性强、不确定性高的科技计划项目，未能形成预期科技成果，但已严格履行科研项目合同，未违反科研诚信要求，不做负面评价。”在鼓励创新、宽容失败方面，许多城市能给予宽容和理解，上海通过制定条例又向前迈出了一大步。

鼓励创新、宽容失败，更应建立在双创人员素质与能力的不断提升上，否则会面临巨大的道德风险问题。创新创业的过程是艰难的，从创业者角度看，能做出创业决定无疑需要承受巨大压力，创新过程中更是经历无数次不同程度的失败，最终也未必能成功。前期头脑中的创意与现实生活中的应用也是存在差距的，这一过程中，创新创业者个人的素质与能力无疑要经受巨大考验。在双创初期，创业者及其团队要独自承受这一切，外界能给予的帮助无法从根本上缓解其自身困境，只有在创业过程中不断提升自身和团队的综合素质与能力，才有可能成功，这也成为制约许多创业者的一大障碍，许多创业者正是因为承受不住创业初期的艰辛半途而废。因此，对创业团队的支持不仅应体现在硬件上，更应体现在城市发展软环境的运维上，这在双创发展初期显得尤为重要。

双创平台搭建的后续市场化运作是双创面临的又一挑战。前期对双创平台的搭建与支持由政府主导，后期的运营维护和可持续投入应是政府引导下的市场化行为。在政策支持下，政府应逐步退出对平台的投入和运营，转而成为双创平台的监管和服务者。这不是短期目标，需要逐步转变政府职能，同时需要社会资本和力量的承接。在资本实力雄厚的一二线城市科技园区和双创平台，这一过程正在逐步展开，但在财政实力和运维能力不足的地区，这一过程迟迟无法得到开展，导致政府资金长期投入无法得到回报，进而造成财政负担。

此外，政府扶持政策的可持续性也是一大考验，政府政策的扶持很大程度上在于项目启动资金和初创企业税收减免等财政金融上的支持。这取决于当地政府的财力，在政策可持续性方面对政策制定者也是一大考验。虽然扶持双创的政策有很多，但如何切实有效落地使其具有可操作性是一大问题。同时，作为双创主体的创业者，其工作重点在于通过制度的有效实施释放人的创新创业活力和激情，这更考验政策制定者的能力，打通政策制度与企业或个人双创项目之间的“最后一公里”，使政策真正服务于双创过程，是政策制定者需要认真探索的过程。

双创领域和行业也需要对所涉足的产业进行细分，对市场容量要有清醒认识，结合自身技术积累和优势选择进入。随着越来越多的交叉学科不断出现，技术边界已经逐渐模糊，许多实验室领先的技术可以应用到多个领域，这时就需要对市场和产业进行细分，将优势技术应用到最为适合且市场需求广泛的领域，这需要多学科知识积累甚至第三方机构的参与和评估。

双创还应着力建立起一整套体系以适应双创全产业链。对双创失败者，除了宽容外，如何给予一定的保障和经济上的帮助也应成为双创事业发展的重要一环。预先解决好后顾之忧，双创者才能更大胆地参与进来，真正将创新之路持续走下去。

（二）深圳双创面临的问题与挑战

2019 年以来，深圳双创工作以建设粤港澳大湾区和支持深圳建设中国特色社会主义先行示范区“双区驱动”为引领，将深圳 5 年多来取得的双创成就与区域内其他城市的双创工作结合，将视野扩大到整个粤港澳大湾区内，协调推进双创工作。在《大众创业、万众创新研究（2019）——粤港澳大湾区创新报告》中，作者通过数据分析与对比，将粤港澳大湾区面临的挑战归结为要素流动性、交通网络、产业协调性和制度创新四大方面的不足。

首先，从要素流动性来看，提升要素的配置效率是推动技术进步和经济增长的重要因素之一。粤港澳大湾区的设立，就是要利用湾区内香港自由港，广东自贸区，深圳、珠海、汕头经济特区的各自优势，带动大湾区内其他城市，进而逐步辐射到内地，形成资源要素的优化配置。这是目的，需要渐进式发展。由于体制不同，广东省与港澳两地政策法规及对双创的认同方面都存在差异，客观上影响了要素流动及其自由组合，在创新资源与创新成果共享方面仍存在制度约束。从大湾区内其他城市与广深港澳四地对比来看，也存在阻碍地区间金融资本和要素流动的多种因素，资源和生产要素不均衡现象明显，四大城市生产要素过度聚集也在一定程度上挤压了湾区内其他城市双创资源的获得，暂未形成四大城市对周边城市的协同创新效应。

其次，交通网络的短板显而易见，大湾区内四大城市的互通相对便利，随着经济与文化的不断融合，港澳地区与广深两地往来日益便利化，其他周边城市与四大城市的交通往来均存在不平衡问题，港澳与内地其他城市间的往来也经常受到非经济因素干扰。从整体上看，大湾区内立体多元化交通网络尚未完全形成，港珠澳大桥的开通由于受制度影响，并未完全产生其应有的作用，完全发挥效用尚需时日，珠江口东西两岸交通瓶颈依然存在。随着深中通道的加快建设，其建成使用后将会显著缓解两岸交通的绕行压力。广深与省内其他城市的互联互通也已经取得实质性进展，深茂铁路深江段已经开工建设、深汕高铁计划2020年内开工建设，广中珠澳高铁已完成项目规划，交通网络基础设施构建已在逐步完善中。

与交通网络建设相比，产业协调性问题是影响大湾区内双创发展均衡性的又一问题，在《大众创业、万众创新研究（2019）——粤港澳大湾区创新报告》中，与广深港澳四城市相比，大湾区内其他7座城市的双创指数得分均低于武汉、杭州等其他枢纽城市，区域间发展不平衡也是多年来困扰广东省城市发展的问题之一。大湾区概念的提出，就是要打破行政壁垒，在大湾区内形成新的产业框架，使产业链各环节在大湾区内各城市间形成新的产业循环，规避同质化竞争、低水平重复建设，实现合作共赢。目前，法律制度、金融体系、协同创新机制等都尚未形成统一规划，而港澳在与内地不同的制度下，形成与内地九城一致的行动规划，尚有很多工作要做。

制度创新是产业协同创新的重要保障，是大湾区健康发展的软环境。在根本制度不同的城市间搞大湾区建设，其他国家也无先例可循，这既是巨大挑战，也为制度创新带来了巨大空间。从根本上讲，处于同一国家的两岸三地完全可以创造性地制定出符合大湾区需要的顶层制度设计，以此指导大湾区各项制度建立，正如基本法所赋予的香港和澳门特别行政区的权力一样，这需要中央政府的授权和粤港澳三地政府的支持。

三　政策建议

深圳作为“创新之都”，拥有创新创业的自觉性和使命感，在“双区驱动”战略指引下，势必进一步使双创在各领域发挥更重要的作用，以建设社会主义先行示范区的使命，与粤港澳大湾区其他城市协同创新，共同发展。

首先，要积极参与中央对粤港澳大湾区一体化发展的顶层制度设计。作为大湾区建设实际参与者，深圳应切实为大湾区一体化发展向中央建言献策，在解决体制机制障碍方面贡献智慧，这是保障大湾区建设可持续发展的根本前提。

其次，要整合大湾区内创新要素市场，构建创新共享平台，以分布于大湾区各城市的大科学装置和国家实验室为基础，形成大湾区资源要素共享平台，各城市依据各自的资源禀赋在创新产业链上寻找各自的定位参与其中。在要素资源分配方面，要加强对基础研究的重视，将原始创新作为主攻方向，将基础创新和应用结合起来，鼓励企业与高校和科研机构融合创新，特别是香港和澳门高校科研成果与广东省企业和高校科研成果融合创新。2018

年年底，“深圳市基础设施投资基金”（以下简称基金）正式成立，基金的设立“旨在有效发挥好政府投资杠杆作用，提高政府投资效率，进一步吸引社会资本参与基础设施建设，助力深圳现代化国际化创新型城市建设”。2019 年，深圳在创新要素市场整合方面不断推进，深圳前海国际化城市新中心、深港科技创新合作区、光明科学城等重点项目建设步伐明显加快。2019 年，深圳固定资产投资增长 18.8%，其中基础设施投资增长 33.6%。2020 年，深圳全年固定资产投资计划超过 8000 亿元、增长 15%。基础设施的不断改善将加速创新要素市场的流动，提供更为便捷高效的资源流通渠道。

在内部融合创新发展的同时，应积极融入全球创新生态和科学技术体系，加强内外科技互补、技术创新融合、知识产权清晰、科技交易完善的市场化建设，提升创新创业者的积极性和主动性。

参考文献

[1] 高亢：《国将出台五大举措促进“双创”》，《产经观察》2019 年 6 月 12 日，第 3 版；〔日〕柏木亮二：《FinTech：金融科技指引未来》，姚待艳译，人民邮电出版社，2019，第 52 ~ 56 页。

[2] 王京生、陶一桃：《大众创业、万众创新研究（2019）——粤港澳大湾区创新报告》，《国务院参事室调研报告》。

[3]《李克强主持召开国务院常务会议》，《人民日报》2019 年 6 月 6 日，第 4 版。

[4] 笑言等：《福田区“扎根计划”惠及万余青年人才》，《深圳特区报》2018 年 8 月 28 日，A05 版。

[5] 何永：《深圳发布 2018 知识产权十大事件》，《深圳特区报》2019 年 4 月 25 日，A06 版。

B.9

我国双创模式的新探索与展望

侯 佳*

摘 要： 本报告总结了我国创新创业活动的最新发展与双创环境的演变。无论是创新还是创业，人工智能、设备制造等高新技术行业都是近两年来的热点。在地区分布上，北京、上海、江苏、浙江与广东等省市仍为双创活动的集中地。在此基础上，本报告讨论了我国创新模式在开放式创新模式、校企合作型创新模式、产业协作型创新模式上所做的新探索，并分析了在未来发展中应注意的问题。在分析我国创业活动现状的基础上，本报告以2018～2019年新增的独角兽企业为中心分析与总结了企业孵化器孵化、技术型人才主导的团队创业、技术驱动型的团队创业等创业模式。最后，本报告提出了应留意不同行业创业模式的不同，并以“网红经济”中的IP变现为例说明了随着科技发展，未来可能出现其他创业新模式。

关键词： 开放式创新 校企合作型创新 产业协作型创新 创业模式

一 创新模式的新探索

从内容上来看，创新可以广义地包括一切新想法与新事物。体现在经济

---

* 侯佳，经济学博士，深圳大学中国经济特区研究中心助理教授，主要研究方向为国际贸易、计量经济学应用。

活动上，创新往往包含了可以更有效满足消费者需求或降低生产成本的新产品、新生产过程、新服务、新技术或新的商业模式等。创新模式则是指实现创新的过程。它可以依据创新行为是否由某个经济主体独立开发或依赖外部环境，分为封闭式和开放式模式；依据创新内容在多大程度上依赖于现有知识，它可以分为探索性和开发性模式。根据这两种划分的结合，创新模式又可以分为开放式开发性、封闭式开发性、开放式探索性、封闭式探索性等。

然而创新模式的划分还有许多其他标准，比如线性与非线性创新①，持续性、跨越性、主控式创新②，技术依赖型或“干中学”型创新等。由于创新内涵具有广泛性，学界与业界对创新模式的划分均无统一界定，加大了以单一划分标准总结中国创新模式的新探索的难度。为了更好地理解我国在创新模式上所做的新探索产生的背景，本节首先总结了我国创新发展的动态，包括其地区与行业分布等。比如，根据我国创新发展的动态与特征，我国创新投入强度在北京、上海、广东和江苏等经济发达的省市比较大。在这些地区，创新模式可能更具有竞争性合作的特点。在此基础之上，本节总结和分析了我国创新模式在开放式创新模式、校企合作型创新模式、产业协作型创新模式上所做的新探索。严格来说，无论是校企合作型创新模式还是产业协作型创新模式，都因为其创新活动并不局限于单一创新主体，而可以算作开放式创新的范畴。但这两者在近年来中国创新模式探索中具有重要地位，且本节之开放式创新主要从企业角度论述，着重于不同企业在开放式平台上的探索，因此将其作为不同的创新模式进行讨论。

（一）我国创新发展的动态与特征

从国家层面来看，专利是衡量其创新发展的最直观指标之一。根据国家统计局数据，近年来我国对发明、实用新型、外观设计三类专利申请授权量总体上不断攀升。2015 年，发明专利的授权量相比上年同类专利授权量增

① https：//wiki. mbalib. com/wiki/%E7%BA%BF%E6%80%A7%E5%88%9B%E6%96%B0%E6%A8%A1%E5%BC%8F。

② https：//zhuanlan. zhihu. com/p/37847538。

长61.9%，2018年实用新型专利的授权量增长了52.1%。在三类专利申请授权量中，实用新型专利的授权量占比持续增长，在2018年达到63%。各类专利申请授权数量的上升反映了我国创新活动整体充满活力，但实用新型专利授权量占比的绝对优势则从侧面反映了我国创新活动中更具创造性的发明还不够多。2011～2018年国内分类别专利申请量（项）及占比见表1。

表1　2011～2018年国内分类别专利申请授权量（项）及占比

	发明		实用新型		外观设计	
	授权量（项）	占比	授权量（项）	占比	授权量（项）	占比
2018	345959	0.148	1471759	0.630	517693	0.222
2017	326970	0.190	967416	0.562	426442	0.248
2016	302136	0.185	897035	0.551	429710	0.264
2015	263436	0.165	868734	0.544	464807	0.291
2014	162680	0.135	699971	0.579	346751	0.287
2013	143535	0.117	686208	0.559	398670	0.325
2012	143847	0.124	566750	0.487	452629	0.389
2011	112347	0.127	405086	0.458	366428	0.415

资料来源：国家统计局。

从2011～2018年我国研究与试验发展（R&D）的情况（见表2）来看，各地方属科学研究与开发机构数量远高于中央属机构数，反映了我国科研活动具有分散性。另外，地方属科学研究与开发机构的绝对数量和地方属与中央属科学研究与开发机构数量比例均逐年降低，说明我国科研机构的分布可能经历了结构优化的过程。不同于企业出于营利目的进行的创新活动，由国家税收支持的知识、技术等创新活动更具有共享协作的特性，因此科研机构数量在一定程度上的降低可能会提高创新活动的有效性。在资金来源上，政府与企业投入创新的经费均逐年上升，同时企业经费投入增长更快。2018年，企业资金经费支出约为政府资金经费支出的3.79倍。根据表3，我们可以看到2018年我国研发投入强度（研发经费投入占地区生产总值的比重）排名前6位的省市为北京、上海、广东、江苏、天津与浙江。更密集的创新活动可以形成更良好的创新氛围，也更有可能实现创新模式上的新探索。

表 2　2011～2018 年我国研究与试验发展（R&D）情况

年份	科学研究与开发机构数(家)		研究与试验发展		科学研究与开发机构研究与试验发展折合全时人员(万人年)		
	中央属	地方属	政府资金经费支出（亿元）	企业资金经费支出（亿元）	基础研究	应用研究	试验发展研究[①]
2018	717	2589	3978. 64	15079. 30	8. 50	14. 75	18. 05
2017	728	2819	3487. 45	13464. 94	8. 44	14. 29	17. 84
2016	734	2877	3140. 81	11923. 54	8. 38	12. 71	17. 92
2015	715	2935	3013. 20	10588. 58	7. 12	13. 14	18. 11
2014	720	2957	2636. 08	9816. 51	6. 60	12. 80	18. 00
2013	711	2940	2500. 58	8837. 70	6. 09	12. 97	17. 32
2012	710	2964	2221. 39	7625. 02	5. 70	12. 13	16. 55
2011	686	2987	1882. 97	6420. 64	4. 99	11. 30	15. 17

资料来源：国家统计局。

表 3　2018 年我国部分省市研发经费投入情况

地区	研发投入强度(%)	研发经费投入(亿元)	2017 年研发经费投入(亿元)
北京	6. 17	1870. 8	1579. 7
上海	4. 16	1359. 2	1205. 2
广东	2. 78	2704. 7	2343. 6
江苏	2. 70	2504. 4	2260. 1
天津	2. 62	492. 4	458. 7
浙江	2. 57	1445. 7	1266. 3

资料来源：国家统计局2017 年与2018 年《全国科技经费投入统计公报》。研发投入强度为研发经费投入与地区生产总值之比。

---

① 根据国家统计局的指标解释，研究与试验发展（R&D）经费指统计年度内全社会实际用于基础研究、应用研究和试验发展研究的经费支出，包括实际用于研究与试验发展活动的人员劳务费、原材料费、固定资产购建费、管理费及其他费用支出。基础研究指为了获得关于现象和可观察事实的基本原理的新知识（揭示客观事物的本质、运动规律，获得新发展、新学说）而进行的实验性或理论性研究，它不以任何专门或特定的应用或使用为目的。应用研究是指为了确定基础研究成果可能的用途，或是为达到预定的目标探索应采取的新方法（原理性）或新途径而进行的创造性研究。应用研究主要针对某一特定的目的或目标。试验发展研究指利用从基础研究、应用研究和实际经验中所获得的现有知识，为产生新的产品、材料和装置，建立新的工艺、系统和服务，以及对已产生和建立的上述各项做实质性的改进而进行的系统性工作。

在各类创新活动中，由于基础研究的收益具有不确定性、研究周期长等特点，对其经费投入往往来源于国家税收支持的政府资金。但从社会整体层面看，创新的主要经费来源于企业。根据国家统计局数据，中国规模以上工业企业开发新产品经费投入为14987.22亿元，其新产品销售收入为197094.07亿元，开发新产品经费投入与新产品销售收入比为0.076。表4显示了2018年规模以上工业企业开发新产品经费投入前十二名，这些行业的新产品开发经费投入占2018年规模以上工业企业新产品开发经费总投入的70.8%。

可以看到，通信设备、计算机及电子设备制造业其他工业企业，电气机械及器材制造业工业企业开发新产品经费投入远高于其他行业。相比于排名第三位的通用设备制造业，电气机械及器材制造业工业企业开发新产品经费投入约为其两倍。从2018年研发投入占营收比的公司排名来看，排名前10位的公司也在这几个行业中。2018年研发投入金额排名前10位的公司大多集中在建筑装饰行业，为更加传统的行业（见表5）。由于国家对研发费用支出给予一定的税收优惠或补贴，且对研发费用的界定可操作性大，各上市公司年报中报告的研发费用不一定指该企业直接用于研发新产品、新技术等方面的投入，我们在解读企业层面研发费用时应持一定的谨慎态度。

表4　2018年规模以上工业企业开发新产品经费投入前十二名

行业	开发新产品经费投入（万元）	开发新产品经费投入/新产品销售收入
通信设备、计算机及电子设备制造业其他工业企业	31123180.6	0.073
电气机械及器材制造业工业企业	16855765.2	0.075
通用设备制造业企业	8812593.8	0.088
专用设备制造业企业	8423383.0	0.100
化学原料及化学制品制造业企业	8253092.0	0.067
黑色金属冶炼及压延加工业企业	7602845.9	0.079
医药制造业工业企业	6520596.1	0.102
金属制品业工业企业	4624372.5	0.090

续表

行业	新产品开发经费投入(万元)	新产品开发经费投入/新产品销售收入
非金属矿物制品业工业企业	4242259.8	0.086
有色金属冶炼及压延加工业企业	4082920.7	0.051
农副食品加工业企业	2833269.4	0.089
纺织业工业企业	2687411.6	0.075

资料来源：本表由作者根据国家统计局数据整理。

表5　2018年研发投入占营收比和研发投入金额排名前十位的公司

排名	简称	2018年研发投入占营收比(%)	行业	简称	2018年研发投入金额(亿元)	行业
1	四维图新	54.65	计算机	中国石油	210.45	采掘
2	贝达药业	48.2	医药生物	上汽集团	159.22	汽车
3	恒生电子	43.05	计算机	中国建筑	159.11	建筑装饰
4	国科微	39.16	电子	中国中铁	134.66	建筑装饰
5	海特高新	37.6	国防军工	中国铁建	115.72	建筑装饰
6	赢时胜	36.05	计算机	中国中车	111.79	机械设备
7	信雅达	34.24	计算机	中兴通讯	109.06	通信
8	富瀚微	32.19	电子	中国交建	101.76	建筑装饰
9	浪潮软件	31.83	计算机	美的集团	98.11	家用电器
10	同花顺	28.56	计算机	中国电建	92.62	建筑装饰

资料来源：证券时报—数据宝，https：//xueqiu.com/6089013236/126192817。

值得注意的是，表1～5中所涉及的各项创新指标，包括专利申请授权量、R&D投入、科学研究与开发机构数、科研人员数等都只能衡量科技与知识依赖型创新。单家企业在新产品、新商业模式、新管理模式、新技术等方面的经费投入支出，只是其创新活动可以被显性测量的一个方面。尤其是在高新技术行业，由于更关注新产品或新技术方面的研发，企业在创新方面的活动更容易被观察与研究。相比之下，更成熟的传统行业如汽车生产、能源开采、食品生产等，由于其在供应链上的定位更为清晰，其创新活动更具有外部性，与供应链隐性或显性的合作“干中学”型创新更多，更难被观察到。比如在餐饮服务业，由于外部环境冲击限制了传统的线下消费，各餐馆可能依据经验而非有意识地研发投入，开发出更多适合线上销售的产品或服务，但这类产品或服务往往并不被纳入创新活动中。另外，根据 Simensen，E. O. 等的研究，石油工业上游行业的企业由于生产特性，相比新兴行业更有可能与行业相关的厂商，包括油气开采设备生产商、金融服务商等在创新活动上进行非正式的合作。

根据国家统计局数据，按企业注册类型分，2018 年中国规模以上工业企业在创新活动中的活力也存在较大差异。具体而言，开发新产品和应收比在平均比例（0.07）以上的企业类型包括集体企业（0.168），股份合作企业（0.13），有限责任公司（0.084），私营企业（0.082），内资企业（0.081），港、澳、台商投资股份有限公司（0.081）。其中，规模以上私营工业企业开发新产品投入经费占全国所有规模以上工业企业投入经费的比重达到 30%，在中国企业创新活动中的地位不容小觑。

根据北京市工商联合会发布的《2019 北京民营企业科技创新百强调研分析报告》，报告中的科技创新百强企业 2018 年研发投入占同年总调研企业研发投入的 90%；其研发投入总额为 658.84 亿元，比上年增长约 50%。[①] 与全国行业层面新产品研发投入数据相一致，北京民营企业中的科技创新百强企业主要集中在信息技术和医药健康产业。根据全国工商联合会发布的《2019 中国民营企业 500 强调研分析报告》[②]，中国民营企业 500 强中有 328 家的研发人员占比超过 3%，184 家占比超过 10%；69 家的研发强度占比超过 3%，6 家占比超过 10%。其中，研发投入排在前两位的是华为投资控股有限公司和浙江吉利控股集团有限公司。根据世界知识产权组织数据，2018 年通过世界知识产权组织提交国际专利申请数量排名前 10 位的中国企业如表 6 所示，大部分为民营企业。

---

① https://finance.sina.cn/2019-11-15/detail-iihnzahi1171367.d.html?vt=4&pos=17。

② http://www.acfic.org.cn/zzjg_327/nsjg/jjb/jjbgzhdzt/2019my5bq/2019my5bq_bgbd/201908/t20190814_137594.html。

表 6 2016～2018 年通过世界知识产权组织提交国际专利申请数量排名前 10 位的企业

单位：项

申请人	2018 年	2017 年	2016 年
华为技术有限公司	5405	4024	3692
中兴通讯股份有限公司	2080	2965	4123
京东方科技集团股份有限公司	1813	1818	1673
广东欧珀移动通信有限公司	1042	474	80
腾讯科技股份有限公司	661	560	172
深圳大疆创新科技有限公司	656	238	197
深圳市华星光电技术有限公司	463	972	1163
武汉华星光电技术有限公司	395	290	86
青岛海尔洗衣机有限公司	374	159	103
阿里巴巴集团	340	707	452

资料来源：世界知识产权组织，https：//www. wipo. int/ipstats/zh/statistics/country_ profile/profile. jsp？ code = CN。

（二）开放式创新模式

开放式创新，顾名思义，就是指单家企业或科研机构通过与其他企业、机构或个人共享资源与创新成果，提高创新效率的一种创新模式。虽然学界、业界关于创新活动的开放性可以回溯到 20 世纪 60 年代，但“开放式创新”的概念主要由美国经济学家 Henry Chesbrough 确立。2003 年，Chesbrough 总结道，不同行业中各种大型企业在市场、创新等方面的优势压缩了行业中其他企业的生存空间，因此，现存的中小企业与新进企业不得不转而寻找其他更有效率的方式，以与市场上现有的企业竞争。这一更有效率的创新模式便是开放性创新，Chesbrough 甚至提出了开放式创新时代的到来。

可以看到，开放式创新并非新出现的创新模式。比如，2009 年，宝洁公司负责人提出，引入开放式创新的概念，他们开发产品的成功率可以提高 50%，研发的投入产出效率可以增加 60%。同年，飞利浦公司建立起了开放式创新的环境，而西门子公司也建立了一个庞大的开放式创新项目。即便如此，无论是开放式创新的实践，还是对开放式创新的研究，都处于初步的探索阶段。虽然开放式创新的包容性与合作性吸引着不同企业、机构或个人的注意，但是开放式创新的成果难以衡量，合作单位也面临互相窃取知识、更高的协作成本、失去核心竞争力等风险，阻碍了对开放式创新的研究和实践。

中国企业在开放式创新上的探索则处于一个更为初级的阶段，开放式创新还主要集中于开放性平台的探索，构建企业与用户、企业与科研机构之间的开放性系统上，而较少有行业内企业之间协作共促产业发展的例子。2011年，腾讯公司推出腾讯开放平台，为互联网开发者提供了一个集研发、用户开发、营收赋能于一体的开放性平台。对于腾讯公司本身而言，参与或投资好的项目，也反向促进了其发展。在近10年的发展过程中，腾讯开放平台提供的服务种类越来越多，为互联网创新良好生态的建立提供了重要引导。根据腾讯《2015互联网+白皮书》，腾讯开放平台上同期新增的应用达到300万款，包括生活、阅读、美化等非游戏应用（50%）与游戏应用（30%）。[1] 在此白皮书中，腾讯公司CEO进一步阐释了建立腾讯开放平台的初衷："企业再大，能力都是有限的。接触越多的合作伙伴，我越是会有一种敬畏心：很多行业都有很深的专业性。只有开放协作，才有可能创造出共赢的未来。"

中国企业开放式创新的实践主要由大企业主导。除上述例子中互联网行业外，家电行业的海尔集团于2009年10月成立了开放式创新中心，2013年10月该中心推出开放式创新平台。2016年12月，该平台升级了"创新合伙人计划"，开始探索创新社群模式，对以社群为主题的创新生态系统做了进一步探索。根据不同来源的新闻报道，同样以家电产品为主的美的集团也在2015年9月中国（广东）"互联网+"国际博览会期间宣布推出与浙

① http://qzonestyle.gtimg.cn/qzone/vas/opensns/res/doc/2015Internet_PLUS_Product_White_Paper1020.pdf。

江大学联合开发的开放式创新平台——美创平台 1.0[①]，旨在提供一个集众创、需求与解决方案、孵化器为一体的开放式平台。遗憾的是，后续新闻或美的集团官网中并未提及该平台相关信息，平台官网也无法访问。由此可推知，美的集团在开放式创新战略的推进中也许并非一帆风顺，或者至少还不够“开放”。

在中国企业对开放式创新模式探索的案例中，笔者不得不提华为。虽然华为一直注重科研创新，其科研创新模式的范畴也远大于开放式创新，但是无论是 1999 年创立“华为高校基金”，还是自 2010 年起升级的“华为创新研究计划”，华为都秉承着“开放性”，已形成成熟的对高校或科研机构学者的研究项目资助体系，支持研究成果至产业化的转变，也积极投入包括 CNCF、OpenStack 在内的开源社区。华为在开放式创新模式上的探索不仅说明了这一创新模式的重要性，也引出了企业在这一探索上可能面临由政治、经济关系等不确定性带来的挑战。但是，即便挑战存在，在 2019 年华为全球分析师大会上，华为战略研究院院长徐文伟依然宣布了每年投入 3 亿美金至世界各地大学，支持其开展基础科学研究等计划。面对理论与工程创新方面的瓶颈，华为在对未来创新方向上提出了“从基于客户需求的技术和工程创新的 1.0 时代，迈向基于愿景驱动的理论突破和基础技术发明的创新 2.0 时代”的创新战略，保持对创新与创造坚定不移的追求。

对中小企业，尤其是传统行业的中小企业来说，对开放式创新进行探索的可能性更小。一方面，中小企业的所有者或主要负责人面临更繁重的日常事务、更大的生存压力，更加缺乏创新意识或者对创新战略的思考。另一方面，从企业资源上来说，中小企业缺乏创新经验，不如大企业那样和高校或科研机构、供应链上下游企业，或行业内其他企业有成熟的合作创新经验，因此中小企业开放式创新单位成本更高。但也正因为此，中小企业更需要通

① http://tech.sina.com.cn/e/x/2015-10-09/doc-ifxirmpz8173267.shtml；https://www.yicai.com/news/4684799.html。

过开放式创新模式与其他单位合作，降低创新的绝对成本，以在竞争中存活下来。通过开放式创新模式，中小企业可以分散创新风险，也可能创造出仅凭一己之力难以开发出的新产品或打开新市场。目前，在中国中小企业中，对开放式创新模式的探索主要集中在高新技术型中小企业上，而且这种探索往往由出于自身利益考虑的大企业所主导，且更体现为客户与服务商的合作关系，而非共同创新。比如，2011 年成立的专注移动端数据服务的 TalkingData 公司在 2013 年与招商银行信用卡中心合作，为其提供移动数据采集分析平台。随后，二者保持紧密合作的关系，TalkingData 公司通过该合作进一步优化与发展了其分析平台，而招商银行信用卡中心则通过该合作开发了更贴合消费者需求的产品。

（三）校企合作型创新模式

高校与科研机构一直是我国科学研究的主力，尤其是在基础科学研究及大部分应用科学研究中。比如，根据国家知识产权局规划发展司《2017 年我国人工智能领域专利主要统计数据报告》①，人工智能专利（包括发明专利和实用新型专利）授权中，高校和科研单位在不同技术分支中都占据主要优势：在基础算法方面，国内专利权人排名前 20 位的单位中，只有国家电网和百度两家企业，其他均为高校和科研院所；在基础硬件方面，有 12 家高校和科研院所为国内排名前 20 位的专利权人；只有在垂直应用方面，企业专利权人在国内专利权人前 20 名中才占到主要优势，为 14 家。在人工智能发明专利授权中，高校和科研机构在三大技术分支中都占主要地位。同样，根据国家知识产权局规划发展司 2017 年第 11 期《专利统计简报》，截至 2016 年，在中国战略性新兴产业发明专利拥有量前 100 名专利权人中，有 31 家高校与科研机构，而企业只占 19 家。

2017 年中国人工智能专利授权量排名前 20 位国内专利权人见图 1。

① 《2017 年我国人工智能领域专利主要统计数据报告》，http：//www. sipo. gov. cn/docs/20181114100805476353. pdf。

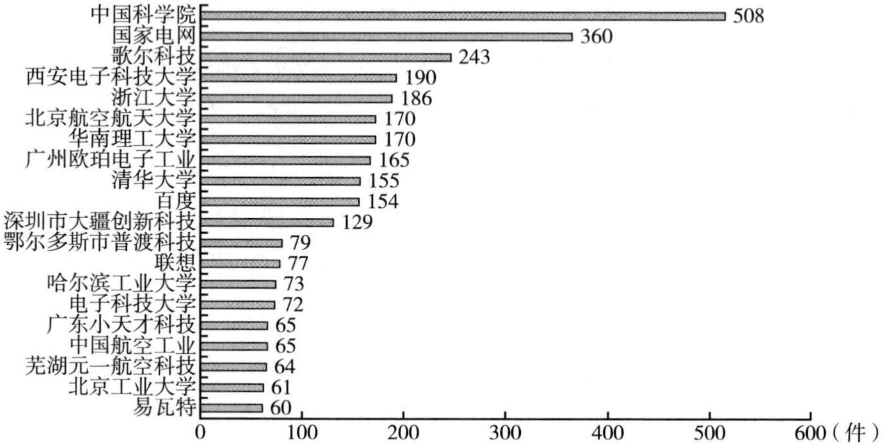

图1　2017 年中国人工智能专利授权量排名前 20 位国内专利权人

资料来源：国家知识产权局规划发展司《2017 年我国人工智能领域专利主要统计数据报告》图 3。

值得一提的还有中国高校和科研机构在绿色技术发明专利领域的成果。随着人们生态环境保护意识逐渐增强，如何实现低碳经济、绿色经济等可持续发展的经济模式在政策层面和公共意识上都得到很大关注。2019 年 3 月，国家发改委联合其他部门发布了《绿色产业指导目录（2019 年版）》①，通过规范绿色产业的概念，推进国家生态文明的建设，实践“绿水青山就是金山银山”的理念。根据国家知识产权局规划发展司 2018 年第 14 期《专利统计简报》，2014～2017 年中国绿色专利前 20 名申请人中，有 12 家为国内高校和科研机构，还有 4 家国内企业、4 家国外企业。

由此可见，中国高校和科研机构在创新中的重要地位毋庸置疑。从经济发展角度看，以高校和科研机构为创新基地，实现校企合作这一创新模式也值得关注。通过校企合作，能够实现高校人才培养，科研能力与企业市场需求、产品实践等的结合，更高效地促进创新活动的开展。在校企合作道路上，天津大学为具有丰富经验的高校之一。根据其科学技术发展研

① 《发展改革委就〈绿色产业指导目录〉答问》，http：//www. gov. cn/fuwu/2019 - 03/08/content_ 5371892. htm。

究院的报告①，截至2017年年底，天津大学已经与国内外企业建立了66家校企联合研究机构，与诸如中石油、中海油、中广核、神华集团等大型企业开展合作，在国家战略性新兴产业、机械、化工等行业开展应用型人才培养、交叉性科研团队创新等。丰富的校企合作经验，已经使天津大学实现了“优势学科—优势产业—龙头企业”联合发展模式。

不同于天津大学成熟的校企合作模式，许多高校和科研机构才开始进行校企合作创新模式的新探索。比如2018年11月，深圳大学与腾讯云共同建立了广东省首个人工智能学院②，通过整合腾讯的实战资源与深圳大学的教学资源，共同培养人工智能方面的人才。这一合作，不仅可以促进深圳大学培养满足国家战略发展需要的人才，也可以为未来腾讯公司或其他互联网企业的进一步创新输送人才。除此以外，2019年10月，深圳大学与微众银行成立了“深圳大学微众银行金融科技学院”③，推动教师基础研发实践、创建金融科技国际交流平台等，以进一步探索校企合作新模式。2019年11月，香港科技大学与佳兆业成立香港科技大学—佳兆业联合研究院，在新材料、物联网（人工智能）、大数据及健康科技四大领域开展联合科研。④在此基础之上，2020年2月，双方又签署了更加深度的合作协议，关注科技孵化、科创园建设、教育产业等方面。

根据《中国科技成果转化2018年度报告（高等院校与科研院所篇）》⑤，虽然2017年中国2766家高校和科研机构共实现科技成果转化的合同金额约为121亿元，同比增长66%，科研人员获得的现金或股权激励也同比增加24%，但高校和科研机构的成果转化仍然面临许多挑战，比如科研成果转化

① http：//kj. tju. edu. cn/kjfw/xqhz. htm。

② 《广东省首个人工智能学院在我校成立——深圳大学与腾讯云共建人工智能学院》，深圳大学，2018年11月8日，https：//www. szu. edu. cn/info/1015/6286. htm。

③ 《深圳大学与微众银行成立全国首个金融科技学院》，深圳大学，2019年10月31日，https：//www. szu. edu. cn/info/1015/7213. htm。

④ 佳兆业科创集团发展历程官网：http：//www. kaisaspace. com/areas/web/pages/about/course. html? id = 1&sid = 3。

⑤ 《高校科研院所推动科技成果转化取得明显进展和成效》，新华网，2019年2月28日，http：//www. xinhuanet. com/tech/2019 -02/28/c_ 1124175688. htm。

的服务还不够专业、科研成果转化评价体系还不够完善等。在这一背景之下，企业和高校及科研机构直接进行合作具有很大潜力。

（四）产业协作型创新模式

产业协作型创新模式指不同行业里企业或同一供应链中的上下游企业间因为业务往来而建立的合作创新模式，它既包含了企业之间在产品、服务、技术上的合作创新，也包含了商业模式上的创新。2017 年 10 月，国务院办公厅发布了《关于积极推进供应链创新与应用的指导意见》，强调供应链上资源的整合，实现产品从设计、生产到销售、服务整个过程中的高效协同，推动集成创新。① 2018 年 4 月，国家商务部联合其他部门发布了《关于开展供应链创新与应用试点的通知》，以落实前述指导意见，提高企业、产业间的协同发展能力，并于 2018 年 9 月公布了 55 座试点城市、269 家试点企业。

中国纺织行业企业在创新模式上的探索就属于产业协作型创新。2018 年 5 月，在第十三届海峡两岸纺织业合作研讨会上②，中国纺织工业联合会会长孙瑞哲回顾了大陆和台湾两岸纺织产业在不断发展中所形成的结构互补。台湾纺织业企业具有坚实的技术基础，依托机能性和环保两大优势，能不断开发出新的机能性布料。相比之下，大陆纺织业企业则处于产业链的中下游，拥有更为丰富的劳动力资源和生产设备，具备完善的产业链配套能力。因此，自 1992 年海峡两岸纺织业合作研讨会开始举办以来，两岸的纺织业企业就不断深化合作，在满足消费者需求、扩大就业等方面实现互补。但面对瞬息万变的国际市场，两岸纺织业企业实现纺织新材料、产业用纺织品、消费市场、流行趋势、可持续发展与绿色制造等方面的合作研究，仍然任重道远。

产业协作创新不仅仅局限于同一产业链中。数字技术的发展，使得无论

---

① 国务院办公厅印发《关于积极推进供应链创新与应用的指导意见》，2017 年 10 月 13 日，http：//www. gov. cn/xinwen/2017 －10/13/content_ 5231577. htm。

② 《再造两岸纺织发展新契机》，中国棉纺织行业协会，http：//www. ccta. org. cn/pprc/rdgz/201805/t20180518_ 3714201. html。

是传统行业还是新兴行业都存在借助这一技术，实现向自动化、智能化转变的可能性。在餐饮服务业方面，我们可能已经在主要大型城市见到过送餐机器人，它们可以根据指令在出菜口和客人餐桌之间传递菜品。虽然现有的送餐机器人更多地作为餐馆的宣传亮点存在，其工作效率与智能性远比不上人类服务员，但不可否认的是，一旦送餐机器人技术更为成熟，它可能会给餐饮服务业服务模式带来重大改变。智能化的趋势及由此带来商业模式、创新模式改变的可能性，几乎在所有行业都存在。其中包括传统制造业，比如美的集团于2016年收购了机器人公司库卡，安防企业引入智能检测车牌、人脸识别等系统等。这一泛经济存在的自动化、智能化趋势，是现有创新模式中被探索得最广泛也最具潜力的模式。

二　我国创业模式的新探索

本节主要围绕近年来我国独角兽企业发展情况展开分析，讨论我国初创企业在创业模式上进行的新探索。具体包括以下两部分：我国创业环境新变化；近年来我国初创企业特性及其创业模式，包括其地区分布、创立契机、与市场上现有企业关系等，从中总结相关创业模式。

（一）我国创业环境新变化

根据世界银行2019年发布的《全球营商环境报告2020》，中国营商环境从2018年的第46位大幅上升到了第31位，其中，在开办企业便利性的排名上，中国在2019年居第27位，比法国、瑞典、丹麦等许多欧美国家排名都更靠前。虽然世界银行对中国营商环境的考察只集中在北京和上海两座城市，但其排名的大幅进步可以从侧面反映中国整个经济体营商环境的改善。单看中国在施工许可方面为改善中小企业营商环境所做的努力，就包括：将企业印章的发放纳入企业一站式申请服务中；通过改进清关手续、完善港口设施、增加清关费用透明度等促进中小企业进出口；提高小微企业增值税起征点，减轻税负，且改进电子报税系统，降低企业报税成本等。①

在过去的两年间，中央和地方政府为了推动创新创业的发展，出台并实施了一系列政策措施。比如科技部和全国工商联于 2018 年 5 月发布了《关于推动民营企业创新发展的指导意见》②，不仅提出了支持民营企业参与国家重大科技项目等，也提出了加快发展科技企业孵化器、众创空间等，在产业细分领域培育一批“隐形冠军”和独角兽企业。2019 年，广东省人民政府出台了《关于进一步促进科技创新的若干政策措施》的通知，提出激发全社会创新创业的十二条措施③，包括“对投资初创科技型企业的省内创业投资企业，省财政按其累计投资额的一定比例给予奖补”，支持科技企业创业。自 2016 年至 2018 年，国务院先后启动了 120 个双创示范基地。2018 年，这些基地新增创新创业孵化平台和载体 2600 多个，同比增长约 16%；主办各类创新创业大赛 3200 多场，吸引数十万创新创业者参与。更重要的是，示范基地新增登记企业约 41 万家，其中近 6700 家为高新技术企业。④更重要的是，2019 年在上海证券交易所开板的科创板，引入资本市场资金重点支持新一代信息技术、高端装备、新材料、新能源、节能环保、生物医药等领域的科技创新型企业的发展。注册制的实行可以让这些企业在充分竞争的条件下实现优胜劣汰。

图 2 为 2017 年中国高技术产业企业行业分布，图 3 为 2009 ~ 2017 年中国高技术产业企业发展⑤。从图 2、图 3 可以看到除 2011 年有所回落以外，中国高技术产业企业数连年增加，2017 年达到 3.2 万家，其中 29% 分布在

---

① 世界银行：《全球营商环境 2020》，https://www.worldbank.org/en/news/press-release/2019/10/24/doing-business-2020-chinas-strong-reform-agenda-places-it-in-the-top-10-improver-list-for-the-second-consecutive-year。

② 科技部、全国工商联印发《关于推动民营企业创新发展的指导意见》的通知，2018 年 5 月 18 日，http://www.gov.cn/gongbao/content/2018/content_5338239.htm。

③《广东省人民政府印发关于进一步促进科技创新若干政策措施的通知》，粤府〔2019〕1 号，http://www.gd.gov.cn/zwgk/wjk/qbwj/yf/content/post_1054700.html。

④《“六个新”，“双创”示范基地再发力》，《人民日报海外版》2019 年 5 月 30 日，http://www.gov.cn/xinwen/2019-05/30/content_5395929.htm。

⑤ 值得注意的是，国家统计局年度数据表中关于高技术产业企业的界定并不清晰。

电子及通信设备制造业。作为私营经济极度发达的中国一线城市之一，自2012 年起深圳每年登记的企业存量经历了井喷式的增长，意味着近年来深圳创业氛围热烈。其中 60% 以上的企业为注册资本在 100 万 ~499 万元的中小企业（见图 4）。

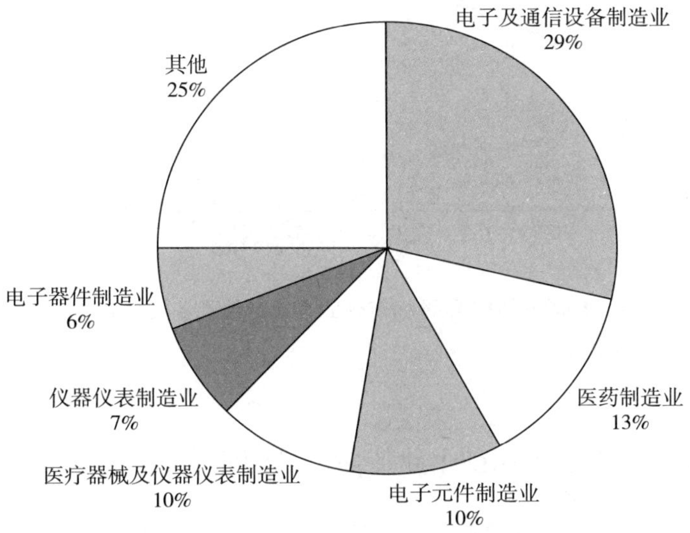

图 2　2017 年中国高技术产业企业行业分布

资料来源：国家统计局。

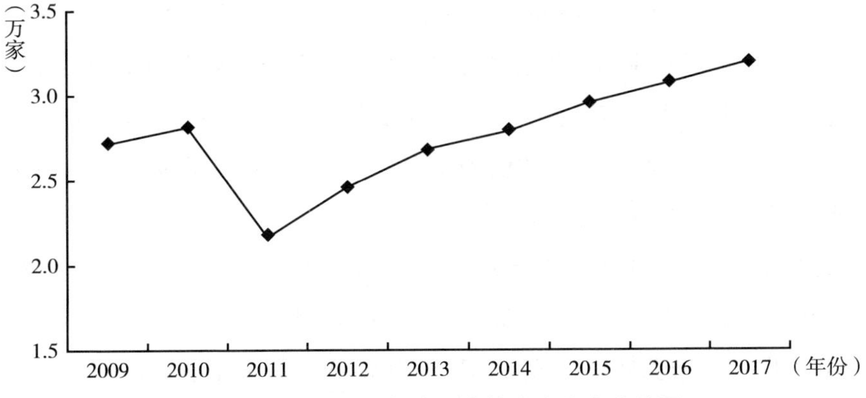

图 3　2009 ~2017 年中国高技术产业企业发展

资料来源：国家统计局。

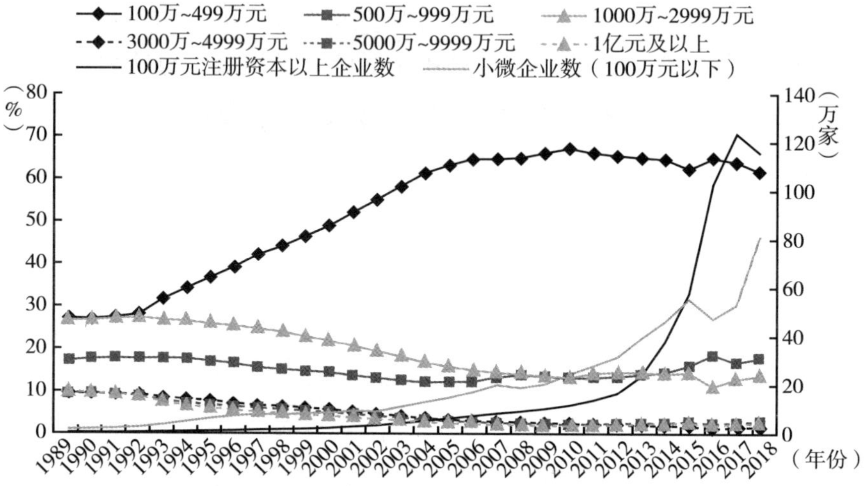

图4　1989～2018年深圳市企业登记数量及各类企业占比

资料来源：深圳市统计局。

（二）近年来我国初创企业特性及其创业模式

根据深圳市统计局数据，仅仅是在深圳市登记成立的企业净增量在2018年就达到了20.5万家，其中注册资本在100万元以下的小微企业净增量为28.6万家，许多注册资本在100万元以上，并且在2017年还存活的企业，在2018年退出了市场或减少了注册资本。国内创业环境日新月异、科技快速更迭导致产业演化以及地区经济出现巨大差异。要总结全国各地大量新增企业的创业模式，需要更为广泛的调研。因此，本小节以初创企业中的“明星企业”或独角兽企业（估值为10亿美金以上）为关注点，以点带面地分析近年来我国初创企业的创业模式。

根据CB Insights数据，截至2020年2月，世界各地共有452家独角兽企业，其中，中国为109家，占24.1%。中国独角兽企业自2015年起每年保持10家以上的增长规模，2018～2019年新增独角兽企业数最多，分别为42家和15家。这57家企业中有49家成立于2009年至2020年2月，且较多成立于2014年（12家）和2015年（14家）。从行业分布来看，智能汽车/共享汽车领域的初创企业是 2018 年和 2019 年独角兽企业俱乐部的焦点。在这两年中，连续获得高成长的初创企业主要在智能汽车/共享汽车、人工智能、电子商务、互联网服务领域。硬件制造、金融科技、健康、供应链领域的主要初创企业于 2018 年加入独角兽俱乐部后，2019 年出现新兴力量。

从地区分布来看，成立于 2009 年至 2020 年 2 月的独角兽企业的注册地分别分布在北京（19 家），上海（11 家），广州（5 家），杭州（4 家），深圳（3 家），南京（3 家），以及成都、贵阳、天津、无锡各一家。明显的地域差异，反映了创业活动与外部环境息息相关。拥有丰富商业资源、教育资源、政策优势、金融资源等的北京和上海在吸引初创企业，并引导初创企业成长上具有得天独厚的优势。令人有些惊讶的是注册地在深圳的独角兽企业数量只有 3 家，这与深圳给人留下的民营经济高度发达的印象不大相符。[①] 但另一方面，在深圳注册且分别成立于 2013 年、2014 年、2016 年的奥比中光、云天励飞与联易融数字科技分别分布于人工制造、智能硬件制造、金融科技等高新技术产业，显示了拥有腾讯、大疆等代表性高新技术企业的深圳在引导科创企业成立和成长上所具有的优势。

继续聚焦这近 50 家独角兽初创企业，我们可以看到初创企业发展与科技发展紧密相连的趋势。即便如马蜂窝、自如、医联等以信息服务为主的平台，也不断引进大数据分析等方法推出个性化服务或产品。比如，马蜂窝提出引用云存储、大数据分析等技术，开发出让用户可以边浏览、边标记、边自动生成旅行攻略的产品。这样，企业就能通过信息技术对用户每一次碎片化的浏览轨迹进行分析，并为用户制订出符合其偏好的旅行计划。可以想见，对于想要成长壮大的初创企业来说，与信息技术、智能制造等辅助性高科技行业或产品相结合是大势所趋。无论是国家战略性产业发展规划，还是各个地区政府加强政府服务角色建立、大力引进人才等，都显示了创业环境对科创企业的支持，这也是理解我国企业创业模式新探索必须考虑的背景。

---

① 虽然其他数据源如 TechCrunch 在其独角兽名单里可能包含不同的企业，但 CB Insights 作为长期追踪风险投资的数据供应商与数据服务机构，其独角兽名单被广为引用。

追踪2018～2019年成立近10年的中国独角兽企业的踪迹，我们可以将它们的创业模式概括为如下四种：企业孵化器孵化、技术型人才主导的团队创业、技术驱动型的团队创业、由成熟的企业或初创企业所属集团创立。其中，前三种都是顺应最新创业环境出现的模式，第四种创业模式本身并不新，但在创业内容上则与当下信息技术的发展、消费者对更透明信息的需求紧密相连。

通过企业孵化器建立的企业包括由中科院重庆研究院孵化的云从科技和由光大控股孵化的北京特斯联科技集团有限公司等。以云从科技为例，该公司专注于计算机视觉识别技术，尤其是人脸识别。在公司成立之前，其创业团队是中科院重庆研究院最大的人脸识别团队，由2011年从美国伊利利诺伊大学攻读博士学位的周曦归国参与组建，直至2015年该团队成立云从科技。追踪云从科技的发展历史，可以看到在技术领先的前提下，它由中科院重庆研究院孵化的背景促使其经历了飞快的发展，甚至获得许多参与行业标准建设的任务。2017年3月，国家发改委确定云从科技与腾讯、百度、科大讯飞共同承担“人工智能基础资源公共服务平台”建设。此外，它还与公安部、四大银行、中国民航局建立联合实验室，推动参与人工智能国家标准及行业标准制定。显然，云从科技是企业孵化器孵化的成功案例之一。

通过技术型人才主导的团队创业的独角兽企业包括依图科技、地平线机器人、第四范式等。由于对个人技术技能的要求比较高，这类创业模式主要集中在人工智能等高新技术行业，企业创始人往往有在其他科技企业工作的经历。以依图科技为例，其由2008年获得加州大学洛杉矶分校（UCLA）统计学博士学位的朱珑于2012年回国创立。联合创始人林晨曦曾于2008～2012年在阿里组建并带领百人团队搭建了飞天分布式云操作系统。第三种创业模式以自动驾驶公司Momenta为代表，不同于个人驱动型的团队创业模式，这一模式类似于第一种创业模式中孵化了整个团队的企业孵化器，但“孵化”了Momenta的并非某个孵化器，而是同为人工智能领域的初创企业商汤科技。以技术为核心的高新技术行业，不同创业模式都主要围绕技术型人才开展。最后一种由成熟的企业或初创企业所属集团创立的独角兽企业包括汇桔网、美菜网、艾佳生活、满帮集团等。这些企业业务本身对高新技术的要求并不高，其业务核心更多地在于信息资源的整合。满帮集团就是由江苏满运软件科技有限公司和贵阳货车帮科技有限公司出于战略合作考虑而成立的一家初创企业。

我们已经看到，是否为高新技术行业极大地影响了创业模式的选择。更广义地说，不同行业的特性会影响创业模式的选择。除了前文提及的独角兽企业以外，另一个值得一提的中国企业创业模式的新探索是视频行业的内容创业。随着信息技术的发展和消费者收入的增加，大家对文化产品产生了越来越大的需求。而各视频网站如抖音、西瓜视频等的兴起，也催生了许多通过个人 IP 变现的创业者。比如广为人知的短视频博主 Papi 酱，她所运作的徐州春雨听雷网络科技公司（于 2016 年 12 月更名为徐州自由自在网络科技有限公司）就于 2016 年获得了 1200 万元投资，成为“网红经济”创业成功的一大代表，也为未来该行业的创业模式的形成提供了借鉴。

参考文献

[1] Chesbrough, H. W., *Open Business Models: How to Thrive in the New Innovation Landscape* (Cambridge, MA: Harvard Business School Publishing, 2006).

[2] Laursen, K., Salter, A., “Open for innovation: the role of openness in explaining innovation performance among UK manufacturing firms,” *Strategic Management Journal* 27 (2006): 131 - 150.

[3] Jensen, M. B., et al., “Forms of knowledge and modes of innovation,” *Research Policy* 36 (2007): 680 - 693.

[4] Simensen, E. O., Modes of innovation in mature industrial sectors - evidence from upstream petroleum (DRUID Academy Conference 2018, University of Southern Denmark, Odense, January 2018): 17 - 19.

[5] Chesbrough, H. W., *Open Innovation: The New Imperative for Creating and Profiting from Technology* (Cambridge, MA: Harvard Business School Publishing, 2003).

国 际 篇

International Articles

中国双创指数篇利用影响双创发展的具体指标来对双创活动进行归纳与分析，计算了我国双创百强城市的双创指数并进行了全面的评价，同时区域篇从区域角度阐述了我国双创新模式、挑战及展望。国际篇将研究区域进一步扩大，进行与国际创新相关的研究，其中包括（我国某些指标与国外对比）建立国际创新指数体系、国际双创城市（地区）排行、国际双创指数结构的对比分析，并对粤港澳大湾区与东京湾区的创新创业资源环境进行了比较研究。

B.10
国际双创指数分析

王　晴　毛子豪*

摘　要： 本报告将研究五个主要的国际创新创业指数在近年来的变化，提供一个更广阔的国际视角来看待目前中国创新创业的成熟度以及面临的挑战。本报告探索了全球创新指数、全球创业观察、全球创新城市指数、全球创业生态指数和全球创业指数的结构及内涵。发现我国近年来创新创业资源投入逐渐增加，双创环境不断优化，知识创造及创新产出逐年上升。我国无论是创新还是创业都保持良好的发展态势。

关键词： 全球创新指数　国际创业指数　双创环境

一　全球创新指数（Global Innovation Index）

（一）指数介绍

全球创新指数（Global Innovation Index，GII）由世界知识产权组织、康奈尔大学、欧洲工商管理学院共同研制并于2007年首次发布全球排名。GII是一个不断发展进化的指数体系，它在2007年版本的基础上不断包含、纳入新的可得数据。GII不断地进化和更新完善了人类对“创新”这个概念的

* 王晴，经济学博士，北京大学汇丰商学院助教授，研究领域为劳动经济学、发展经济学等。毛子豪，北京大学汇丰商学院经济学博士研究生。

衡量方法和认知。2018 年，GII 评估了全球 126 个国家或经济体的创新能力。这些国家或经济体占世界人口的 90.8%，占世界 GDP（按当前美元计）的 96.3%。在 GII 中，国家或经济体的总得分为创新投入指数和创新产出指数的简单平均数。创新产出指数的得分与创新投入指数的得分之比可以衡量一个国家或经济体的创新效率，即同样一单位的创新投入能产出多少单位的创新产出。

（二）指数结构分析

GII 包含 7 个一级子指标及其下的 21 个二级子指标，并通过一级子指标计算出全球创新总指数得分。而将创新产出方面的两个一级子指标的平均分除以创新投入方面的 5 个一级子指标的平均分，即可得到创新效率比。如果说全球创新总指数得分是在创新能力及创新环境的维度上比较各国家（地区）的创新能力，那么创新效率比就是在创新活动效率的维度上衡量各国家（地区）的创新能力。该指数体系的框架如表 1 所示。

表 1　GII 框架

全球创新总指数						
创新效率比						
创新投入指数					创新产出指数	
制度	人力资本和研究	基础设施	市场成熟度	商业成熟度	知识和技术产出	创意产出
政治环境 监管环境 商业环境	初等教育 高等教育 研发	信息通信技术 普通基础设施 生态可持续性	信贷 投资 贸易、竞争和市场规模	知识型工人 创新关联 知识吸收	知识创造 知识影响 知识传播	无形资产 创意产品和服务 网络创意

资料来源：《2019 年全球创新指数》。

一个国家（地区）良好的制度框架可以为创新提供正确的保护和激励措施，一个法制健全、政府治理高效的环境更容易吸引企业入驻并促进企业成长。

制度因素包含政治环境、监管环境和商业环境。其中，政治环境衡量人们感知的政府稳定程度，以及公共服务、政策制定与实施的质量。监管环境衡量政府执行促进私营经济发展的配套政策的程度、一国（地区）法律的适用程度以及裁员成本。商业环境反映私人企业家创业的难易程度以及私人企业家解决破产问题的难易程度。

教育水平和研究活动是衡量创新能力的关键因素之一。此指标目的在于衡量国家的人力资本和研究，覆盖初等教育、高等教育和研发。

良好的基础设施可以提高效率并减少交易成本，促进思想、服务、商品的生产和交换。该指标覆盖三个方面：信息通信技术、普通基础设施、生态可持续性。

成熟完善的资本市场和国际化程度高的商品市场对于企业的繁荣和创新的发生都是至关重要的。市场成熟度中的“市场”指的是信贷市场、资本市场、商品市场。信贷市场考察一国（地区）创业者获得信贷的难易程度，资本市场考察对少数投资者的保护力度及用交易水平衡量资本市场的成熟度，商品市场考察平均关税税率、本地市场竞争激烈程度、本地市场规模。

商业成熟度作为最后一个创新投入指数下的子指标，力图反映商业成熟水平。该子指标包含知识型工人、创新关联、知识吸收。商业成熟度在人力资本和研究的基础上更进一步反映公司通过雇用高素质人才、与学校等组织进行合作研发以及接受国际技术扩散来推动生产力、竞争力和创新潜力发展的水平。

知识和技术产出子指标由知识创造、影响和传播组成。知识创造体现在四个方面：专利申请数量、实用新型专利数量、期刊中发表科学及工程技术方面的文章数量以及被广泛引用的文章数量。在知识影响方面，通过劳动生产率的提高、中高端制造业占比等衡量知识对微观及宏观经济的影响。知识的传播主要通过贸易总额中与创新、高科技有关的出口来反映。

创意产出包含无形资产、创意产品和服务、网络创意。无形资产包括商标的申请数量、外观设计专利的申请数量以及信息通信技术使用率三个方面。创意产品和服务主要衡量文化类产业出口占比。网络创意主要衡量一国（地区）在网络上的知识创造产出，主要包括国家/地区的顶级域名的数量、维基百科（Wikipedia）的年平均编辑量以及移动应用程序（Mobile Apps）创建的数量。在2018年之后的报告里，移动应用程序创建的数量替代之前在YouTube上上传的视频量成为衡量创意产出的指标。

（三）指数排名

2017～2019年全球创新指数得分排名见表2。

表2　2017～2019年全球创新指数得分排名

国家/经济体	2019年得分	2017年排名	2018年排名	2019年排名	2019年创新效率比
瑞士	67.24	1	1	1	0.893
瑞典	63.65	2	3	2	0.807
美国	61.73	4	6	3	0.743
荷兰	61.44	3	2	4	0.879
英国	61.30	5	4	5	0.797
芬兰	59.83	8	7	6	0.759
丹麦	58.44	6	8	7	0.686
新加坡	58.37	7	5	8	0.618
德国	58.19	9	9	9	0.783
以色列	57.43	17	11	10	0.815
韩国	56.55	11	12	11	0.715
爱尔兰	56.10	10	10	12	0.806
中国香港	55.54	16	14	13	0.666
中国	54.82	22	17	14	0.927
日本	54.68	14	13	15	0.682
法国	54.25	15	16	16	0.709
加拿大	53.88	18	18	17	0.623
卢森堡	53.47	12	15	18	0.852
挪威	51.87	19	19	19	0.589
冰岛	51.53	13	23	20	0.745

资料来源：2017～2019年《全球创新指数报告》。

根据2017～2019年发布的《全球创新指数报告》，总得分在前20名的国家/经济体主要来自欧洲、北美洲和东亚地区，而中国则是唯一的中等收入国家。中国的总得分排名从 2017 年的第 22 位稳步上升到 2019 年的第 14 位，上升势头强劲。以色列从 2017 年的第 17 位上升到了 2019 年的第 10 位，值得一提的是，以色列是前 20 名中唯一的西亚及北非地区的国家。排名下降趋势明显的是卢森堡和冰岛，分别从 2017 年的第 12 位和第 13 位下降到 2019 年的第 18 位和第 20 位。而其他处于前 20 名的国家/经济体在这三年中排名变化不大。

在各个分项的得分中，中国在知识型工人（第 1 位）、知识影响（第 1 位）、无形资产（第 1 位）等方面位居世界前列，保持着很强的优势。中国在高等教育（从 2017 年的第 104 位上升到 2019 年的第 94 位）、网络创意（从 2017 年的第 104 位上升到 2019 年的第 79 位）和监管环境（从 2017 年的第 107 位上升到 2019 年的第 100 位）上仍然存在较大的上升空间。

总体来看，中国在创新产出方面优势较大（第 5 位），而在创新投入方面略有欠缺（第 26 位）。在创新投入方面，制度（第 60 位）、人力资本和研究（第 25 位）、基础设施（第 26 位）、市场成熟度（第 21 位）、商业成熟度（第 14 位）的世界排名较低。中国仍需不断完善创新相关的政治环境、监管环境、商业环境，以此不断扩大对创新相关行业者的吸引力和创业者的保护。

在创新效率比的比较中，中国在创新总得分前 20 名国家/经济体中位居首位（效率比为 0.927），相较于创新效率比的平均值（0.7547）高出了 22.83%。而在 2017 年创新效率比的排名中，中国仅位居第三名，第一名和第二名分别是卢森堡和瑞士。创新效率比反映一国/经济体在单位创新投入下创新产出的多寡，中国相对于欧美老牌资本主义国家在效率方面有着巨大的优势。

（四）主要结论

第一，根据 GII 的估算，虽然企业和公共研发支出的同比增长较低，但是仍有许多积极的因素支持全球创新和增长。例如企业逐渐变为研发投入的主力军，世界著名的高科技企业诸如华为、苹果、IBM，其每年的研发投入远超学校及其他非营利组织。发展中国家的企业也越来越多地以创新为企业未来成长的目标。受世界大潮的影响，大部分中等收入和低收入国家/经济体未来有望加大创新力度，消除全球创新活动鸿沟。

第二，绿色能源的创新活动不仅对全球经济增长有贡献，而且是避免环境危机的有效解决措施。到 2040 年，全球能源需求量将比 2020 年增加 30%。面对气候变化，常规的能源供应方式难以维系。从现有数据来看，绿色投资增长有所放缓；与能源有关的专利活动停滞不前，甚至在经过了一个加速增长的阶段后，在近年来开始呈下行趋势。除技术发明本身外，能源创新面临的最大挑战还有如何传播能源创新和制定相应的激励政策，而且能源创新商业化过程中成本往往被普遍低估。

第三，中国的快速崛起对其他中等收入国家/经济体起到了示范作用。全球创新鸿沟仍然明显存在，中高收入国家/经济体与其他欠发达国家/经济体之间在几乎所有的创新投入和产出指标中都存在很大差距。全球各地区创新依然严重失衡，这阻碍了经济和人力发展。中国在全球创新指数中的攀升（2016 年居第 25 位，2019 年居第 14 位）具有非凡意义。中国在不同领域的创新能力愈加凸显。其中进步最大的指标是全球研发公司、高新技术进口、出版物质量和高等教育入学率。就绝对值而言，中国在研发支出及研究人员、专利和出版物数量等领域，居世界第一位或第二位，超过了大部分高收入国家/经济体。中国的关注点正在转向创新的质量和影响。

第四，大多数科技集群集中在美国、中国和德国，巴西、印度和伊朗也进入了前 100 位。高水平集群的结果是：东京—横滨再次位居榜首，深圳—香港居第 2 位。集群数量最多的国家是拥有 26 个集群的美国，其次是中国（16 个）、德国（8 个）、英国（4 个）和加拿大（4 个）。

第五，将重心从创新数量转移到创新质量上，仍然是当前全球创新活动面临的首要问题。GII 通过考察以下三个因素衡量创新质量：高校的质量（QS 高校排名）、专利发明的国际化（多局同族专利）、科学出版物的质量（引用文献 H 指数）。在高收入国家/经济体中，美国超越了日本，重登榜首。日本降至第 3 位。德国首次升至第 2 位。在中等收入国家/经济体中，中国、印度和俄罗斯位居前三。中国在全球排名第 15 位，是唯一的在全部三项指标上向高收入组靠拢的中等收入国家/经济体。在高校的质量方面，美国和英国雄踞 2019 年 GII 的前两名，随后是中国，从 2018 年的第 5 位上升至 2019 年的第 3 位。在科学出版物的质量方面，排名相当稳定，美国、英国和德国在 GII 榜上稳稳领先，在中等收入国家/经济体中，中国居首，其次是印度。在专利发明的国际化方面，欧洲国家占据了前十名中的七席，其余三个分别是以色列、日本和韩国。在中等收入国家/经济体中，中国和南非占据前两名。

第六，实现人人拥有优质医疗保健服务，对于实现可持续的经济增长和提高公民整体生活质量十分重要。当前创新活动投资的趋势主要集中于大数据、物联网和人工智能等方面，数字和生物技术的融合正在瓦解传统医疗保健的格局，数据集成和管理在整个医疗保健生态系统中占据越来越重要的地位，而这正逐渐改变当前整个医疗保健服务的模式。对于新兴国家/经济体来说，补足自身医疗保障体系的短板，这正是难得的机遇。相比于发达国家/经济体健全的传统医疗保障体系，新兴国家/经济体往往缺乏可以高效运作的医疗卫生系统。而新的科技正在改变医疗保健行业的格局，新兴市场的经济体更需要给予医学创新更多投资，以利用新的医疗保健服务模式，缩短其与发达国家之间的差距。

二　全球创业观察（Global Entrepreneurship Monitor）

（一）指数介绍

全球创业观察（Global Entrepreneurship Monitor，GEM）是由英国伦敦商学院和美国百森商学院共同发起成立的国际创业研究项目，旨在研究国家层面的创业活动。该项目在发布《全球创业观察报告》的同时，通过与各国本土研究所合作，发布各国的地区创业观察报告，并根据经济的发展与时代的变化，发布专题报告。此项目从 1997 年开始筹备设计，于 1999 年发布首期报告，随后每年发布一期。到 2019 年，该项目发布了第 20 期报告。在这 20 年里，GEM 调查了全球 112 个经济体中超过 290 万的成年人，其调查样本覆盖了全世界超过 70% 的人口，其调查样本涉及的经济体占全世界总产出的 90% 以上。GEM 主要关注全球成员国或地区的创业活动态势，进而以较为客观全面的指标衡量其创业活跃度，发掘创业与当地经济增长和国家发展的作用机制。GEM 在丰富的数据支撑下，通过属性、愿景、态度、认知和意图五个方面来衡量研究主体的创业行为，分析研究主体的创业情况。该报告便于各经济体在与其他地区的比较下，发现不足，学习经验，因此受到了各国政府和研究机构的广泛关注，产生了显著的国际影响。

2018/2019 年《全球创业观察报告》的出炉标志着全球 500 多名研究人员参与的，长达 20 年在 112 个经济体中进行数据收集活动的完成。过去 20 年来，全球大事和世界经济的演变特征塑造并影响了创业行为。其中包括新千年的开始、2001 ~2005 年恐怖袭击和全球经济放缓、2007 年开始的由食品和难民危机引发的严重金融危机，以及近年来国际贸易协定影响下的全球紧张局势和加剧的不确定性。与此同时，数字技术的进步催生了创业和社交的新形式，同时引发了关于隐私问题等潜在威胁以及关于加剧两极分化的假新闻的争论。与此同时，作为一个组织，GEM 已经发展成为重要的全球平台之一，为企业提供信息和促进创业，以探险精神迎接时代的挑战。虽然故事和假设常常围绕着世界对企业家的看法进行，但《全球创业观察报告》提供了以证据、数据为基础的信息，以增进对创业的理解并指导有关创业的决策。全球创业观察组织非常清楚，未来 10 年监测创业活动可能需要将现有的可靠数据收集方法与全新的方法结合起来，以此把握数字时代的新机遇。

（二）指数结构分析

首先，在国家的框架下，GEM 从社会、文化、政治及经济环境等方面反映创业活动的总体环境，其子指标包括：创业金融、政府政策、政府创业项目、创业教育、R&D 转移，商业和法律基础设施、物质基础设施、内部市场动态和准入管制、文化和社会规范。

其次，创业活动需要考察当地的社会认同和个人的创业动机。在具有创业进取精神的社会价值观下，无论创业者是否有较高的社会地位，社会都认为企业家是很好的职业选择；无论创业门槛是否很高，媒体在经济体中对企业家都持褒扬态度。而个人创业动机主要考察的方面为人口特征（例如年龄、性别）、对商业机会的感知能力、对自身是否具备企业家能力的认知、对创业失败的恐惧。很明显的现象是，年轻人较多的地区，创业活动往往非常活跃，其原因在于年轻人缺乏对创业失败的恐惧。

最后，GEM 在考察创业活动时，将其总体分为三大类分别进行考察：早期创业活动（TEA）、社会创业活动（SEA）、员工创业活动（EEA）。不同于其他创业指数的排名方法，即综合加权国家（地区）的子指标得分得到总得分，再对总得分进行排名，GEM 针对不同层次的经济体，对参与调查的经济体的关键创业观察指标进行排名，以此考察不同经济体在各项创业指标中的排名情况。

（三）指数排名

中国在 GEM 中，在物质基础设施建设和内部市场活力两个方面处于世界前列（排名分别为 6/54 和 5/54）。而中国的商业和法律环境较为薄弱，处于世界中下游（排名为 47/54）。而在早期创业活跃度方面，中国由 2015 年的第 31 位，提升至 2018 年的第 26 位，虽逐年稳步提升，但目前仍处于世界中游水平。早期创业活动（TEA）也是全球创业指数体系中一项重要的考察指标。早期创业活动是指在 18 ~ 64 岁的年龄群体中，参与企业建设或运营企业少于 3. 5 年的个体数量在成年人口中所占的比例，包括新手创业者和新企业所有者。如表 3 所示，2018 年，全球创业观察早期创业活跃度指数排名在前 15 位的国家主要集中于非洲和拉丁美洲地区，且都是中低收入国家。而在早期创业活动中位居前列的高收入国家是加拿大、美国、乌拉圭。加拿大在商业与法律环境（排名 3/54）、创业融资（排名 7/54）、研发转化（排名 9/54）三个方面优势明显。而美国则在创业融资（排名 1/54），文化、社会准则（排名 1/54），商业与法律环境（排名 5/54）三个方面优势明显。中国在鼓励创业方面还有较大的可改进空间。

表 3　全球创业观察早期创业活跃度指数

国家	2019 年得分	2019 年排名	2018 年得分	2018 年排名	地区
安哥拉	40. 8	1	—	—	非洲
危地马拉	27. 5	2	24. 8	2	拉丁美洲
智利	25. 1	3	23. 8	5	拉丁美洲
黎巴嫩	24. 1	4	24. 1	4	中东
秘鲁	22. 5	5	24. 6	3	拉丁美洲
苏丹	22. 2	6	—	—	非洲
哥伦比亚	21. 2	7	18. 7	13	拉丁美洲
马达加斯加	20. 7	8	21. 8	7	非洲
泰国	19. 7	9	21. 6	8	东亚
加拿大	18. 7	10	18. 8	12	北美洲
巴西	17. 9	11	20. 3	10	拉丁美洲
乌拉圭	15. 7	12	14. 7	15	拉丁美洲
美国	15. 6	13	13. 6	18	北美洲
韩国	14. 7	14	13. 0	21	东亚
土耳其	14. 2	15	—	—	中亚

资料来源：2017 ~2019 年《全球创业观察》。

如表 4 所示，在影响创业的 12 个子指标中，中国在企业融资、政府创业项目、学校阶段创业教育、商业和法律环境四个方面和美国存在明显差距。除了商业和法律环境的得分低于世界平均水平、政府创业项目的得分与世界平均水平持平以外，其他各项得分都稳定在世界平均水平之上。

表 4　中国创业企业条件各项基本指标

指标	中国	美国	世界平均
企业融资	4. 60	5. 95	4. 29
政府扶持政策	4. 79	4. 17	4. 37
政府税收与官僚机构	4. 60	3. 39	3. 88

续表

指标	中国	美国	世界平均
政府创业项目	4.49	5.44	4.49
学校阶段创业教育	3.38	4.33	3.14
毕业阶段创业教育	5.27	5.49	4.79
研发转化	4.04	4.39	3.95
商业和法律环境	4.23	5.92	4.90
境内市场活力	6.67	5.49	5.27
市场准入管制	4.41	4.74	4.20
物质基础设施	7.40	7.08	6.32
文化与社会规范	6.02	7.27	4.84

注：分数通过加权平均得到，1 表示极度缺乏，9 表示高度充足。
资料来源：2018～2019 年《全球创业观察》。

（四）主要结论

第一，早期创业活动占比最高的国家是安哥拉，其次依次为危地马拉、智利和黎巴嫩。这并不意味着非发达国家相比发达国家更具有冒险家进取精神。在这些国家，金融市场、政府政策、创业教育、商业及法律基础都非常薄弱，但是人们不得不通过创业来获得工作，以求获得生活经济来源。早期创业活动在非洲和拉丁美洲占比较高，在欧洲及发达经济体中占比较低。

第二，机会型创业并非为解决自身就业，而是为了追求更高的收入及更多的独立性。该类型的创业反映的往往是国家框架下创业的金融、政策、制度、商业环境等的完备性及当地的社会价值观对创业的认可程度。发达经济体的创业条件要优于低收入国家，因此机会型创业占比较高的主要是发达经济体，如瑞士、荷兰、美国。而占比较低的国家为埃及、印度、俄罗斯、中国等。

第三，家族型创业占比较高的国家是安哥拉、哥伦比亚、智利、危地马拉。在拉丁美洲经济体中，家族型创业、家族类企业占比较高。其本质原因是拉丁美洲经济体创业的金融、政策、制度、商业环境等较为薄弱，早期创业者很难得到资本市场的支持或政策的积极引导，不得不依赖家庭的支持来开展创业活动。

第四，员工创业活动占比较高的国家为加拿大、爱尔兰、美国、荷兰。发达经济体为创业提供了良好的商业环境和有吸引力的工作，使得一些创业活动发生在企业内部。在发达经济体的全球跨国公司中，普遍设立有员工发展基金或员工创业基金，帮助富有冒险家精神的员工创业。而员工新创建的公司往往挂靠在集团公司下作为子公司运营，将会给整个集团公司带来新的活力和新的经济增长点。

第五，参与零工和共享经济占比较高的国家为韩国、以色列、爱尔兰、美国。该类型的创业活动通过互联网线上平台来运行。其主要发生在互联网普及率高的国家。这类创业最大的特点是没有实体企业或没有进行过工商注册的企业，因此在调查中难以统计，但是其商业活动和创业无异。例如在中国有成千上万的自媒体运营者，其在网络视频网站或某些知识平台发布创新内容吸引观众。其内容的制作往往不是由一个人独立完成，而是通过线上发布任务的方式雇用社会零工完成。当关注度达到一定规模后，这些自媒体运营者将会收到一些实体企业的广告业务合作邀请函，并通过在自己发布的内容中给别的实体企业打广告以获得盈利。该类型的创业活动近年来规模不断扩大，不但提高了对社会闲散零工的利用率，也给创业活动带来了新的活力和启示。

第六，技术创新型创业占比较高的国家为卢森堡、智利、印度、加拿大。该类型创业的特点为以技术创新为原动力，运用新的技术或产品打破现有的市场格局以实现盈利增长。因此，在发达经济体、发展中经济体和欠发达经济体中都可以看到此类创业的高占比。

第七，社会型创业占比较高的国家为美国、卢森堡、以色列、哥伦比亚、智利。社会型创业是 20 世纪 90 年代以来在全球范围内兴起的一种新的创业形式。这一创业形式被认为是一种解决社会问题的社会创业模式，在公共服务领域被发现，并逐渐超越民间非营利组织的范畴。该类型创业活动无论在发达经济体、发展中经济体还是欠发达经济体中都具有高占比。

三 全球创新城市指数（Innovation Cities Index）

（一）指数简介

全球创新城市指数（Innovation Cities Index，ICI）是由澳大利亚墨尔本的一家智库公司2thinknow发布的。该公司的核心观点为“创新已经成为城市的基本现象”。2thinknow于2006年开始筹备构建全球创新城市指数（ICI），并于2007年在波士顿首次发布全球创新城市排名，随后每年发布一次报告。在最新的2019年报告中，ICI已经将全球500座城市纳入考察范围。不同于其他创新创业指数对国家/地区的创新能力进行考察，ICI专注于对创新城市的评价研究。

（二）指数排名

ICI对创新城市的排名是以该城市创新条件分数来衡量的。创新条件分数由三个层层推进的主因子得分给出：文化资产、人力基础设施、网络化市场。创新即将思想、理念通过人力资本转化为已实施、已传达的创新产出的过程。而这三个主因子得分是由162个子指标的得分推算得到的。这162个子指标覆盖了一个主要城市的所有（31个）行业领域，包括但不局限于一个城市的科技、技术创新领域。这162个子指标是从City Benchmarking数据集中选择的大约1000个原始数据变量派生得出的。该商业质量数据库被出售给企业和研究机构以进行投资决策。总的来说，ICI的指标体系为衡量一座城市的创新能力提供了框架。该框架创建于2007年，在2010年进行了扩展，并在2012~2019年逐步定型为定量模型，现在大部分子指标是由算法驱动的。

2019年全球创新城市与中国创新城市排名见表5。

表 5　2019 年全球创新城市与中国创新城市排名

城市	国家	得分	2019 年全球排名
纽约	美国	59	1
东京	日本	58	2
伦敦	英国	57	3
洛杉矶	美国	56	4
新加坡	新加坡	55	5
巴黎	法国	55	6
芝加哥	美国	55	7
波士顿	美国	55	8
圣弗朗西斯	美国	55	9
多伦多	加拿大	54	10
墨尔本	澳大利亚	54	11
柏林	德国	53	12
达拉斯 - 沃斯堡	美国	53	13
首尔	韩国	53	14
悉尼	澳大利亚	53	15
西雅图	美国	53	16
休斯敦	美国	52	17
亚特兰大	美国	52	18
华盛顿特区	美国	52	19
迈阿密	美国	51	20
中国创新城市排名			
北京	中国	50	26
上海	中国	49	33
深圳	中国	46	53
香港	中国	46	56
广州	中国	45	74

资料来源：《2019 全球创新城市指数》。

根据表5，美国城市在前20 名的城市中占11 席，而在2017 年的全球创新城市指数报告中，美国城市仅占前20 名的城市中的7 席，美国城市的创新活力愈发强劲。欧洲城市中仅有英国伦敦、法国巴黎和德国柏林进入前20名。在亚洲，排名第一的是日本东京，在全球创新城市排名中仅次于纽约，排在第2位，新加坡和首尔紧随其后，分别排在世界第5位和第14位。中国共有5座城市进入前100名。在中国上榜的城市中，除香港外，北京、深圳、广州均保持排名稳步上升的趋势。北京由2017年的第30名上升至第26名，深圳由2017年的第69名上升至第53名，广州由2017年的第97名上升至第74名。而上海2017年排在世界第32名，目前退步一名处于第33名。香港在创新城市的排名中处于长期滑落趋势，由2011年的第15名滑落到目前的第56名。北京、深圳、广州的创新潜力正逐步释放，而上海在创新方面后劲欠缺，香港在创新的竞争中正处于颓势。

从2011年的报告到2019年的最新报告来看，全球创新城市最大的变化可以总结为美国的崛起和欧洲的没落。在2011年的报告中，美国城市在前20名中仅占据3席，分别是波士顿（第1）、圣佛朗西斯（第2）、纽约（第4），而欧洲城市在前20名中占13席。而在2019年报告中，美国城市在前20名中占11席，欧洲仅有英、法、德首都城市排进前20名。世界创新的重心已经从欧洲转移到了美国。在美国城市中，进步较明显的如洛杉矶由2011年全球第29位上升至2019年全球第4位，芝加哥由2011年全球第34位上升到2019年全球第7位，休斯敦由2011年全球第87位上升至2019年全球第17位，迈阿密由2011年全球第119位上升至2019年全球第20位。芝加哥和休斯敦都处于美国内陆腹地，没有临海和港口导致内陆城市的交易成本相对临海城市处于劣势。而地理位置的劣势并没有阻挡其创新的发展。芝加哥和休斯敦的地理位置条件与中国南京、武汉等内陆二线城市当前的状况相近，其创新发展的路径和经验最值得中国内陆城市学习和借鉴。而迈阿密在全美以宜人的气候和美丽的沙滩闻名，长期以来迈阿密以旅游业立足，而在近十年的发展中，迈阿密以其气候宜人的优势不断吸引世界高净值人士定居，并吸引了一大批公司将其总部或其拉丁美洲分部设立于此。迈阿密港是美国最繁忙的港口之一，主要集散来自南美洲和加勒比海地区的货物。另外，迈阿密市区是美国最大的国际性银行聚集地。迈阿密的区位条件与中国的海口市或北部湾市非常相似，其发展经验非常值得借鉴与参考。

四 全球创业生态指数（Global Startup Ecosystem Report）

（一）指数介绍

全球创业生态指数（Global Startup Ecosystem Report，GSER）由 Startup Genome 公司构建，该公司在 2011 年时和硅谷创新大师 Steve Black 以及斯坦福大学一起就影响科技初创公司取得成功的因素展开调查，并于 2012 年首次发布《全球创业生态系统报告》。截至 2019 年，它们已经发布了 5 期报告。前两期由于语言障碍，它们并未将中国、韩国纳入考察范围，2017 年将中国纳入考察范围。

（二）指数结构分析

与全球创新城市指数相似，全球创业生态指数也以城市为基本单位，通过多个维度的信息来探讨每座城市的创业生态的活跃度。GSER 认为每座城市的创业生态系统对初创企业的成立与发展以及区域经济发展具有重要作用，并提出了可量化分析创业生态系统的生命周期模型，在此基础上，通过对生态系统业绩、融资、市场覆盖率、连通性、人才、创业经验、知识专利 7 个维度进行量化分析，对全球城市的创业生态系统进行评价。GSER 的基础数据库涵盖了超过 100 万家公司、150 个创业生态系统以及 10000 名创业企业高管的调查问卷。GSER 在 2018 年的报告中引入了创业生态系统的生命周期模型，进一步完善对创业生态系统的评价体系。在创业生命周期模型中，创业被划分为启动期、全球化期、扩张期和整合期，由此生态系统的绩效得以通过该生态系统中创业企业早期退出率、成功率以及独角兽企业的产出率评估。

全球创业生态指数一级子指标及其权重见表 6。

表 6　全球创业生态指数一级子指标及其权重

业绩	融资	市场覆盖率	连通性	人才	创业经验	知识专利
30%	20%	12.5%	12.5%	10%	10%	5%

资料来源：2019 年《全球创业生态系统报告》。

其中，业绩衡量创业生态系统中创业企业的估值、产出、成功存活率和退出率，用于综合捕捉一个创业生态系统培育创业企业的能力。融资衡量早期创业企业接受的融资规模以及融资质量。市场覆盖率衡量创业公司可以覆盖的市场规模以及创业公司步入全球市场的难易度。连通性衡量创业生态系统与全球知识网络的连通性，以及创业生态系统内部的知识的连通性。人才衡量创业生态系统中科技类人才的密度。创业经验衡量创业生态系统中创业者的创业经验以及团队工作经验。知识专利衡量创业生态系统中专利的数量和质量，以及研究能力。

（三）指数排名与主要结论

2019 年全球创业生态指数排名见表 7。

表 7　2019 年全球创业生态指数排名

城市	综合排名	变化（以 2017 年为准）	业绩	融资	市场覆盖率	连通性	人才	创业经验	知识专利
硅谷	1	0	1	1	1	1	1	1	1
纽约	2	0	1	1	3	2	2	1	2
伦敦	3 ~ 4	0	1	1	1	1	2	2	1
北京		+1	1	1	5	5	1	1	1
波士顿	5	0	1	2	2	3	1	1	2
特拉维夫	6 ~ 7	0	2	2	2	1	2	2	1
洛杉矶		+3	1	1	3	4	3	2	3
上海	8	0	2	2	2	4	1	3	1
巴黎	9	+2	2	1	3	2	3	3	2
柏林	10	-3	3	2	1	1	2	3	4
斯德哥尔摩	11	+3	3	2	2	2	4	2	2

续表

城市	综合排名	变化(以2017年为准)	业绩	融资	市场覆盖率	连通性	人才	创业经验	知识专利
西雅图	12	-2	2	3	3	3	1	1	3
多伦多-滑铁卢	13	+3	3	2	1	3	4	4	3
新加坡	14	-2	2	4	4	1	2	3	4
阿姆斯特丹	15	4	2	3	5	3	5	4	3
奥斯汀	16	-3	3	3	4	4	1	1	3
芝加哥	17	+1	3	4	4	5	3	4	5
班加罗尔	18	+2	3	4	5	2	4	4	2
华盛顿	19	新增	4	3	3	5	4	2	4
圣地亚哥	20	新增	4	3	4	4	3	3	4

资料来源：2019年《全球创业生态系统报告》。

硅谷自《全球创业生态系统报告》发布以来一直居于全球创业生态首位，在2019年的全球排名中，硅谷的创业业绩、融资、市场覆盖率、连通性、人才、创业经验和知识专利等7个分项子指标也位居榜首。在2019年的排名中，世界上排名前5位的创业生态系统分别是硅谷、纽约、伦敦、北京和波士顿，其中北京和伦敦并列第三。北美继续占据主导地位，前三十大初创企业生态系统中有14家位于北美，其中12家在美国。

首次出现在全球顶级创业生态系统中的10个系统分别是：亚特兰大、巴塞罗那、丹佛波尔得、都柏林、香港、洛桑-伯尔尼-日内瓦、迈阿密、慕尼黑、圣地亚哥、华盛顿特区。在这10个新生态系统中，4个（华盛顿特区、圣地亚哥、洛桑-伯尔尼-日内瓦、慕尼黑）已跻身全球前几名，这主要得益于它们在生命科学领域的强劲表现。10个生态系统中有两个（亚特兰大和丹佛波尔得）自2012年以来一直是世界前二十大生态系统的亚军。在剩下的4个新的顶级生态系统中，迈阿密在市场影响力方面做得特别好，在这个因素上排名第一。

五　全球创业指数（Global Entrepreneurship Index）

（一）指数介绍

全球创业指数（Global Entrepreneurship Index，GEI，原“全球创业与发展指数”）由全球创业发展研究所（The Global Entrepreneurship and Development Institute，GEDI）发布。全球创业发展研究所是一家研究政策发展的组织，总部设在美国华盛顿的哥伦比亚特区，是国际领先的研究创业与经济发展的机构。其主旨是通过提升创业环境以促进经济发展和繁荣，为个人、社区和国家提供经济发展的机会。全球创业指数体系包括个人层面的变量和制度、环境变量。所有的个人层面的数据均来自 GEM 调查，但是关于制度、环境变量的数据则来自多种其他渠道。2018 年全球创业指数衡量的对象已经达到 137 个国际和地区。

（二）指数结构分析

全球创业指数识别出了 14 个对创业生态系统影响重大的子指标，旨在衡量创业活动的质量和支持创业的生态体系的深度，并在此基础上搜集数据，建立了创业态度、创业能力和创业愿景三个层面的得分体系，最后由三个层面的得分计算出总得分。表 8 是 2019 年全球创业指数体系的具体框架。

表 8　2019 年全球创业指数体系具体框架

	次级指标	支柱	变量
2019 年全球创业指数	创业态度	机会感知	感知商业机会的能力
			商业自由度
		创业技能	技能认知
			教育（高等教育、教育质量）
		风险接受程度	风险感知能力
			国家风险

续表

2019年全球创业指数	创业态度	网络化	城市化程度
			交通基础设施
		文化支持	职业现状
			腐败现象
	创业能力	创业机会	机会动因
			监管（税收、良政）
		技术吸收	技术水平
			技术吸收
		人力资本	教育水平
			劳动力市场（员工培训、劳工自由）
		竞争力	当前竞争者的市场力量
			反垄断政策
			监管主体的有效性
	创业愿景	产品创新	新产品
			技术转让
		工艺创新	新技术
			科学技术（研发支出总量、科研机构水平、科学家和工程师的可利用度）
		高增长	高增长企业的占比(10人以上且每年保持50%增速)
			风险资本融资的可能性及商业策略的成熟度
		国际化	出口
			经济的成熟度
		风险资本	风险权益资本的可得性
			资本市场的深度

资料来源：《2018年全球创业指数报告》。

（三）指数排名与主要结论

全球创业指数国家/地区排名见表9。

表9　全球创业指数国家/地区排名

国家/地区	2018年得分	2018年排名	2017年排名	排名变化
美国	83.6	1	1	—
瑞士	80.4	2	2	—
加拿大	79.2	3	3	—

续表

国家/地区	2018 年得分	2018 年排名	2017 年排名	排名变化
英国	77.8	4	8	+4
澳大利亚	75.5	5	6	+1
丹麦	74.3	6	5	-1
冰岛	74.2	7	6	-1
爱尔兰	73.7	8	9	+1
瑞典	73.1	9	4	-5
法国	68.5	10	13	+3
荷兰	68.1	11	10	-1
芬兰	67.9	12	11	-1
中国香港	67.3	13	32	+19
奥地利	66.0	14	14	—
德国	65.9	15	12	-3
以色列	65.4	16	17	+1
比利时	63.7	17	15	-2
中国台湾	59.5	18	16	-2
智利	58.5	19	18	-1
卢森堡	58.2	20	20	—

资料来源：《2018 年全球创业指数报告》。

在 2018 年全球创新指数（GEI）中，亚太地区在产品创新方面平均得分最高，该地区在人力资本方面的得分也很高。欧洲在技术吸收和国际化方面取得了稳定的高分数，创业技能的平均分也逐步攀升至同一水平。中东和北非地区在产品创新和风险资本方面显示出较强实力。北美最强的方面是机会感知和风险接受程度。南美/中美洲和加勒比地区在创业技能和产品创新方面最为强劲。撒哈拉以南非洲地区在机会感知方面表现得最为突出。在全球范围内，人口的受教育程度越来越高，抓住机会创造新产品的人也越来越多。但文化支持、人力资本、竞争力、国际化和风险资本这五个领域的分数出现了小幅下降（不到 2%）。这表明，整个环境在某种程度上对创业的支持在下降。从某种程度上来说，成为一名企业家已经变得不那么容易。因此，企业家需要进一步汲取新技能和提高创新能力来迎接这一挑战。

中国在 GEI 的排名中逐年稳步上升，2016 年在全球排在第 60 位、2017 年在全球排在第 48 位，2018 年上升到全球第 43 位。如图 1 所示：在各个分项指数上，中国在产品创新、风险资本、高增长和工艺创新四个方面表现优异，而在机会感知、创业技能、技术吸收和创业机会等方面表现欠佳。GEI 将 137 个国家/地区的分项得分进行归一化处理，以百分比的形式呈现分数。2018 年中国在 GEI 中的总得分是 41.1 分，美国则是 83.6 分，差距较大。说明当前中国仍需完善促进创业的“硬条件”和“软条件”。

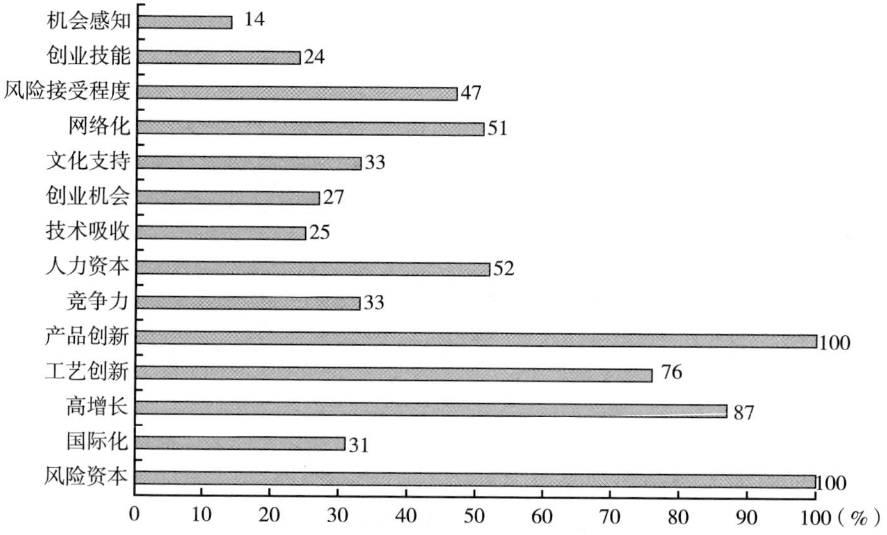

图 1　中国在 GEI 中各分项指数得分

资料来源：《2018 年全球创业指数报告》。

六　结语

表 10 将全球创新指数和全球创业指数的评价体系中相似的子指标筛选了出来。我们发现在全球创新指数和全球创业指数中，两者有部分子指标互相重复，分别是：制度/政策、人力资本/教育、研发/科学技术、信贷/风险资本、基础设施建设、商业成熟度/竞争力。我们认为这些方面给创新创业

表 10　全球创新指数与全球创业指数比较

全球创新指数	创新投入	制度	政治环境
			监管环境
			商业环境
		人力资本和研究	初等教育
			高等教育
			研发
		基础设施	信息通信技术
			普通基础设施
			生态可持续性
		市场成熟度	信贷
			投资
			贸易、竞争和市场规模
		商业成熟度	知识型工人
			创新关联
			知识吸收
	创新产出	知识和技术产出	知识创造
			知识影响
			知识传播
		创意产出	无形资产
			创业产品和服务
			网络创意
全球创业指数	创业态度	机会感知	感知商业机会的能力
			商业自由度
		创业技能	技能认知
			教育(高等教育、教育质量)
		风险接受程度	风险感知能力
			国家风险
		网络化	城市化程度
			交通基础设施
		文化支持	职业现状
			腐败现象
	创业能力	创业机会	机会动因
			监管(税收、良政)
		技术吸收	技术水平
			技术吸收

续表

全球创业指数	创业能力	人力资本	教育水平
			劳动力市场(员工培训、劳工自由)
		竞争力	当前竞争者的市场力量
			反垄断政策
			监管主体的有效性
	创业愿景	产品创新	新产品
			技术转让
		工艺创新	新技术
			科学技术(研发支出总量、科研机构水平、科学家和工程师的可利用度)
		高增长	高增长企业的占比(10 人以上且每年保持 50% 增速)
			风险资本融资的可能性及商业策略的成熟度
		国际化	出口
			经济的成熟度
		风险资本	风险权益资本的可得性
			资本市场的深度

提供了“土壤”，而“土壤”的质量高低决定了创新创业活动发展的潜力。除了互相重复指标所代表的“土壤”，全球创新指数更加关注创新活动所产出的知识的传播、影响，创新关联。而全球创业指数更加关注文化支持、感知商业机会的能力、风险感知能力、劳动力市场（员工培训、劳工自由）、反垄断政策、监管主体的有效性、技术水平和技术转让、风险资本融资的可能性及商业策略的成熟度。

对比两者，全球创新指数在结构上更加注重创新活动带来的新知识的传播和影响，更加注重创新活动带来的新的创意产品的输出。而全球创业指数则更加注重创业活动发生地对创业活动的支持要素，这些支持要素包括文化支持、监管主体的有效性、劳动力市场（员工培训、劳工自由）、现有的技术水平和科学技术水平、风险投资的融资环境。这些支持要素可以理解为创业活动发生地的大环境对创业的支持、鼓励的态度。从两个指数对比我们发现，创新活动活跃并不一定代表创业活动活跃。其中最典型的例子是日本和中国。在 2019 年全球创新指数的排名中，中国和日本分列第14位和第15位。而在2018年全球创业指数的排名中，中国和日本分列第43位和第28位，不及智利、阿联酋、斯洛文尼亚等一些创新活动并不活跃的国家。中国和日本类似，在产品创新、工艺创新、高增长等方面领先世界，说明中国和日本的创新活动非常活跃。而中国和日本在创业技能和机会感知两个方面非常薄弱。机会感知反映的是该地区的人民发现创业机会的能力以及该地区制度环境的开放自由度。创业技能反映的是该地区的人民是否具备足够的创业技能和知识水平（受教育程度）来发展创业项目。中国和日本在这两个方面得分极低反映了当前中国和日本社会潜在创业者对创业机会的敏感度不够，导致其不足以把自己的想法发展成真正的事业。而较低的创业活动活跃度导致潜在创业者忽视了创业技能。中国目前具有世界先进的基础设施、创新资源、产品，工艺创新活动活跃度非常高。如何将中国目前活跃的“创新”转化为真正的“创业”，仍然需要更多的创业相关政策引导。

参考文献

［1］World Intellectual property organization. Global Innovation Index 2017，https：//www. wipo. int/global_ innovation_ index/en/news/，2017年6月5日。

［2］World Intellectual property organization. Global Innovation Index 2018，https：//www. wipo. int/global_ innovation_ index/en/news/，2018年7月10日。

［3］World Intellectual property organization. Global Innovation Index 2019，https：//www. wipo. int/global_ innovation_ index/en/news/，2019年7月10日。

［4］Global Entrepreneurship Research Association，London Business School. GEM 2017/2018 Global Report，https：//www. gemconsortium. org/report，2018年4月6日。

［5］Global Entrepreneurship Research Association，London Business School. GEM 2018/2019 Global Report，https：//www. gemconsortium. org/report，2019年1月21日。

［6］2thinknow Global Innovation Agency. Innovation Cities™ e Index 2019，https：//www. innovation - cities. com/index - 2019 - global - city - rankings/18842/，2019年11月14日。

[7] Startup Genome. Global Startup Ecosystem Report 2019, https://startupgenome.com/reports, 2019 年 5 月 19 日。

[8] The Global Entrepreneurship and Development Institute. Global Entrepreneurship Index 2018, https://thegedi.org/downloads/, 2017 年 11 月 29 日。

B.11

粤港澳大湾区与东京湾区创新创业资源环境比较研究

王 晴 毛子豪 夏兴雨*

摘 要： 本报告对比了粤港澳大湾区与东京湾区的科教资源、创投资源、政策资源、区位优势等方面，总结了两者发展的态势和特点。通过回溯东京湾区自“二战”之后的发展路径，总结了东京湾区发展的经验与启示。在未来粤港澳大湾区的发展中，需要注重以下四个方面：统筹规划好土地与产业发展之间的关系；加强区域协调机制；加大对科技的研发投入，促进产业快速升级；规避东京湾区在发展中造成的环境破坏效应。

关键词： 粤港澳大湾区 东京湾区 创新创业

一 基本情况分析

2019 年 2 月 18 日，中共中央、国务院印发了《粤港澳大湾区发展规划纲要》（以下简称《纲要》），《纲要》指出：“要不断深化粤港澳互利合作，进一步建立互利共赢的区域合作关系……为构建开放型经济新体制提供支撑，建设富有活力和国际竞争力的一流湾区和世界级城市群，打造高质量发

* 王晴，经济学博士，北京大学汇丰商学院助理教授，研究领域为劳动经济学、发展经济学等。毛子豪，北京大学汇丰商学院经济学专业博士研究生。夏兴雨，深圳大学经济学院金融学专业本科生。

展的典范。”其核心要义就是要促进港澳与内地更好地融合发展，打造中国对外开放的重要窗口。伴随着中国对外开放的进一步深化，尤其是环印度洋经济体的崛起，粤港澳大湾区的区位优势使其成为连接环太平洋经济圈和印度洋经济圈的重要枢纽。而粤港湾大湾区也处于“一带一路”中海上丝绸之路的东亚端起点位置，是“一带一路”倡议建设中的重要支撑。因此，研究如何让粤港澳大湾区面向未来定位，制定前瞻性的发展方向，具有重要的战略意义。

湾区经济现已成为亚洲乃至全球经济发展的重要组成部分，其发展根基——海域经济形态也是泛亚太经济带的重要中枢和引擎。东京湾区作为东亚文化圈中第一个闻名世界的湾区，和由自由贸易和产业自然集聚而形成的旧金山湾区和纽约湾区相比，具有高度统筹规划和超前政策引导产业集聚的发展特征，它的发展历程对于善于“集中力量办大事”的中国国情而言，具有极大的参考意义。本报告通过比较粤港澳大湾区与东京湾区，在充分借鉴东京湾区的发展经验的基础之上，提出推进粤港澳大湾区建设的基本思路和主要措施，为粤港澳大湾区的未来发展提供指导。

通过与东京湾区的比较，粤港澳大湾区从经济规模总量、人口面积以及企业发展方面，都具备打造世界级湾区的条件。截至 2019 年年末，东京湾区的面积约为 1.36 万平方公里，约占日本总国土面积的 3.6%；截至 2019 年年末，GDP 为 1.74 万亿美元，涵盖人口数为 3643 万人，占日本总人口的约 34%。东京湾区是日本的政治、经济和文化中心。而粤港澳大湾区城市群的土地面积为 5.60 万平方公里，2019 年地区生产总值约为 1.65 万亿美元，常住人口数约为 6847 万人。与东京湾区相比，粤港澳大湾区都市圈的土地面积相当于东京湾区的 4.12 倍，常住人口相当于东京湾区的 1.88 倍。而东京湾区的人口密度是大湾区人口密度的 2.2 倍，GDP 为大湾区的 1.05 倍，人均 GDP 为大湾区的 2.0 倍（见图 1）。两相对比，粤港澳大湾区拥有更多的土地资源和人力资源，且人口密度相对较低，经济发展潜力较大。

在企业发展方面，东京湾区居全球创新集群首位，优势产业竞争动力强劲。根据 2019 年的《财富》杂志全球企业 500 强榜单，东京湾区拥有 39 家

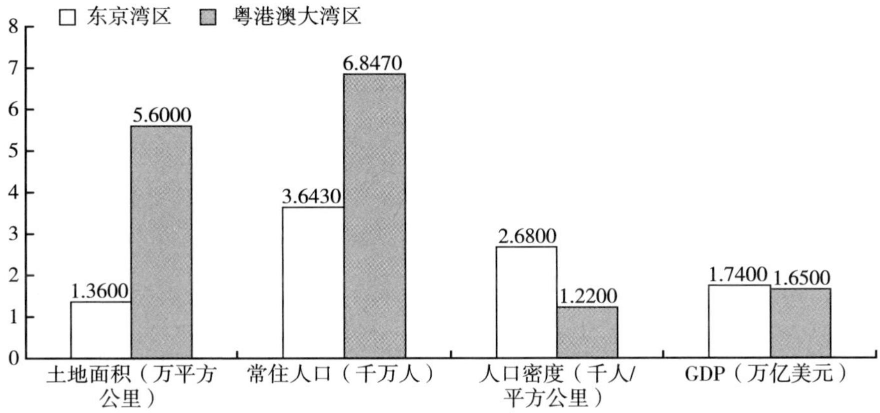

图1　东京湾区与粤港澳大湾区基本情况比较

资料来源：广东省统计局、日本统计局、香港统计局、澳门统计局。

全球500强企业。从利润来看，东京湾区39家企业平均营收为643.37亿美元，平均利润约为36.06亿美元。其中包括全球领先的半导体供应商瑞萨电子、著名的电子设备制造商奥林巴斯，以及日本知名的机械制造商川崎重工等9家注重创新研发的企业。日本在汽车制造行业具有明显的创新能力优势，在全球500强企业中，入围的9家汽车制造及配件公司中有7家是日本企业。此外，东京湾区的数字化产业同样引领全球。其产业市场份额已超全球数字产业总份额的1/3，涌现出日立、东芝、索尼、佳能等高端数字技术企业，展现出了极强的市场生命力。而在2019年的《财富》杂志中，粤港澳大湾区汇聚了世界500强企业共20家，平均营收为598.59亿美元，平均利润约为47.77亿美元（见图2）。进入世界500强的大湾区企业普遍发展迅猛，比如碧桂园从2018年的第353位上升至2019年的第177位，上升了176位；腾讯控股从2018年的第331位上升至2019年的第237位，上升了94位。

对比粤港澳大湾区和东京湾区发现，其中最大的特征是虽然大湾区企业平均营收低于东京湾区，但是平均利润高于东京湾区，其本质原因是大湾区战略性新兴产业在背后发力。总体而言，大湾区企业在互联网、高技术制造等领域的国际竞争优势正逐步显现。大湾区的企业依托其强大的创新优势，现正处于蓬勃发展的阶段。据广东省科技情报研究所统计（2018），大湾区内国家高新技术企业有 3 万多家，专利申请量达 57.2 万件，其中发明专利申请量为 17.6 万件，大湾区专利申请量和发明专利申请量同比增速分别为 364% 和 30.1%，是中国平均增速的 7.9 倍和 2.1 倍。卓越的创新能力是大湾区成为世界一流湾区的基础条件。

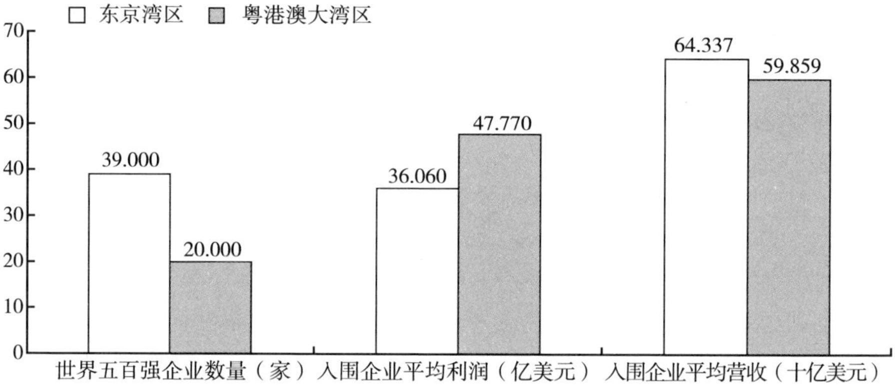

图 2　2019 年东京湾区与粤港澳大湾区企业情况比较

资料来源：南方经济智库、《财富》世界 500 强榜单。

二　科教资源

近年来，粤港澳大湾区不断加大在科研、教育方面的投入，其依托政策红利，吸引外部优质资源，整合内部分散资源，增强了企业办学意愿。一是引进了许多境内外的名校，如清华大学、北京大学、香港大学、澳门科技大学、香港中文大学、香港科技大学、美国加州大学伯克利分校等总计 173 所知名高校（其中 4 所世界百强高校），已汇聚近 20 万名学生。根据 2019 软科中国两岸四地大学排名，清华大学的科研经费（总量）较充足，香港中文大学的师资质量较优。这些知名高校为建设粤港澳人才高地提供了有力支持。二是共同发起非营利性大学合作联盟来实现教育平台融合和教育资源共享，如 2016 年 11 月 15 日成立粤港澳高校联盟（28 所）。三是很多高技术企业结合自身特色将粤港澳优质教育资源整合到企业内部，形成符合企业发展需求的职教大学，如腾讯大学、华为大学、中兴通讯学院等。

东京湾区与粤港澳大湾区教育资源比较见图 3。

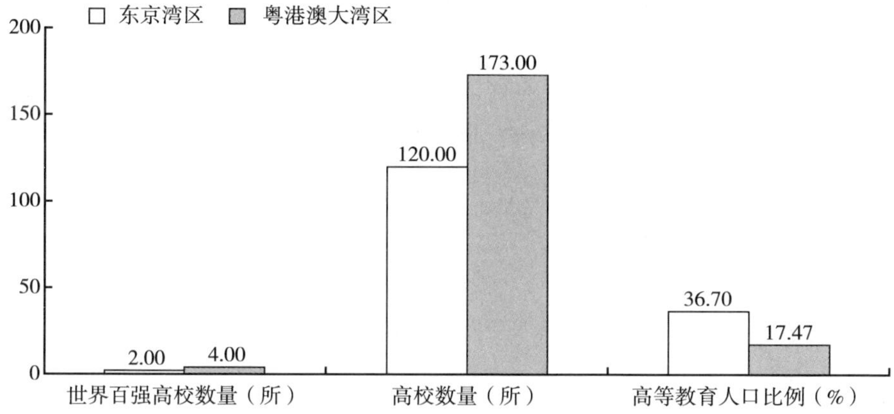

图 3　东京湾区与粤港澳大湾区教育资源比较

资料来源：2019 软科世界大学排名、《东京都市白皮书》、《香港青年粤港澳大湾区发展指数 2018》。

在此区域内，广东省由于其地理位置及历史原因，形成了产业集聚效应。高校基于此经济基础优势，与产业界尤其是高科技企业逐渐开展合作，逐渐建立了产学研平台。刘盾和魏东初详细阐述了香港高等教育的实力雄厚以及高度国际化。香港坐拥香港大学、香港科技大学等 4 所世界百强大学。其中，香港大学的卓越研究与策略研究、香港中文大学的人文教育与书院制度、香港科技大学的科技研发与技术创新、香港城市大学与理工大学的专长学科与专业建设、香港浸会大学的全人教育、岭南大学的博雅教育、香港教育大学的师资培育等，都体现着香港高校各自鲜明的特色，共同结合成高等教育的后发力量。但这些香港高校的科研成果大多没有形成有效的产业转化，产学研效果不及广东省内高校。而澳门高等教育规模虽小，但特色明显。高校之间的角色分工日渐清晰：综合、科技、理工、旅游、护理等领域发展都各成体系，教育质量逐步提高，实力水平不断提升。

东京湾区内拥有多类型、多学科、多层次的大学集群，从而汇聚了高学历、高素质的高科技人才，为科技创新提供了智力保障。Romer P. M. 的理论表明人才具有的知识和技术对企业降低边际成本、推动营收递增具有决定性作用。东京湾区集聚了东京大学、早稻田大学、东京都市大学、横滨国立大学、庆应义塾大学等 120 所大学（其中两所世界百强高校），占日本大学总量的 20% 以上。东京湾区内的京滨工业区集聚了 NEC、佳能等国际知名企业与大批日本著名高等学府开展的联合办学机构，使东京湾区的优秀人才按功能定位聚在一起并产生群聚效应。该效应表现在三个方面：一是企业科研主体地位明显，李楠等的研究表明每年企业研发经费的投入超过东京湾区研究与试验发展经费的 70%；二是企业积极促进科研成果转化，企业与东京湾区内大学开展稳定的合作，主动建立专业的产学研协作平台；三是科研机构享有更大权力，这是由于湾区内大学与产业发展联系紧密，将原隶属于多个省厅的大学和研究所调整为独立法人机构，赋予大学和科研单位更大的行政权力。

三　创投资源

东京湾区以产业金融为特色，优先为湾区内部企业提供金融服务，区域内研发投入始终保持稳定态势。东京湾区拥有良好的金融实力，在 2019 年全球金融中心指数（GFCI）排名中，东京位列第 6，其金融业主要依靠银行业进行支持，银行类金融机构数量占东京湾区所有金融机构数量的比例高达 35%。彭兴庭的研究表明，日本年销售额超过 100 亿日元的企业有 50% 集中在东京湾区，其对信贷和融资等方面的需求也成为支撑湾区金融业蓬勃发展的重要推手，这也形成了金融业与实体产业相互协作的格局。如丰田集团与 MS&AD 保险集团联合构建了符合自身发展需求的金融生态圈，MS&AD 保险集团增持丰田集团股份，成为其第一大股东，而丰田集团获得融资后投入新能源汽车研发，并为其上下游客户提供相应的保险服务，这大大提升了企业市场竞争力。整个湾区近 10 年 R&D 经费投入强度呈现平衡的状态，基本在 3.5% 左右浮动。其中，企业 R&D 投入贡献率约在 72%，政府 R&D 投入贡献率约在 20%，其他非营利性社会机构 R&D 投入贡献率约在 8%（见图 4）。而粤港澳大湾区企业 R&D 投入贡献率在 80% 以上，且 R&D 投入占 GDP 的比例约为 2.7%。粤港澳大湾区企业 R&D 投入贡献率与硅谷相当，高于东京湾区（72%）和纽约湾区（68%）。R&D 投入贡献率反映了一个地区企业创新的活力，这也是优秀的高科技企业诞生的领先指标。

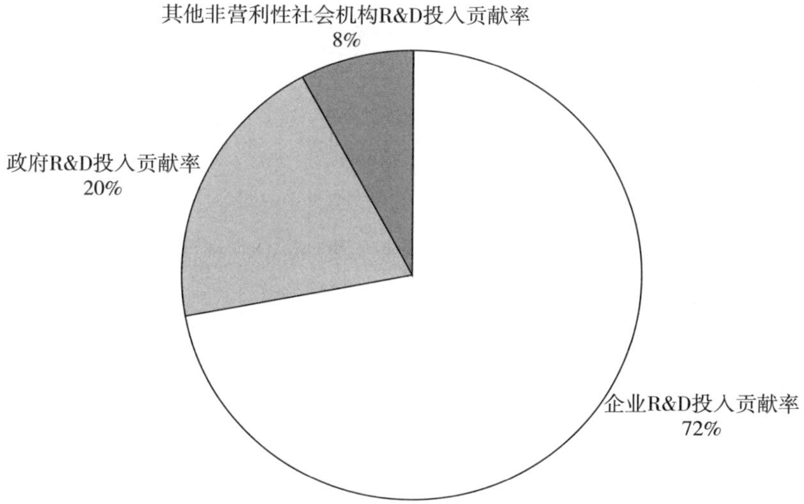

图 4　东京湾区 R&D 贡献构成

资料来源：根据相关新闻资料整理。

对比东京湾区，在 2019 年的全球金融中心排名中，粤港澳大湾区中的香港位列全球第 3，深圳位列第 14。粤港澳大湾区具有全球一流的资本市场条件，包括香港国际金融中心和广州、深圳区域金融中心，以及港交所、深交所两大证券交易所。2019 年，港交所和深交所合计 IPO 筹资额为 492.6 亿美元，其中港交所 IPO 筹资额高达 399.7 亿美元，位居全球首位；深交所 IPO 筹资额为 92.9 亿美元。而美国纳斯达克证交所和纽约证交所的 IPO 筹资额总和为 494.2 亿美元。可见，粤港澳大湾区的资本市场活跃度与全球闻名的资本中心纽约不分伯仲。同时，粤港澳大湾区既包含了国内最活跃的风险资本投资机构（深圳），也汇聚了70多家全球排名前100位的银行、保险、证券、基金等国际金融巨头（香港）。这是粤港澳大湾区得天独厚的资本市场条件。

东京湾区与粤港澳大湾区创投资源比较见图5。

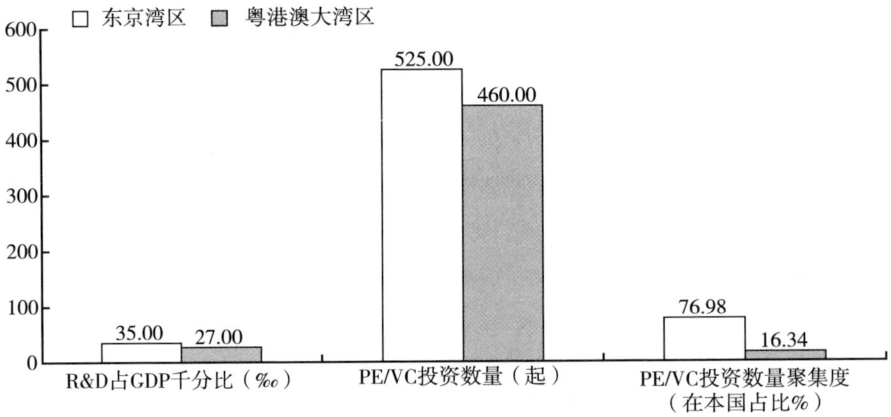

图5　东京湾区与粤港澳大湾区创投资源比较

来源：FINRA官网、日本证券业协会、中国证券业协会、Wind数据库。

四　政策资源

东京湾区以产业政策为主，政策与产业同步升级，每10年为一个政策周期。其产业发展经历了港口经济、工业经济、服务经济和创新经济四个阶段，而每个阶段政府的政策引导方向都不尽相同。

20世纪40年代到60年代日本提出并贯彻的是“贸易立国”战略，东京湾区在当时是远东最重要的贸易枢纽，而美国发动朝鲜战争和越南战争时在日本采购了大量的军火和给养，这刺激了“二战”后日本产业的快速复苏。在一定的资本积累下，日本政府逐渐开始摒弃临港经济中资源消耗型、初级工业品代加工等低附加值产业，通过贷款和财税减免来扶持新兴产业和高潜力成长产业，同时日本渴望打破技术引进和出口的限制，重点发展装备制造、石油等重化工业和制造业。其中制造业在东京湾区中占据主导地位，李奇霖的报告显示 1960 年制造业总产值为 1.53 万亿日元，占东京湾区 GDP 的 36%，重制造业成为东京湾区当时的支柱产业。

20 世纪 70 年代，日本国策开始由“贸易立国”向“技术立国”转变。“技术立国战略”提出后重化学产业政策开始执行。而东京湾区正大步迈进贸易自由化和资本自由化，在城市化深入推进和国际资本流入的大背景下，东京湾区的地价逐步抬升，传统的重工业在土地成本抬升的大背景下纷纷转移出东京湾区，而留下了政府重视和扶植的高端制造业以及重化学工业。讽刺的是，虽然日本经济产业省在“二战”后出台了无数的产业扶植政策，1960～1975 年东京湾区平均增速最快的两个行业却是房地产业和建筑业。究其原因，不仅仅是因为地价稳步抬升导致房地产业、建筑业内生增长迅猛，政府推进的各种填海造陆计划也给了房地产业和建筑业额外的外部红利。从 20 世纪 80 年代开始，东京湾区开始实行石油危机后的产业政策，高端制造业和高附加值服务业并举，这一阶段湾区的产业结构从发展严重依赖石油进口、能耗大、资本密集程度高的初级重化学工业，调整为发展能耗小、技术和知识密集型的中高级重化学工业，主要集中在汽车、电子制造等高端制造业。与此同时，《广场协议》实施之后，大量国际资本蜂拥进日本，再加上日本大幅开放金融领域，以房地产业和证券业为首的现代服务业发展空间得到释放，第三产业中房地产业、金融保险业、运输通信业、批发零售业、综合服务业占 GDP 的比重稳中有升。20 世纪 80 年代，东京湾区以现代服务业为新的经济增长点，逐渐走出石油危机的阴影，但是由于金融的过度开放以及宽松的货币政策，股票地产投机之风显现，为经济危机埋下祸根。在传统的制造业方面，日元大幅升值，导致没有定价权的低附加值产业在东京湾区进一步萎缩。更进一步地说，由于日本国土面积狭小，大量低端制造业只能转移海外，制造业空心化趋势开始显现。

21 世纪以来，东京湾区的银行由政府控股，并且政府开始扶持湾区内部科技型中小企业发展。中小企业可由政府指定机构提供追加信用担保，在一般银行贷款方面，中小企业负担一半的信用保证费用，政府负担另一半。

对于有计划进军海外地区的中小企业，政府还为它们提供免费的信息和技术服务，这直接带动了东京湾区的创新水平和工业化率的提高。

80年代之前东京湾区的经济模式为临港工业经济，而80年代以后，随着日本“技术立国”战略的不断推进，东京湾区逐渐转型为知识密集型创新经济，高附加值的产业诸如对外贸易、金融服务及高科技产业等都集聚在东京湾区的核心区域，而低附加值的传统制造业部门主动或被动地转移至东京湾区周边如千叶县、琦玉县、神奈川县等地。核心区东京都形成了以第三产业为主、高端制造业发达的产业结构体系。与产业结构转型紧密相关的是国家的政策引导。20世纪90年代以来，日本政府颁布了一系列法律法规以刺激科技发展以及科研成果商业化，以《科学技术基本法》（1995）、《科学技术基本计划》（1996）、《科学技术白皮书》和《重新设计科学技术和创新政策科学计划》等政策计划为代表，进行国家的科研基础设施建设和教育体制改革，培养适应驱动创新的科技人才。1998年《大学技术转移促进法》颁布实施，该法鼓励专业的技术转让机构在大学和企业之间担任积极的“中介”角色。在之前的大学—企业沟通中，由于是双向一对一关系，A大学现有的技术对于B企业而言不一定适用。B企业想获取的关键科技A大学不一定做得出来。而大学科技转让机构（Technology Licensing Organization，TLO）的出现则是在技术转让市场担任“中介”的角色，更有效率地使大学和企业双方资源进行对接。在原本的大学—企业产学研模式中，大学和企业是“点对点”对接，而通过TLO，大学和企业双方可以形成“点对面”的对接。TLO主要以公司法人形式存在，在成立初期受到政府资助以及债务担保，其不仅承担了收集、挖掘、评估可商业化的科技成果的基本职能，而且作为中介的角色在大学和企业之间不断协商，更高效地实现资源对接。在不断发展中，TLO逐渐成为日本创新企业的孵化器。很多高科技创业者也不断寻求TLO的帮助，不仅通过TLO购买科技成果，更接受TLO在其创业初期的辅导。日本科技成果转化率低的问题由TLO来破局。此外，政府控股的银行通过提供信用担保和免费的信息技术服务来扶持湾区内部科技型中小企业发展，这给东京湾区的产业升级带来了新的创新活力。

东京湾区政策与产业变迁见图 6。

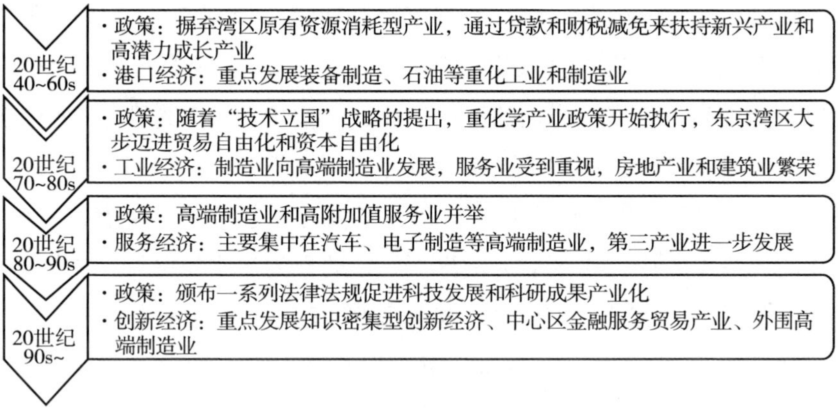

图 6　东京湾区政策与产业变迁

早在 2017 年 7 月，国家发展和改革委员会、广东省人民政府、香港特别行政区政府、澳门特别行政区政府（以下称四方）经协商一致，制定了《深化粤港澳合作推进大湾区建设框架协议》（以下简称《协议》）。《协议》从七个方向规划了三地合作任务：推进基础设施互联互通，进一步提升市场一体化水平，打造国际科技创新中心，构建协同发展现代产业体系，共建宜居、宜业、宜游的优质生活圈，培育国际合作新优势，支持重大合作平台建设。《协议》解答了粤港澳大湾区未来如何建设世界一流湾区城市带的问题。粤港澳大湾区的政策在发展知识密集型经济、发展现代服务业、发展高端制造产业链等方面与日本在 20 世纪 90 年代的东京湾区产业政策不谋而合。《协议》是未来粤港澳大湾区发展的总纲领，自 2016 年以来，粤港澳大湾区的政策从国家层面到地方层面不断加码。除了与东京湾区政策中发展高端制造业、现代服务业等相同，粤港澳大湾区更多地提到基建一体化、市场一体化。如果说日本东京湾区的产业政策是将“高端制造”留住，“低端制造”转移出去，那么粤港澳大湾区的发展政策更像是“低端—中端—高端产业”全产业链上阵。其发展规划的制定符合粤港澳大湾区发展历史，也更具有时代前瞻性。

粤港澳大湾区的产业发展历史从 20 世纪 80 年代改革开放开始，凭借低廉的要素成本，广东成功承接了香港、澳门的低端制造业转移。但是在承接劳动密集型低端制造业的同时，珠三角地区的地方政府注意到了同行业恶性竞争等问题，为解决这些问题，地方政府开始统一规划，推广“一镇一业”的产业集群政策。而在产业集群的环境下，珠三角地区的每“一镇”都通过快速的优胜劣汰发展出当地的优势产业，比如佛山的陶瓷业、中山的灯饰业、广东的机械制造、深圳的通信设备等。

进入21世纪，随着中国加入WTO，中国对外贸易额迅速攀升。在经济全球化的背景下，中国逐渐成为世界工厂，而粤港澳大湾区则是中国这个世界工厂的“核心生产线”。从2001年到2008年，广东省进出口总额从1765亿美元增长到6849亿美元。在这个黄金发展期，珠三角地区的企业不断积累资金和技术，制造业逐渐由劳动密集型向资本密集型升级。到了2008年，次贷危机引发全球经济衰退。在黄金发展期，不断被抬高的土地和人力成本被经济繁荣和企业的高增速所掩盖，而当经济进入萧条时期，过高的要素成本倒逼珠三角地区的制造业进行产业升级和优化。2008年，广东省政府开始推广“双转移”战略，一方面，将劳动密集型制造业通过建立产业转移工业园区的方式向土地、人力成本低廉的粤东、粤西、粤北转移；另一方面，广州、深圳两个中心城市通过加大吸引外商投资、引进技术、加码研发投入等方式，将高素质人才转移过来，重点发展资本和技术密集型企业，加快产业升级。以广州为例，1985年，广州制造业以机械工业、电气机械及器材制造业、纺织业和食品制造业等劳动密集型产业为主，到了2018年，广州的制造业转变为以汽车制造业，计算机、通信制造业以及化工业等技术和资金密集型制造业为主。

而对于香港来说，内地改革开放推进的30年是其产业空心化的30年。从20世纪80年代开始，香港制造企业纷纷到珠三角投资建厂，通过“前店后厂”的模式生产经营，即香港接单—内地生产—香港销售。香港制造业北移严重导致其本地产业只剩金融和地产。2018年，香港服务业占GDP比重高达88.8%，而制造业仅占GDP的1%。澳门也面临制造业空心化的问题，但是与香港不同，澳门另辟蹊径，在制造业转移的同时大力发展博彩业、旅游业、会展业。自2010年开始，澳门服务业占GDP的比重一直保持在90%左右。

相比于东京湾区，粤港澳大湾区在产业发展不平衡、地区经济发展不平衡方面问题尤为严重。最富的城市澳门2018年人均GDP为8.26万美元，而肇庆2018年人均GDP约为7600美元。这意味着建设粤港澳大湾区将面临更大的挑战。从《协议》中我们看到，第一项提到的是推进粤港澳大湾区的基础设施互联互通。目前《粤港澳大湾区城际铁路建设规划（2020—2030年)》正处于编制中，粤港澳大湾区在未来有望建成“一小时城轨交通圈”。日本于20世纪下半叶开建新干线铁路系统，并且于20世纪80年代建成了互联全日本的高速铁路网，大幅提高了日本社会整体商业活动的效率。粤港澳大湾区在基建方面的不断加码意味着当前大湾区在流通效率上继续提高大湾区之间的互通性，使得要素流通速率更快，商业活动的交易成本更低，这将继续深化粤港澳大湾区制造业内部产业链的分工细化，而精细的工业分工将是推动技术创新和经济增长的源头活水。高效的基础设施是成为世界一流湾区的“硬件条件”。而“硬件条件”更进一步的意义是打通粤港澳大湾区的全产业链。粤港澳大湾区的窗口香港、澳门具备一流的现代服务业，而大湾区腹地珠三角地区是目前全球工业门类最齐全的地区之一，优秀的基础设施不仅将粤港澳大湾区物流、人流、资金流、信息流串联起来，更通过串联实现了共同富裕，解决了地域发展之间的不平衡。

而粤港澳大湾区发展的另一个难点在于：“三个关税区、三种货币、两种社会制度”。与世界其他湾区都属于同一种制度以及同一套法律不同，粤港澳大湾区内部不同法律与制度之间存在明显差异。《协议》的第二项提出进一步提升市场一体化水平，以及第七项提出支持重大合作平台建设都是为了解决粤港澳大湾区内部的制度、法律差异。第二项中的进一步提升市场一体化水平要求提高通关便利化，进一步落实《CEPA货物贸易协议》，推动货物贸易自由化，进一步放宽对港、澳的开放政策，进一步推动港、澳在金融、教育、法律等方面的争议解决。而第七项支持重大合作平台建设，以深圳前海、广州南沙、珠海横琴等粤港澳合作平台为承载区，绕过关口、制度等限制，在合作平台的示范区内将三地的人力、信息、资金进行高效对接并进行资源整合。基础设施建设的加码可以很确切地解决粤港澳大湾区一体化“硬件条件”不足的问题，而市场一体化、重大平台对接资源等措施将会在未来解决粤港澳大湾区一体化“软件条件”不足的问题。

五　区位优势

东京湾区的地理区位给东京湾区产业发展带来了一定的先发优势，在20世纪中叶，日本的工业主要集中在东京湾区以及大阪等关西地区，呈现两极化的发展趋势。而随着日本新干线铁路网的完善，日本的生产要素逐渐向东京湾区集中，工业逐渐由两极化向一极化过渡。东京湾区深入内陆逾80公里，是天然的优良深水港湾，内宽外窄，并能在面积相对狭小的空间内培育多个港口城市。同时，港湾紧连的冲积平原地区，以及后期填海造地带来的陆域，可用于仓储区和工业区的建设发展。且东京湾区坐落在远东—太平洋远洋航线的起点位置，航运业的地位给其早期工业的起步带来了便利条件。

粤港澳大湾区相比东京湾区具有更加得天独厚的区位优势。粤港澳大湾区坐落在印度洋与太平洋航运的枢纽位置，既是印度洋—远东航线的终点，又是远东—太平洋航线的起点。粤港澳大湾区不乏优良的港口，湾区90%以上的海岸线适建港口，粤港澳大湾区区域地壳相对稳定，有利于实现区域一体化建设。粤港澳大湾区历史上没有发生过6级以上破坏性地震，具备相对优越的工程地质条件和陆域工程建设地基条件。其中最典型的就是深圳，深圳目前拥有蛇口、赤湾、妈湾、盐田、大铲湾、沙鱼涌、下洞、东角头、福永和内河10个港区，几乎所有沿海的海岸都具备建设货港的条件。

湾区海运港口和航空港货物吞吐量见图7。

在2017年的全球港口货运吞吐量的排名中，深圳、香港和广州分列全球第3、第5、第7名，而东京湾区港口枢纽（包括横滨、川崎、东京）仅

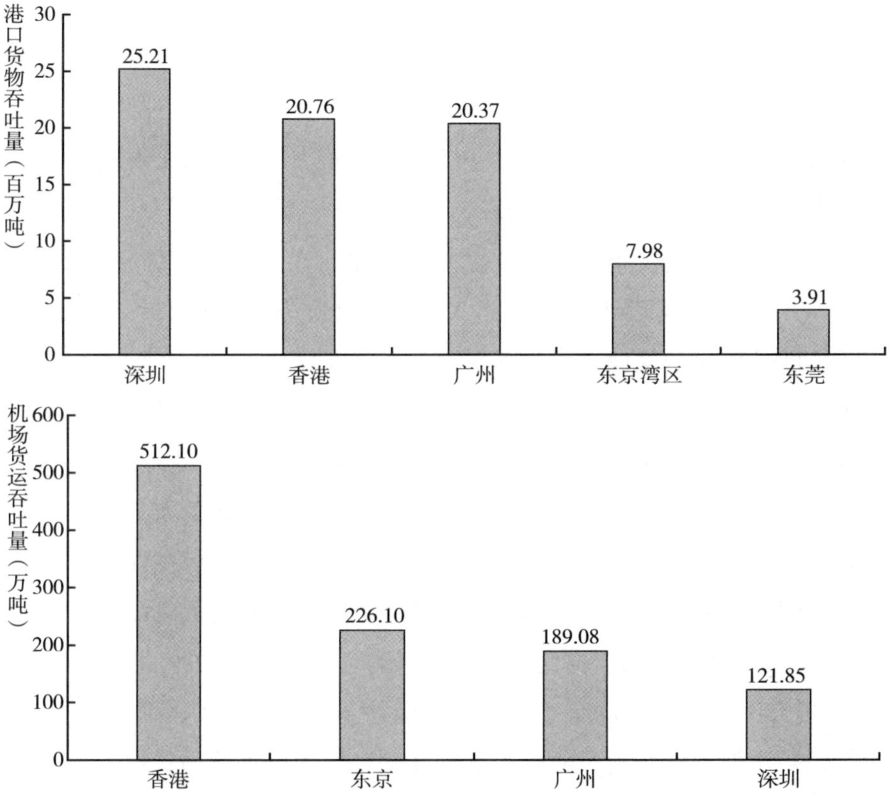

图7　湾区海运港口（上图，2017年）和航空港（下图，2018年）货物吞吐量

资料来源：APAA、ACI。

排全球第20位。在与大宗商品运输最重要的海运业上，粤港澳大湾区至关重要。除了粤港澳大湾区船运港口区位优势明显，大湾区的机场群也是世界上最繁忙的航空港。香港是世界航空线在远东地区最大的枢纽，无数来自欧洲、非洲、北美洲及南美洲的航班都在香港转机或转运。香港国际机场的货运吞吐量自2011年以来在全球机场货运量的排名中一直稳居第一，香港国际机场覆盖了全球220个航点，是中国国际航点最多的机场。可以说，无论船运还是空运，粤港澳大湾区都是世界上最重要的航运枢纽之一。而粤港澳大湾区的企业可凭借其交通运输便利的优势大幅缩减其交易成本，在发展中独占先机。

六 总结

通过与东京湾区的比较和综合分析，本研究认为，在未来粤港澳大湾区的发展中，需要注重以下四个方面。

第一，统筹规划好土地与产业之间的关系。在东京湾区崛起的20世纪60年代到70年代，随着地价上升，大量的产业向东京湾区周边转移，而所有行业中增长最快的反而是没有政策扶植的房地产业和建筑业。而到了20世纪80年代，地价与产业发展的矛盾激烈爆发，大量金融资源被投入赚钱更快的地产行业和金融证券业，传统的低附加值工业被大量转移到中国大陆、台湾地区以及东南亚，东京湾区逐渐出现产业空心化的趋势。随着日本地产和股市泡沫的破灭，地价和产业矛盾有所缓和，但是仍然无法吸引外迁的制造业回流。专注发展集约型创新经济的负面影响则是大量的低端劳动力失业。自日本最繁荣的20世纪70年代开始，其失业率从1%的水平不断攀升到2000年左右的5%的水平。创新型经济虽然能解决高素质人才的就业问题，但是对低素质劳动力的就业影响甚微。而大量失业的低端劳动力则是社会动荡的源头，抑或是催生出当今日本的“低欲望社会”的源头。粤港澳大湾区在建设中，无论在任何发展阶段都需要统筹好土地价格与产业发展的关系。在要素价格不断抬升的当今中国经济中，劳动力价格优势早已不在，而中国这个“世界工厂”的真正比较优势则是“效率”。在粤港澳大湾区当今的发展中，深圳市大疆创新科技有限公司（以下简称大疆）就是借助原先珠三角地区良好的产业链基础做出了世界一流且成本低廉的商用无人机。大疆将大湾区内部齐全的工业部门作为其供应链，并且大湾区扎实的基础设施不仅降低了人员沟通成本和运输成本，也极大地提升了大疆产业链的效率。大疆无人机的快速崛起给粤港澳大湾区未来产业发展带来启示。经济全球化虽然能发挥全世界各个国家/地区的比较优势，采取不同国家/地区最低廉的要素以此达到跨国企业的利润最大化。但是不容忽视的一点是，经济全球化在效率方面是一种缺失。文化沟通、通关报税、远洋运输等都会对企业的效率造成损失。粤港澳大湾区在未来的发展中需要把握好土地要素价格与产业发展的关系，避免走东京湾区产业空心化的老路，在原有的产业发展的基础上，不仅要升级高端制造业，更要扶持低附加值的传统产业提高效率，并提供全产业链沟通交流的平台，积极发挥粤港澳大湾区“效率”这个比较优势。

第二，加强区域协同发展，统筹解决不同区域间的发展不平衡的问题。在20世纪60年代的东京湾区的规划中，多摩新城是作为东京都的“睡城”而开发的，但是东京并没有对其进行相应的产业转移，人为地造成了区域发展的不平衡。在20世纪90年代之后，随着东京地价回落以及经济的萧条，多摩新城大量住客回流到东京都核心区域。多摩新城的房屋空置率为30%~40%。另外，多摩新城的各种住宅及基础设施开始老化且无资金投入修缮，这更加速了该地区的整体萧条。日本政府曾出台诸多政策以应对东京发展一极化的问题，包括产业和相关配套服务的转移等。东京湾区在地方政府层面和行业层面分别设立东京湾港湾联协推进协议会、东京都港湾振兴协会等区域协调机构，从土地规划、城市功能定位到发展各个方面进行具体指导，确保东京湾区各区域均衡增长、资源与环境协调发展。相比于东京湾区建设初期，粤、港、澳三地在现行行政区划体制下，不仅存在两种制度、三种货币、三个关税区、四个核心城市，还面临法律和文化上的差距挑战。即使是广东省的9座城市，也会因为各自城市利益问题难以协调。粤港澳各自掌管城市发展规划权，必然会划清各自城市发展的市场边界和公共服务边界，通过制定各种优惠政策来建设产业集聚区，以此招商引资并开展竞争，这样可能会导致各地区只专注本区域内基础设施建设和公共服务设施建设。所以，粤港澳大湾区内部需要推进重大合作平台的运作，参考东京湾区设立常态化的协调机构，加强粤港澳大湾区内部各个地方政府、各个行业之间的交流与协调。与此同时，还应该发挥民间团体、文化交流组织在促进大湾区交流融合和统筹协调中的作用。

第三，大力发展科学技术，重视和鼓励政府、企业和大学加大研发投入，促进产业快速升级。Porter M. 的理论认为区域竞争优势来源于创新驱动的经济发展模式。在美国对日本进行如此围追堵截的贸易摩擦中，摩擦最为集中的电子行业和汽车行业却能够继续在日本逆势发展。从日本的经验看，先进制造业想要占据优势，就必须拥有属于自己的核心竞争力，与此同时，还要加大研发投入，提升硬实力。以汽车行业为例，日本汽车公司将其产品成本低、省油的优势发挥至极，利用石油危机击败油耗高的美国车，占领了当时最重要的汽车消费市场——北美市场。1990 年，丰田汽车公司还凭借著名的高效生产管理系统压倒了通用汽车公司。从产业结构上看，日本也从以工业为主转向以服务业为主。20 世纪 70 年代的两次石油危机以及广场协议后日元升值等使日本的生产成本变高，与此同时，中国开始实行改革开放，劳动力竞争优势明显，与日本制造业展开了竞争。因此，日本经济开始逐渐转型，从出口导向型制造业转向服务业。从日本的三大产业增加值占 GDP 比重看，服务业在经济中的地位稳步提升，其占比从 1970 年的 52.07% 提升到 2017 年的 69.12%。对东京湾区而言，服务业所占比重更高，1970 年东京湾区的第二产业占比约为 40%，到 2005 年已下降至 13% 左右，而第三产业则占到了 89%，高于日本全国平均水平。在《纲要》中粤港澳大湾区被定位为具有全球影响力的国际科创中心，参考东京湾区的经验，一是重视和鼓励政府、企业和大学加大研发投入，尤其是企业研发投入，因为企业更加注重科技成果的商业化，且通过科技成果商业化赚钱，其超额利润可以继续反哺到企业的研发投入中，形成正向循环。由于资本具有逐利性质，企业对于评价科研成果和技术发展往往有最客观的标准，即是否可以商业化并盈利。而其他主体诸如政府、大学、研究机构对科技成果的评估反而缺乏一个客观的评价尺度，主观任意性更强。二是参考东京湾区的经验，通过设立科技转让中介机构（如日本的 TLO），将大学高校的科研资源和企业的商业、资本资源实现更高效的对接，降低高校—企业的双边信息不对称。加快落实“产学研”的结合，并进一步带动创新创业的发展。三是中国的金融体系和日本相似，银行在融资中占据主导位置，而银行属于注重风险的间接融资，银行在评估企业时往往是评估其过去的总资产、盈利、现金流等状况。可以说，银行融资是“看过去”。而在鼓励创新方面，我们更需要“看未来”的直接融资。我们可以探索建立扶植中小创新企业的直接融资平台，把对中小型创新企业的评估视角从“看过去”逐步引导为“看未来”。但是，发展科技的同时要注意避免出现所谓的“泡沫技术”等问题。经济泡沫破灭后，日本企业出现很多“泡沫技术”，即只是给产品增加某些讨人喜欢的花样或一时令人感到新鲜却并不能带来长期现金流和盈利的商业模式。这些花哨的“泡沫技术”并不是真正的技术升级，没有实际的进步意义，投资者、客户一时的追捧却导致大量资金流入这些行业，而忽略了真正值得投资和发展的尖端科技。近年来，国内也面临这样的问题，资金涌向这些风口，但最后多以失败告终，共享单车是其中的典型。粤港澳大湾区要在政策、人才、补贴等方面，对科技创新加强正确引导。

第四，规避东京湾区在建设过程中造成的环境破坏效应。在东京湾区早期的发展中，临港城市的重工业工厂排放的废水、重金属化合物和固体废弃物对东京湾区的海洋生态体系和渔业资源造成了巨大破坏。在 20 世纪 60 年代，由于东京湾区海水富营养化，每年 5 月到 8 月都是赤潮频发的时间点。而到了 21 世纪，由于过度的海水富营养化，东京湾区开始出现罕见的青潮现象。另外，东京湾区在发展的过程中大量推进填海造陆项目。包括沿海各个重要港口、迪士尼乐园、羽田机场等在内的一系列设施都是建立在填海造陆形成的土地上。过度的填海造陆开发造成了海水纳潮量减少，海水自净能力减弱，临海生物生存环境恶化，这些都难以在短期内得到恢复和改善。因此，粤港澳大湾区应当兼顾保护优先与有序开发，着力创建世界级生态文明先行示范区。加强陆海统筹、区域统筹和要素统筹，树立“保护优先、有序开发”的理念，处理好陆上、湾岸与海上、河流上中下游、相邻城市之间、港城之间的生态保护与监管关系，建立以流域为重点的跨区域保护与协同治理机制。

参考文献

[1] 中共中央国务院印发《粤港澳大湾区发展规划纲要》,《党史文苑》2019 年第 3 期。

[2] 2019 Fortune Global 500, https://www.fortune.com/global500/, 2019 年 7 月 22。

[3]《粤港澳大湾区与世界三大湾区创新能力对比研究》,广东省科技情报研究所,2018 年 10 月 13 日。

[4] 刘盾、魏东初:《要义求索、现状剖析、未来建构:粤港澳大湾区高校合作办学新探》,《江苏高教》2020 年第 2 期。

[5] 李奇霖:《东京湾区崛起的启示》,中国首席经济学家论坛,2019 年 9 月 29 日。

[6] 李楠、王周谊、杨阳:《创新驱动发展战略背景下全球四大湾区发展模式的比较研究》,《智库理论与实践》2019 年第 3 期。

[7] 彭兴庭、卢晓珑、卢一宣等:《全球大湾区资本形成机制比较研究》,《证券市场导报》,2019 年第 3 期。

[8] 范丹、王明旭:《国际三大湾区环境保护对粤港澳大湾区的经验启示》,《环境科学与管理》2019 年第 4 期。

[9] ROMER P. M., "Increasing returns and long-run growth," *Journal of Political Economy* 94 (1986): 1002-1037.

[10] PORTER M., "The Competitive advantage of nations," *Harvard business review* 68 (1990): 73-91.

B.12
后　记

《中国双创发展报告》是由深圳大学、一带一路国际合作发展（深圳）研究院、北京大学深圳研究生院、深圳市实维经济咨询有限公司等智库与研究人员共同组建的学术队伍倾力打造的一个学术品牌，原深圳市委常委、宣传部长，现国务院参事王京生先生担任蓝皮书主编，中国经济特区研究中心主任陶一桃担任执行主编。

《中国双创发展报告》旨在通过聚焦深圳这座在中国双创探索与发展进程中具有先行先试意义城市的实践，遵循国际双创指数的模型经验，基于客观数据的梳理与分析，力争全面构建中国双创指数体系，反映以深圳为代表的创新前沿城市双创发展现状与趋势，揭示双创自身的内在规律，总结、提炼对中国双创实践具有参考、借鉴意义的经验与做法，期望为创新型国家建设奉献思想、智慧与路径。

双创蓝皮书总体分为四大部分：总报告、中国双创指数篇、区域篇、国际篇。其中，总报告介绍了双创蓝皮书编撰的宏观背景与研究意义，系统阐述了双创指数构建原则、方法和指标选择，报告中国双创指数测度结果与综合分析，并整体提出了对双创发展的基本判断和对策建议。中国双创指数篇探索了全球创新指数、全球创新城市指数、全球创业观察指数、全球创业生态指数和全球创业指数的结构及内涵，并展开国家之间的对比分析。区域篇瞄准国内重点双创发展区域进行实证与案例分析。首先，基于中国双创指标体系对双创区域总体情况进行分析；其次，以深圳为案例，深入研究了国际科技产业创新中心建设的路径、南山区科技金融发展模式以及双创模式面临的新挑战和新趋势。同时，还参照国际创新中心的实践，进行国家间的实证与案例比较研究。国际篇比较了粤港澳大湾区与东京湾区，具体分析科教资源、创投资源和区位优势，在充分借鉴东京湾区的发展经验的基础上，提出了推进粤港澳大湾区创新创业发展的基本思路和主要措施。

《中国双创发展报告》的副主编分别由深圳大学中国经济特区研究中心李凡副教授和一带一路国际合作发展（深圳）研究院研究员魏建漳博士担任。李凡博士是一位学术功底扎实、学术视野宽阔、致学作风严谨、工作勤奋踏实的青年学者，她毕业于美国佛罗里达大学，是深圳市“孔雀计划”海外高层次人才；魏建漳研究员是深圳大学理论经济学专业博士，曾在爱尔兰都柏林大学访学，他是一位富有创造力和独立研究能力的青年学者，在《中国双创发展报告》创办过程中发挥了重要作用。可以说这两位年轻副主编在皮书的撰写与编辑整理过程中展现了他们各自的专业素养和团队协调能力与学术合作精神，从他们身上也看到了本蓝皮书的希望与美好的未来。

《中国双创发展报告》撰写团队，是一个年轻并具有朝气、创造力和团队凝聚力的研究团队。对学术探索的热爱与对创新创业现实问题的兴趣，使青年学者走到一起，开始合作研究的探索征程。本蓝皮书具体分工如下：“中国双创发展报告（2019～2020）”部分由李凡博士撰写；“双创指数城市排名分析”部分由黄义衡博士和康宇撰写；“双创指数子特征百强城市排名分析”和“双创主要指标分析”部分由苗璐博士和连晗羽撰写；“基于双创指数的区域总体情况分析”部分由陈庭翰博士撰写；“深圳市国际科技创新中心建设发展动态分析”部分由赖勉珊撰写；“深圳市南山区科技金融发展模式”部分由马丽梅博士和朱梦菲撰写；“深圳视角下中国双创发展现状及挑战”部分由李桐博士撰写；“我国双创模式的新探索与展望”部分由侯佳博士撰写；“国际双创指数分析”部分由王晴博士与毛子豪撰写；“国际创新中心城市发展新趋势”部分由王晴博士、毛子豪与夏兴雨撰写。

《中国双创发展报告》的撰写是一个充满创新的过程，已经连续三年出版。我们不断探索并寻找突破约束的方式与途径，但是创作中难免存在一些局限性和不尽如人意的地方。比如，所使用的基础数据主要来自国家统计局等政府部门公布的官方口径，缺乏定制化、精细化的数据支撑；再比如，国内分折的对象和研究的案例基本上是基于深圳的实践，缺乏粤港澳大湾区甚至全国城市的广泛覆盖。因此，未来的研究需要增加数据来源，提升数据时效性，建立全方位且高效的数据收集、梳理系统，并优化数据处理与分析的量化方法。与此同时，进一步扩大研究对象，将北京、上海、广州等排名靠前以及相比于前一年度进步较大的双创重点城市逐步纳入区域篇研究之中，从而增加蓝皮书的说服力，为创新型国家建设提供丰富的案例和富有中国特色的路径选择，更是我们的努力目标。

在这里还要感谢深圳市委宣传部理论处张玉领处长、宣传文化基金办公室林久华主任等给予蓝皮书撰写的支持与厚爱；感谢我的老朋友，社科文献出版社谢寿光社长和周丽编审等给予蓝皮书撰写以远见卓识的建议与专业性指导。

陶一桃

2020 年 3 月 21 日于桑泰丹华府

Abstract

Deepening reform and innovation, and fostering endogenous growth momentum are crucial means to fuel high-quality economic development of China in the future. Therefore, it is of profound practical significance to assess the capacity, tap into the hotspots and evaluate the potential of innovation and entrepreneurship in cities and locations of China. Staying aligned with the research dynamics of innovation and entrepreneurship in and outside of China, this Annual Report on China's Innovation and Entrepreneurship Index (2019 ~ 2020) Blue Book, with a quantitative analysis of city-level data, comprehensively evaluates the environment and capability of innovation in major cities, in a bid to serve as a valuable reference for policymakers.

To highlight the characteristics and trends of urban innovation and entrepreneurship, the Blue Book draws on the theories and methods about index construction and evaluation both in and outside of China. It adopts a quantitative system that reflects the support, capacity, and value of China's urban innovation and entrepreneurship development, and builds an index system that scientifically shows the status quo on urban innovation and entrepreneurship development. The index system includes three tier-1 indexes (environmental support, resource capability and performance value), nine tier-2 indexes and 30 tier-3 indexes. In general, China's innovation and entrepreneurship development is characterized by: first-tier cities topping the list, with Shenzhen ranking first on the comprehensive front; hierarchical differences across the country, with cities in the western part of China lagging behind. The ever-maturity of innovation and entrepreneurship in China's core and hub cities has markedly propelled surrounding cities, producing a new trend of synergetic development among cities.

Besides comprehensive evaluation and analysis of each city, the Blue Book uncovers the characteristics of China's innovation and entrepreneurship development from multiple fronts. It not only offers an overall comparative analysis at the regional level, but also focuses its study on the Nanshan district where national innovation demonstration zone is located and hi-tech companies are clustered. Overall, regional innovation and entrepreneurship gradually tapers off from the East through the Middle, the West and eventually to the Northeast. Shenzhen, fueled by the Guangdong-Hong Kong-Macao Greater Bay Area and the pilot demonstration area, shoulders the mission of building itself into an international sci-tech innovation center and exploring innovation and entrepreneurship experience for reference by other cities. The institutional and cultural contraints facing innovation and entrepreneurship have gradually surfaced.

Under the tide of global economic integration, studying international innovation and entrepreneurship development is essential for China to develop innovation and entrepreneurship in depth and breadth. In the international chapter, the Blue Book probes into several major issues including the comparative analysis of international index systems, city (area) rankings and index structures of innovation and entrepreneurship, and new trends of innovative urban development around the world. It also presents case study of typical cities in the world.

Keywords: Innovation and Entrepreneurship City; Innovation and Entrepreneurship Index; Innovation and Entrepreneurship Model

Contents

I General Report

Abstract: This report systematically analyzes the nationwide "mass entrepreneurship and innovation" activities through the construction of China's mass entrepreneurship and innovation index. Based on 3 primary indicators of environmental support, resource capacity and performance value, 9 secondary indicators and 30 tertiary indicators, the 2019 China's entrepreneurship and innovation index is constructed to measure the development level of innovation and entrepreneurship in 100 major cities in China. Through collection, calculation and analysis of the relevant data of 100 cities in China, the comprehensive evaluation and sub-dimension examination of urban entrepreneurship and innovation will contribute to a more accurate understanding of the development of China's entrepreneurship and innovation.

Keywords: Innovation and Entrepreneurship; Innovation and Entrepreneurship Index; High-quality Development

Ⅱ China Double Innovation Index

Abstract: This report summarizes and analyzes the mass entrepreneurship and innovation index of top 100 cities, finding that most cities' index increased significantly, especially the low-ranking cities. This result indicates that most cities followed the "mass entrepreneurship and innovation" initiative and made progress in the environment and supports for the entrepreneurship and innovation activities. In an overview, the gaps among cities kept narrowing, so as the gap between cities in eastern region and cities in middle and western regions. On the other hand, however, the distribution of index still displayed a pyramid shape, and the gap between top level cities and cities of other levels widen too. Moreover, low-ranking cities still got low scores on value of efficiency. This result suggests there is still a long way to go, and we must follow the law of urban system evolution.

Keywords: Innovation and Entrepreneurship Index; Innovation and Entrepreneurship City; Innovation and Entrepreneurship Environment

Abstract: This section starts with the sub-characteristics of innovation and entrepreneurship development and conducts an in-depth study on the development of the top 100 cities. The Innovation and Entrepreneurship Index mainly includes three first-level indicators, namely environmental support, resource capabilities and performance value. Specifically, in terms of the sub-characteristics of the

Innovation and Entrepreneurship Environment, the top 100 cities as a whole have shown a good development trend, and all cities attach great importance to the establishment of innovation and entrepreneurship environment. From the perspective of the sub-characteristics of Innovation and Entrepreneurship Resources, innovation and entrepreneurship resources have a large regional difference and show a trend of polarization. Traditional first-tier cities attract majority of the innovation and entrepreneurship resources with their geographical advantages and complete supporting facilities. However, other cities' innovation and entrepreneurship resource reserves are slightly insufficient. In terms of performance value, the gaps among the top 100 cities in showing an unbalanced development trend.

Keywords: Innovation and Entrepreneurship Index; Sub-feature; Innovation and Entrepreneurship Environment; Innovation and Entrepreneurship Resource; Innovation and Entrepreneurship Performance

B. 4 Analysis of the Main Innovation and Entrepreneurship Indicators *Miao Lu, Lian Hanyu* / 067

Abstract: After several years of development, "Public Entrepreneurship and Innovation" has achieved a leap from "partial to overall" and "phenomenon to mechanism", and has gradually become an important driving force for national economic growth. It has become an indispensable force for promoting transformation and upgrading and it has become an important support for stabilizing and expanding employment. In order to deeply analyze and elaborate the overall situation, distribution pattern and development characteristics of China's innovation and entrepreneurship, this chapter first selects the top 100 cities in the national Innovation and Entrepreneurship Index as the research object, adopting the Innovation and Entrepreneurship Environment, Innovation and Entrepreneurship Resources and Innovation and Entrepreneurship Performance as the first-level indicators, which are refined into 9 second-level indicators and 30 third-level indicators, and further comparative analysis and related analysis of key indicators that have a significant impact on innovation and entrepreneurship development. Secondly, in order to better discover the relationship between the various dimensions and the structure of innovation and entrepreneurship, this chapter analyzes the correlation of different dimensions of the three first-level indicators of innovation and entrepreneurship environment, innovation and entrepreneurship resources and innovation and entrepreneurship performance. Finally, from the analysis results, the development of innovation and entrepreneurship is a complex system in which all dimensions and the influencing factors of each dimension are interlinked and mutually promoted. Among them, further improvement of the construction of the double innovation environment is an important foundation for driving the development of innovation and entrepreneurship.

Keywords: Assessment System of Innovation and Entrepreneurship; Innovation and Entrepreneurship Environment; Resources of Innovation and Entrepreneurship; Values of Innovation and Entrepreneurship

Ⅲ Regional Articles

Abstract: In the year of 2016 ~ 2018, China has promoted the development of the Mass Entrepreneurship and Innovation activities to another level, and shows new characteristics. In order to grasp the dynamic changes generated during the developing process, we implementing China Mass Entrepreneurship and Innovation Evaluation System and comparative analysis in the chapter of "Region", to study on the new achievements we received and new problems we faced. Judging from the general situation, the Mass Entrepreneurship and Innovation development in eastern China still maintains a leading position. However, the trend of catch-up from other regions which using late advantage is more and more obvious. Among key cities, Shenzhen continues to lead development by enhance strengths. From the perspective of environment, the advantages of eastern region are instead concentrated on the system and supporting as well as other regions have achieved comprehensive progress; From the perspective of resources, the allocation of human resources in each region is rapidly rebalance, yet imbalance in the level of capital investment between regions remained. From the perspective of performance, the country's sustainable development performance has attracted attention, but it cannot cover the problem of weak growth in industrial performance and innovation performance.

Keywords: Regional Feature; Innovation and Entrepreneurship Environment; Resources of Innovation and Entrepreneurship; Performance Value

B. 6 Dynamic Analysis of the Construction and Development of Shenzhen International Science and Technology Innovation Center *Lai Mianshan* / 102

Abstract: In the development planning of Guangdong-Hong Kong-Macao Greater Bay Area (Greater Bay Area), Shenzhen's positioning has changed from a core technology engine in the domestic area to an international leader in science and technology innovation. Shenzhen has the responsibility and ability to play an innovative leading role in the construction of the International Science and Technology Innovation Center (ISTIC) in the Greater Bay Area. Based on the analysis of the development of Shenzhen's science and technology innovation ecosystem in the past decade, it is found that the innovation subject, innovation resources and innovation environment in Shenzhen have changed substantially. At present, Shenzhen can make further efforts to promote the development of the ISTIC in the following aspects: adjusting the structure and increasing the total amount of fundamental R&D investment, promoting multi-dimensional cooperation among industry-university-research institutes, prioritizing the support for the leading academic subjects, expanding the channels for talent introduction by establishing more overseas talent liaison offices, improving the talent service system, strengthening the reform of science and technology system, establishing a socialized, market-oriented, professional and international science and technology intermediary service system, and promoting the reform of the registration system in the capital market.

Keywords: International Science and Technology Innovation Center; Science and Technology Innovation Ecosystem; Shenzhen

B. 7 Shenzhen Nanshan District Science and Technology Finance Development Model *Ma Limei, Zhu Mengfei* / 117

Abstract: General Secretary Xi Jinping has repeatedly stressed: "To create a good financial environment for real economic development, to open up channels for financial access to the real economy, to actively standardize the development of multi-level capital markets, to expand direct investment, to strengthen credit policy guidelines, to encourage financial institutions to increase financial support for advanced manufacturing and other fields, and to promote supply-side structural reform." "In the context of public entrepreneurship, innovation for all", Shenzhen as a "first demonstration area" should take the lead in the financial industry innovation and development to try. The Nanshan District of Shenzhen responds to the call, deeply implemented the national policy, vigorously developed science and technology finance, gradually perfected the scientific and technological financial ecology, integrated the government, banks and other subjects, enriched scientific and technological financial products, take new measures, create new achievements, sort out new models, and make every effort to provide financial services for small and medium-sized science and technology enterprises. But at the same time of rapid development, there are also some problems in Nanshan District's science and technology finance, such as the imperfect supervision system of science and technology finance, the need for technology upgrading of traditional security risk control, and the relative shortage of talent supply of science and technology finance, which is also analyzed and put forward suggestions for future development.

Keywords: Nanshan District; Science and Technology Finance; Deep Integration and Innovation

B. 8 China's Current Situation and Challenges on the Innovation and Entrepreneurship from Shenzhen Perspective *Li Tong* / 133

Abstract: Shenzhen, as the city of innovation, has made a rapid development in the innovation and entrepreneurship in China especially in recent five years. Now, Shenzhen faces a great historical opportunity on supporting Shenzhen in building a demonstration pilot zone for socialism with Chinese characteristics and the Guangdong-Hong Kong-Aomen Greater Bay Area. Shenzhen views the development of innovation and entrepreneurship as the most urgent task to realize the regional synergic innovation and fusion development. This chapter analyzes China's current situation and challenges on the innovation and entrepreneurship especially in Shenzhen, on the perspective of Shenzhen's position during building the demonstration pilot and the Guangdong-Hong Kong-Aomen Greater Bay Area. Finally give some suggestions on the issue of development of the innovation and entrepreneurship.

Keywords: Innovation and Entrepreneurship; Shenzhen; Guangdong-Hong Kong-Macao Greater Bay Area

B. 9 The New Exploration and Prospect of China's Mass Entrepreneurship and Innovation Model *Hou Jia* / 147

Abstract: This chapter summarizes the latest development of China's innovation and entrepreneurship and the evolution of the dual creation environment. Whether it is innovation or entrepreneurship, high-tech industries such as artificial intelligence and equipment manufacturing have been hot spots in the past two years. In terms of regional distribution, Beijing, Shanghai, Jiangsu, Zhejiang, and Guangdong are still the focus of innovation and entrepreneurship activities. On this basis, this chapter discusses the new exploration of China's innovation model in open innovation, school-enterprise cooperation innovation model, and industry collaboration innovation model, and analyzes the problems that should be paid attention to in the future development. Based on the analysis of the current status of China's entrepreneurial activities, this chapter analyzes and summarizes the three entrepreneurial models of business incubator incubation, technical talent-led team entrepreneurship, and technology-driven team entrepreneurship based on the unicorn companies newly added in 2018-2019. Finally, this chapter puts forward that we should pay attention to the differences in entrepreneurship models in different industries, and take the realization of IP in the "Internet celebrity economy" as an example to illustrate that with the development of technology, other new entrepreneurial models may appear in the future economy

Keywords: Open Innovation; School-enterprise Cooperative Innovation; Industrial Collaborative Innovation; Entrepreneurial Models

Ⅳ International Articles

Abstract: This chapter will study the changes of the five major international innovation and entrepreneurship indexes in recent years, and provide a broader international perspective on the current situation and challenges of China's innovation and entrepreneurship. This chapter explores the structure and connotation of the Global Innovation Index, Innovation Cities Index, Global Entrepreneurship Monitor, Global Startup Ecosystem Report, and Global Entrepreneurship Index. It is found that in recent years, China's investment in innovation and entrepreneurial resources has gradually increased. The environment for both innovation and entrepreneurship has been continuously optimized, and the output of knowledge creation and innovation has increased year by year. China has maintained a good upward trend in innovation and entrepreneurship.

Keywords: Global Innovation Index; Global Entrepreneurship Index; Environmen Innovation and Entrepreneurship Environment

Abstract: On February 18, 2019, the Central Committee of the Communist Party of China and the State Council issued the "Outline of the Guangdong-Hong Kong-Macao Greater Bay Area Development Plan" (hereinafter referred to as the "Outline"). The "Outline" states: "We must continue to deepen the mutually beneficial cooperation between Guangdong, Hong Kong and Macao to further establish a win-win regional partnership... to provide support for the construction of a new open economic system, to build a first-class bay area and world-class city cluster with vitality and international competitiveness, and to create a model of high-quality development." The core essence is to promote Hong Kong and Macao to Better integrate and develop with the mainland, creating an important window for China's opening up. With the further deepening of China's opening-up, especially the rise of the economy around the Indian Ocean, the development of the Guangdong-Hong Kong-Macao Greater Bay Area will inevitably become the leader in leading the trade circle around the Indian Ocean. It should be said that the development of the Guangdong-Hong Kong-Macao Greater Bay Area is not only conducive to the implementation of the "One Belt, One Road", but also undertakes the important mission of leading the transfer of the Pacific Rim Trade Circle to the Indian Ocean Rim Trade Circle. Therefore, it is of great practical and strategic significance to study how to make the development of the Guangdong-Hong Kong-Macao Greater Bay Area based on its own positioning, so as to better guide the Economic Globalization.

Keywords: Guangdong-Hong Kong-Macao Greater Bay Area; Tokyo Bay Area; Double Development

皮 书

智库报告的主要形式
同一主题智库报告的聚合

✤ 皮书定义 ✤

皮书是对中国与世界发展状况和热点问题进行年度监测，以专业的角度、专家的视野和实证研究方法，针对某一领域或区域现状与发展态势展开分析和预测，具备前沿性、原创性、实证性、连续性、时效性等特点的公开出版物，由一系列权威研究报告组成。

✤ 皮书作者 ✤

皮书系列报告作者以国内外一流研究机构、知名高校等重点智库的研究人员为主，多为相关领域一流专家学者，他们的观点代表了当下学界对中国与世界的现实和未来最高水平的解读与分析。截至 2020 年，皮书研创机构有近千家，报告作者累计超过 7 万人。

✤ 皮书荣誉 ✤

皮书系列已成为社会科学文献出版社的著名图书品牌和中国社会科学院的知名学术品牌。2016 年皮书系列正式列入“十三五”国家重点出版规划项目；2013~2020 年，重点皮书列入中国社会科学院承担的国家哲学社会科学创新工程项目。

S 基本子库
UB DATABASE

中国社会发展数据库（下设 12 个子库）

整合国内外中国社会发展研究成果，汇聚独家统计数据、深度分析报告，涉及社会、人口、政治、教育、法律等 12 个领域，为了解中国社会发展动态、跟踪社会核心热点、分析社会发展趋势提供一站式资源搜索和数据服务。

中国经济发展数据库（下设 12 个子库）

围绕国内外中国经济发展主题研究报告、学术资讯、基础数据等资料构建，内容涵盖宏观经济、农业经济、工业经济、产业经济等 12 个重点经济领域，为实时掌控经济运行态势、把握经济发展规律、洞察经济形势、进行经济决策提供参考和依据。

中国行业发展数据库（下设 17 个子库）

以中国国民经济行业分类为依据，覆盖金融业、旅游、医疗卫生、交通运输、能源矿产等 100 多个行业，跟踪分析国民经济相关行业市场运行状况和政策导向，汇集行业发展前沿资讯，为投资、从业及各种经济决策提供理论基础和实践指导。

中国区域发展数据库（下设 6 个子库）

对中国特定区域内的经济、社会、文化等领域现状与发展情况进行深度分析和预测，研究层级至县及县以下行政区，涉及地区、区域经济体、城市、农村等不同维度，为地方经济社会宏观态势研究、发展经验研究、案例分析提供数据服务。

中国文化传媒数据库（下设 18 个子库）

汇聚文化传媒领域专家观点、热点资讯，梳理国内外中国文化发展相关学术研究成果、一手统计数据，涵盖文化产业、新闻传播、电影娱乐、文学艺术、群众文化等 18 个重点研究领域。为文化传媒研究提供相关数据、研究报告和综合分析服务。

世界经济与国际关系数据库（下设 6 个子库）

立足“皮书系列”世界经济、国际关系相关学术资源，整合世界经济、国际政治、世界文化与科技、全球性问题、国际组织与国际法、区域研究 6 大领域研究成果，为世界经济与国际关系研究提供全方位数据分析，为决策和形势研判提供参考。